Thomas Weiss/Gabriele Haertel-Weiss

Familientherapie ohne Familie

SERIE PIPER

Zu diesem Buch

Die Familientherapie hat eine faszinierende Entwicklung in der Psychotherapie bewirkt. Bis dahin ungewöhnliche therapeutische Interventionen führten häufig zu schnellen Erfolgen. Die Autoren schildern in ihrem Buch, wie die Erkenntnisse der Familientherapie auch für die Einzeltherapie verblüffend wirkungsvoll genutzt werden können. Die Grundlagen für diesen Therapieansatz lieferten das »Mailänder Modell« und das von Steve de Shazar entwikkelte »Modell aus Milwaukee«, das auf der Annahme basiert, daß Veränderungen einer Person das gesamte Familiensystem beeinflussen können und eine Familientherapie also auch ohne Mitbehandlung der ganzen Familie möglich ist.

Der Schwerpunkt des Buches liegt in der lebensnahen Vermittlung der therapeutischen Interviewtechnik, dem sogenannten »zirkulären« Fragen. Dieses Verfahren versucht, das jeweilige Symptom in seiner aktuellen Einbindung in das Beziehungssystem des Patienten zu verstehen und die »gesunden«, positiven Anteile des Patienten herauszufinden und für die Therapie zu mobilisieren. Die Autoren gehen davon aus, daß der Patient selbst den Schlüssel zur Lösung in sich trägt und die Aufgabe des Therapeuten lediglich darin besteht, ihm beim Suchen zu helfen. Es spricht für diesen Therapieansatz, daß Humor und Phantasie des Therapeuten darin einen wichtigen Stellenwert haben.

Thomas Weiss, Dr. med., geboren 1952 in Heidelberg, studierte Medizin und Soziologie, Zusatzausbildung in Psychotherapie und Psychoanalyse. Seit 1988 Psychotherapeut mit Schwerpunkt Naturheilverfahren in Mannheim.

Gabriele Haertel-Weiss, geboren 1952 in Ravensburg, Diplompsychologin und Familientherapeutin. Seit 1987 in freier Praxis in Heidelberg.

Thomas Weiss/Gabriele Haertel-Weiss

Familientherapie ohne Familie

Kurztherapie mit Einzelpatienten

Mit einem Vorwort von
Helm Stierlin und einem Nachtrag der Autoren
zur Taschenbuchausgabe

Piper München Zürich

Erweiterte Taschenbuchausgabe
1. Auflage November 1991
6. Auflage Mai 2000
Piper Verlag GmbH, München

Umschlag: Büro Hamburg
Simone Leitenberger, Susanne Schmitt
Umschlagabbildung: Gary Baseman
Fotos Umschlagrückseite: Walter Bernhard
Satz: Kösel, Kempten
Druck und Bindung: Clausen & Bosse, Leck
Printed in Germany ISBN 3-492-21161-5

Inhalt

Vorwort

Familientherapie und Einzeltherapie schienen sich zunächst auszuschließen. Familientherapeuten sprachen zwar auch von dem System Individuum, erforschten und behandelten aber im wesentlichen das System Familie. Hier hat sich, wie eine wachsende Zahl von Veröffentlichungen erweist, inzwischen einiges geändert. Fast könnte man sagen: Familientherapeuten haben das Individuum und die Einzeltherapie wiederentdeckt. Aber dieses Individuum und diese Therapie zeigen sich nicht mehr als das, was sie einmal waren. Der Therapeut, der einem einzelnen gegenübersteht, sieht diesen nunmehr in das jeweilige »Problemsystem« eingebettet; er hat dieses System immer vor Augen, überlegt sich bei jeder seiner Fragen und Interventionen, wie sie sich auf die Mitglieder dieses Systems auswirken könnten. Zugleich macht er sich in diesem Gespräch Gesichtspunkte und Vorgehensweisen zunutze, die sich in der Praxis des Familien- und Paargesprächs bewährt haben.
Solche systemische Einzeltherapie versteht sich als Kurztherapie. Sie möchte, indem sie neue Informationen einführt und neue Erfahrungen vermittelt, etwas anstoßen, das sich dann im Laufe des täglich gelebten Lebens zu bewähren und auszuweiten vermag. Diese Therapie wird heute von mehr und mehr Therapeuten praktiziert. Thomas Weiss stellt sie im vorliegenden Buch zusammenfassend dar. Dabei ließ er sich besonders von dem innovativen amerikanischen Therapeuten Steve de Shazer, den Mailändern Luigi Boscolo und Gianfranco Cecchin sowie Mitgliedern unserer Heidelberger Gruppe anregen.
Der Autor beschreibt – und darin sehe ich den hauptsächlichen Vorzug des Buches – viele dem systemischen Einzeltherapeuten zur Verfügung stehenden Vorgehensweisen anschaulich, lebendig und fallorientiert. Die meisten Beispiele entnimmt er der hausärztlichen Praxis. Daher dürfte das Buch gerade für den medizini-

schen Praktiker Wert haben, denn dieser zeigt sich gleichsam strategisch plaziert, um die Erkenntnisse der systemischen Therapie effektiv in seine tägliche Arbeit einbringen zu können.

Aber das, was den vielleicht größten Vorzug des Buches ausmacht – seine lebendige und leicht faßliche Darstellung innovativer und oft erstaunlich erfolgreicher Frageweisen und Interventionen – könnte sich auch als problematisch herausstellen: dann nämlich, wenn es Praktiker dazu verleiten sollte, durch einige schnell gelieferte Umdeutungen oder fix verordnete Übungen Symptome beseitigen und Muster ändern zu wollen, die sich oft schon über längere Zeiträume herausgebildet und verhärtet haben. Die systemische Einzel- wie Familientherapie vermag zwar Erfolge aufzuweisen, die angesichts geläufiger Erwartungen und Vorstellungen erstaunen könnten. Aber Wunder vermag auch sie nicht zu vollbringen. Wo sich Erfolge einstellen, ging dem in der Regel von seiten der Therapeuten ein langes Lernen durch Versuch und Irrtum sowie eine Bemühung um die theoretische Fundierung des eigenen Vorgehens voraus. (Gerade die Theorie der systemischen Therapie tritt im vorliegenden Buch hinter der Darstellung praktischer Anwendungsmöglichkeiten zurück.) So wünsche ich mir, daß das Buch von vielen gelesen wird, die bereit sind, sich anregen zu lassen, bestehende Vorstellungen zu hinterfragen, mit Neuem zu experimentieren und sich doch auch – sozusagen als Enttäuschungsprophylaxe – einen Schuß Skepsis bewahren.

Helm Stierlin

Vorbemerkung und Dank

Die Familientherapie hat in den letzten Jahren eine faszinierende Entwicklung in die Psychotherapie hineingebracht. Überraschend neue Sichtweisen und ungewöhnliche therapeutische Interventionen führten insbesondere bei schwierigen Problemen häufig zu schnellen therapeutischen Erfolgen. Die Behandlung ganzer Familien ist jedoch immer noch die Ausnahme geblieben. Überwiegend findet Psychotherapie als Einzelbehandlung statt.
Dieses Buch zeigt, wie die Erkenntnisse und Methoden der systemischen Familientherapie in der Einzeltherapie angewendet und genützt werden können. Damit soll die Lücke zwischen Familientherapie und Einzeltherapie geschlossen werden.
In vielen Beispielen wird der Leser an die systemische Sichtweise und deren Modifikation in der Einzeltherapie herangeführt. Dabei bildet die therapeutische Praxis den Schwerpunkt des Buches. Besonders gehe ich auf die Interventionen ein, die für einen Außenstehenden oft einen magischen Beigeschmack haben. Ich versuche, sie erklärbar und nachvollziehbar zu machen.
Das Buch ist aus der Sichtweise eines Arztes und Psychotherapeuten geschrieben. Die meisten Beispiele stammen daher aus dem Bereich der Medizin und der Psychotherapie. Es wendet sich vor allem an Menschen, die direkt mit Patienten/Klienten als Psychologen, Sozialarbeiter, Ärzte, Krankenschwestern usw. zu tun haben, also an die Mitglieder der beratenden oder helfenden Berufe. Die Anwendungsmöglichkeiten der vorgestellten Methode gehen jedoch sicherlich über den Bereich der Psychotherapie, der Medizin und ihrer direkten Nachbardisziplinen hinaus. Auch in verschiedenen Institutionen, Schulen, Heimen und Betrieben werden sich Anwendungsgebiete finden, deren Berücksichtigung den Rahmen dieses Buches gesprengt hätte. Es ist aber auch für jene interessierten Leser gedacht, die ganz einfach neugierig darauf sind, was sich hinter dem Titel des Buches verbirgt.

Systemische Einzeltherapie soll keine neue Therapieform mit Ausschließlichkeitsanspruch sein. Sie ist eine andere Betrachtungsweise der Dinge, mit einer darauf aufbauenden therapeutischen Technik, die jeder Leser mit seiner persönlichen Vorbildung in Bezug setzen muß. Meine Hoffnung ist, daß dies beim Leser einen ähnlichen kreativen und stimulierenden Prozeß in Gang setzen wird, wie ich dies bei mir selbst feststellen konnte.

Bei einer Reihe von Menschen, die direkt oder indirekt zu diesem Buch beigetragen haben, möchte ich mich bedanken:

Dagmar Olzog vom Kösel-Verlag, bei dem die Originalausgabe erschien, gab mir die Anregung zur Abfassung dieses Bandes. Eve Lipchik, Insoo Kim Berg und Steve de Shazer vermittelten mir engagiert ihren Ansatz, indem sie mich während meines Aufenthaltes in Milwaukee in ihre Arbeit integrierten. Freunde und Kollegen lasen das Manuskript und gaben mir wertvolle Anregungen: Cornelia Buchta, Elisabeth Görich, Joachim Hecker, Gerda Neuwirth, Erik Rausch und Arnold Retzer. Die Taschenbuchausgabe wurde um ein Nachwort ergänzt, in dem auf einige neuere Entwicklungen eingegangen wird, und um den Namen meiner Frau als Co-Autorin. Als Kollegin und engste Gesprächspartnerin habe ich alle Teile dieses Buches mit ihr eingehend diskutiert. Sie korrigierte und überarbeitete den gesamten Text und brachte ihn in eine lesbare und lebendige Form. Einige der therapeutischen Fallbeispiele stammen aus ihrer Praxis. Die Autorenschaft geht jedoch noch weiter: Bücher werden nicht auf einsamen Inseln geschrieben. Das Bücherschreiben findet in einem bestimmten Kontext statt. In meinem Fall ist der Kontext eine Familie mit kleinen Kindern. Wenn sich ein Familienmitglied entschließt zu schreiben, dann hat das Auswirkungen auf alle Familienmitglieder – hier besonders auf meine Partnerin. Es ist ein Beispiel von Vernetzung im System. Das sichtbare Produkt gilt dann als die Arbeit eines einzelnen, ist jedoch nur durch die enge Kooperation der anderen möglich geworden.

Das gesamte Buch bleibt allerdings in der »Ich«-Form erhalten. Eine Umformulierung erschien uns zu aufwendig: Auch hätte die Lesbarkeit darunter gelitten.

Einführung

An einem Sommernachmittag rief mich eine verzweifelte Patientin an. Sie brauche sofort einen Termin, es gehe ihr so schlecht wie nie zuvor. Martha war eine 38 Jahre alte Patientin, die sich zwei Jahre lang in einer Gruppenpsychotherapie befunden hatte. Sie war ursprünglich wegen einer bulimischen Adipositas (Eßanfälle mit anschließendem Erbrechen und zudem Übergewicht) in Behandlung gekommen. Unter den Eßanfällen litt sie bereits seit dem 15. Lebensjahr. Mehrere solche Anfälle pro Tag waren jahrelang nichts Außergewöhnliches gewesen. Es war ihr aber die gesamte Zeit möglich gewesen, ihr Eßverhalten der Umgebung gegenüber zu verheimlichen. Sie bezeichnete sich als Meisterin der Maske. Selbst dem Ehemann gegenüber war es ihr gelungen, das heimliche Spiel zu verbergen. Grund für das Versteckspiel war die Befürchtung, vom Mann verstoßen zu werden, wenn er von der »Abscheulichkeit« erfahren würde.
Eines Tages, die Patientin weiß selbst nicht warum, überwand sie sich und »beichtete« ihrem Mann die ganze Geschichte. Zu ihrer maßlosen Überraschung reagierte er anders als erwartet und war nicht abgestoßen, sondern eher um ihre Gesundheit besorgt. Er empfahl ihr, doch einen Arzt aufzusuchen.
Martha blieb eine ganze Weile skeptisch. Sie vermutete, ihr Mann habe lediglich noch nicht das Ausmaß ihrer Verfehlungen verstanden. Das dicke Ende käme noch. Erst im Verlauf mehrerer Wochen, in denen sie die Geschichte noch ein paarmal erwähnte, überzeugte sie sich davon, daß ihr Mann sie tatsächlich nicht ablehnte.
Einige Zeit später faßte sie sich deswegen ein Herz und suchte einen Arzt auf, der sie dann in die erwähnte Gruppenpsychotherapie vermittelte. In der Behandlung wurde Martha die sehr enge Bindung an ihre Mutter deutlich, mit der sie täglich mindestens

einmal telefonierte. Besuche waren seltener, da die Mutter 600 Kilometer entfernt wohnte.
Die Mutter war die dominierende Person in Marthas Herkunftsfamilie. Früher hatte sie als Chefsekretärin gearbeitet, mußte ihre berufliche Stellung wegen Schwierigkeiten der Firma jedoch frühzeitig aufgeben. Danach hatte sie nicht wieder gearbeitet. Marthas Vater war angelernter Arbeiter in einer Metallwarenfabrik und der Mutter weit unterlegen. Martha kam als ältestes von fünf Kindern zur Welt. Alle hatten eine Ausbildung abgeschlossen. Die Patientin selbst war, wie die Mutter, sehr ehrgeizig und hatte es zu einer beruflichen Position gebracht, auf die sie durchaus stolz war: sie leitete eine Werbeabteilung in einer Bank. Dort hatte sie sich eine sehr angesehene Stellung geschaffen, weil sie durch Kreativität und Fleiß ihrer Abteilung auch im weiteren Umkreis Ansehen verliehen hatte.
Während der Gruppentherapie machte die Patientin bald einige Fortschritte. Die Eßanfälle wurden seltener, und das Gewicht ging von 90 auf 70 Kilogramm zurück. Auch in der Beziehung zum Ehemann erlebte Martha eine neue Intimität. Die Gruppentherapie ging schließlich zu Ende, und ich hatte von der Patientin eine Weile nichts mehr gehört.
Als Martha am folgenden Tag bei mir erschien, war sie verzweifelt. Alles sei wieder so schlimm wie zu den schlimmsten Zeiten. Sie würde täglich mehrfach Eßanfälle bekommen und erbrechen, pendele teilweise zwischen Kühlschrank und Toilette hin und her. Das Leben hinge ihr »zum Hals heraus«, alles »kotze sie an«, so ginge es nicht weiter, sie habe schon an Selbstmord gedacht – ganz so weit sei sie aber noch nicht.
Nachdem Martha noch eine Weile über die Beschwerden geklagt hatte, stellte ich ihr eine Reihe von Fragen, da mir vollständig rätselhaft erschien, warum es zu dieser Verschlechterung gekommen war: »Wir haben uns ja eine ganze Weile nicht gesehen. In der letzten Zeit ging es Ihnen wirklich schlecht. Aber erzählen Sie mir auch, ob es eine Phase gab, in der es Ihnen besser ging als jetzt. Wann haben Sie sich das letzte Mal

fröhlich oder ausgelassen gefühlt? Wann haben Sie das letzte Mal ohne Schuldgefühle gut gegessen?«

Martha berichtete zu meiner Verwunderung, daß es ihr in den letzten vier Monaten mehr als zwei Monate lang sehr gut gegangen sei. In dieser Zeit habe sie ein normales Eßverhalten gehabt. Einen Anfall pro Woche »genehmige« sie sich, ohne das gehe es wohl noch nicht. Sie habe während des Sommers Anschluß an einen FKK-Club gewonnen, den sie mit ihrem Mann an schönen Tagen besuche. Dabei sei ihr aufgefallen, wie viele dicke Menschen es gäbe. Vergleichsweise schneide sie immer noch ganz gut ab. Das Verhältnis zu ihrem Mann sei auch viel besser geworden. Der Umschwung sei so etwa vor sechs Wochen gekommen.

Nach wenigen weiteren Fragen war der Besuch von Marthas Eltern als Auslöser für die Verschlechterung gefunden. Nun stehe, das erzählte Martha sichtlich bewegt, ein Gegenbesuch bei den Eltern an. Seitdem das klar sei, gehe es ihr von Tag zu Tag schlechter.

Ich ließ mir von der Patientin schildern, wie die Besuche bei den Eltern üblicherweise ablaufen würden. Normalerweise, so sagte sie, würde sie ziemlich fröhlich dort hinfahren, erzähle den Eltern von ihren letzten Unternehmungen und beruflichen Erfolgen. Nach einer Weile spüre sie aber, wie es ihr immer schlechter gehe, je länger sie bei den Eltern sei. Sie würde sich häßlich und dick vorkommen, ziehe sich dann auch weniger hübsch an, fange schließlich an, heimlich zu essen, bis sie sich am Ende wie am Boden zerstört fühle. Ich stellte der Patientin einige Fragen nach dem genauen Ablauf:

»Was macht denn Ihr Vater, wenn Sie von Ihren Erfolgen berichten?«

Martha: »Der sagt selten etwas. Der hält sich zurück.«

»Wie reagiert die Mutter auf Ihre Erzählung?«

Martha: »Die sagt eigentlich auch kaum etwas.«

»Wenn ich Ihren Mann fragen würde, wie seine Frau sich verhält, wenn deren Eltern so schweigend zuhören, was würde der mir antworten?«

Martha überlegt eine Weile: »Der würde sagen, die strengt sich noch mehr an, erzählt noch mehr.«
»Hilft das?« Martha: »Nein.«
»Wenn ich Ihren Mann frage, warum sich seine Schwiegereltern so verhalten, was sagt er dann?« Martha: »Ich weiß nicht.«
»Wenn Sie einfach schätzen, Sie kennen ihn ja sehr gut.«
Martha: »Vielleicht, daß sich meine Eltern unwohl bei meiner Erzählung fühlen.«
»Wenn ich in der Zeit unsichtbar anwesend sein könnte, in der Sie Ihre Eltern besuchen, was würde ich dann im Verlauf der nächsten Tage sehen?«
Martha: »Na, vermutlich würden Sie sehen, wie ich mich langsam zurückziehe, wie ich mit mißmutigem Gesicht herumlaufe, mich nicht mehr schminke und häßlich anziehe.«
»Wie reagiert Ihre Mutter darauf?«
Martha: »Die reagiert nicht.«
»Was meinen Sie, wann verstehen sich die Eltern besser, in der Phase, wo Sie von Ihren Erfolgen berichten oder in der Phase, wo Sie sich zurückziehen.«
Martha nach langer Pause: »Vielleicht in der Phase, wo ich mich zurückziehe.«
»Wann werden die Eltern wohl eher denken, daß Sie eine gute Tochter sind?« Martha überlegt eine Weile, lacht dann: »Es klingt verrückt, aber ich glaube eher dann, wenn ich mich schlecht kleide und mißmutig bin. Wenn es mir schlecht geht.«
»Wenn ich Ihren Mann fragen würde, wie er sich das erklärt, was würde der mir sagen?«
Martha: »Der würde wahrscheinlich sagen, daß meine Eltern dann sicherer sind, daß ich an sie gebunden bleibe.«
Das Gespräch ging noch eine Weile über andere Themen, vor allem über die weitere Zukunft. Dann schlug ich der Patientin eine kurze Pause vor, in der ich mir einige Gedanken zu dem Gespräch machen wollte.
Martha war damit einverstanden und wartete zehn Minuten im Wartezimmer, während ich mich an den Schreibtisch setzte und meine Gedanken ordnete. Ich schrieb einiges auf. Danach bat ich

Martha, die mich erwartungsvoll anschaute, erneut herein: »Ich habe gehört, daß es Ihnen in der vergangenen Zeit, in der wir uns nicht gesehen haben, die längste Zeit sehr gut gegangen ist. Sie haben einen schönen Sommer mit Ihrem Mann verbracht, haben Ihr Eßverhalten weitgehend in den Griff bekommen und zudem die Erfahrung gemacht, daß Ihr Körper ganz in Ordnung ist.« Martha nickte: »Ich erwähne das, weil ich es nicht für selbstverständlich halte. Sie kennen ja auch Zeiten, in denen das nicht so war.« Martha nickte. »Nun kam der Besuch der Eltern und die langsame Verschlechterung, die jetzt noch zunahm, wo Sie den Gegenbesuch bei den Eltern planen. Sie haben mich gefragt, was Sie tun können, und ich möchte Ihnen für den Besuch bei Ihren Eltern etwas vorschlagen: Machen Sie sich für den kommenden Besuch wirklich hübsch. Ziehen Sie sich etwas an, was Ihnen gut steht, legen Sie ein Make-up auf und werden Sie sich Ihrer Erfolge im Leben noch einmal bewußt, bevor Sie losfahren. So fahren Sie mit Ihrem Mann zu den Eltern, gehen vielleicht mit ihm unterwegs schön essen und genießen die Fahrt, so gut es irgend geht. An der letzten Raststätte auf der Autobahn vor dem Wohnort der Eltern machen Sie bitte erneut eine Pause. Ziehen Sie sich dort vollständig um, kleiden Sie sich in Sack und Asche, machen Sie die Haare etwas wirr, entfernen Sie das Make-up und üben Sie bitte schon einmal so einen mißmutig-resignierten Gesichtsausdruck. Stimmen Sie sich ein in ein Gefühl, wie Sie es nach einer Reihe von Freßattacken kennen. Bei den Eltern erzählen Sie bitte nichts von Ihren Erfolgen, sondern überspringen den üblichen ersten Teil und gehen gleich zum zweiten über: vermitteln Sie, wie bedrückt, krank und häßlich Sie sein können. Bemühen Sie sich bitte, das durchzuhalten, solange die Eltern anwesend sind. Heimlich dürfen Sie natürlich alleine oder zusammen mit Ihrem Mann eine Pause von der anstrengenden Rolle einlegen.«
Martha wirkte nach meinen ersten Sätzen sehr verblüfft. Dann wurde sie zunehmend heiter. Zum Schluß lachte sie:
»Oh ja, das ist toll, das kann ich gut!«
Ich vereinbarte mit ihr einen weiteren Termin in sechs Wochen.

So kann systemische Einzeltherapie aussehen. Was ist daran besonders? Ich hoffe, in dem Beispiel konnten einige Dinge erkennbar werden:

- Der Konflikt wurde nicht aus der Lebensgeschichte der Patientin erklärt, sondern als Ausdruck eines Beziehungsproblems (zu den Eltern in erster Linie) verstanden. Deswegen bezogen sich die Fragen hauptsächlich auf die Gegenwart und die Zukunft.
- Der Therapeut nahm eine relativ aktive Rolle ein und stellte eine Reihe von Fragen. Viele dieser Fragen bezogen nicht anwesende Dritte mit ein.
- Die Stunde war äußerlich gegliedert, der Therapeut legte eine Pause ein.
- Er gab einen Ratschlag (Intervention), der für die Patientin überraschend war.

Das ist bereits eine Reihe von Merkmalen der systemischen Einzeltherapie, die in diesem Buch dargestellt werden sollen.

Warum überhaupt systemische *Einzel*therapie?

In den letzten zehn Jahren hat sich im deutschsprachigen Raum die Familientherapie in unterschiedlichen Formen sehr stark verbreitet. Pathologie wurde immer mehr als Ausdruck einer gestörten Kommunikation verstanden, eine rein individuelle Perspektive wurde zugunsten eines Systemverständnisses überwunden. Familien als eines der wesentlichen Systeme in unserem Leben rückten in den Mittelpunkt der Aufmerksamkeit und der therapeutischen Aktivität. Statt einzelne, als krank bezeichnete, einzubestellen, behandelte man in letzter Zeit immer mehr ganze Familien. Dabei gab der Erfolg dem Ansatz recht: kürzere Behandlungszeiten und verblüffende Erfolge bei scheinbar chronifizierten Problemen waren an der Tagesordnung.

Allerdings tauchen da Probleme auf. Nicht alle Familien sind bereit, als ganze Familie zur Therapie zu erscheinen. Beispielsweise in der Praxis eines Arztes oder in einer Beratungsstelle ist eine Mehrzahl der Patienten nicht ohne weiteres bereit, die Familie mit heranzuziehen. Auch lehnen manche Institutionen ein familienbezogenes Vorgehen aus äußeren oder inneren Grün-

den ab. Zuletzt mag auch mancher Therapeut lieber mit einzelnen Patienten arbeiten als mit ganzen Familien.
Was dann? Heißt das auf ein Systemverständnis verzichten zu müssen? Ist die reale Anwesenheit der Familie tatsächlich immer notwendig?
Bis vor einiger Zeit hätte man die beiden Fragen sicher bejaht. Galt doch das Dogma, *alle* Familienmitglieder, die im selben Haushalt leben, gemeinsam zu sehen. Nur so glaubte man, eine Perspektive des ganzen Beziehungsgeflechtes zu gewinnen, in das das Symptom eingebunden ist.
Mittlerweile hat sich diese Auffassung geändert. Mehr Erfahrung wurde gesammelt, die Technik wurde flexibler gehandhabt. Dabei zeigte sich, daß auch in der Einzelsituation das aktuelle Beziehungssystem zur Basis des Verständnisses werden kann. Es wurde auch deutlich, daß die Einzelsituation keineswegs so isoliert ist, wie anfänglich vermutet. Tatsächlich steht auch die Einzeltherapie immer in »unterirdischer« Verbindung mit der Familie. Wie in einem System von kommunizierenden Röhren, beeinflußt das Verhalten des *einen* immer auch das Verhalten der nicht anwesenden *anderen*. Es kommt lediglich darauf an, diese Verbindung theoretisch zu erkennen und technisch zu berücksichtigen. Ein großer Teil des Buches wird sich mit solchen Techniken befassen, die die Einbindung des Beziehungskontextes in der Einzeltherapie garantieren.
Statt also ein Symptom aus der individuellen Lebensgeschichte eines Patienten zu verstehen, wie dies die meisten Individualtherapien tun, steht nun die aktuelle Familie im Vordergrund. Damit wandelt sich die Auffassung von einer historischen eher in eine gegenwartsbezogene[1].
Dieses Buch entstand in der erwähnten Spannungssituation. Während sich meine Krankheitsauffassung immer mehr von der Individualpathologie zum Systemverständnis entwickelte, arbeitete ich gleichzeitig in Kontexten, in denen ganze Familien nicht ohne weiteres zu behandeln waren. Deswegen erweiterte sich mein Interesse an der systemischen Therapie auch auf die Individualbehandlung. Ich wendete also systemische Techniken in

entsprechender Abwandlung in der Einzelsituation an. Zu meiner Überraschung war der Erfolg durchschlagend. Noch eindrücklicher war aber die Rückwirkung der Arbeitsweise auf mich selbst. Ich war früher oft in ähnlicher Weise bedrückt und belastet aus den Therapiestunden gegangen, wie meine Patienten sie betreten hatten. Dies war zwar unerfreulich – ich tröstete mich aber mit der Auffassung, das persönliche Leiden des Therapeuten sei Teil einer guten Therapie. Die neue Sichtweise führte mich zu einer weniger masochistischen Auffassung. Die gleichen Patienten erschienen mir überraschenderweise in einem ganz anderen Licht. Statt sie als »chronifiziert« oder »im Widerstand« anzusehen, sah ich nun eine Fülle von Veränderungsmöglichkeiten, die mich persönlich sehr entlasteten. Zudem erlaubte mir die neue Technik sehr viel mehr Phantasie und Humor, als ich mir das vorher gestattet hätte. In meiner anfänglichen Arbeit mit Einzelpatienten sah ich in der systemischen Einzeltherapie einen Ersatz für die Fälle, in denen Familien aus äußeren oder inneren Gründen nicht erreichbar waren. Mittlerweile sehe ich die Sachlage anders: systemische Einzeltherapie scheint mir eine durchaus eigenständige Position einzunehmen. Systemische Anteile können *jeden* Einzelkontakt wesentlich informativer gestalten.

Mein Wunsch ist, dem Leser einen Teil der Entlastung zu vermitteln, die die Arbeit für mich sehr viel anregender werden ließ. Der Schwerpunkt des Buches liegt deshalb auf der *Praxis* und der *Anwendung* der systemischen Einzeltherapie. Dazu wird eine Vielzahl von technischen Hinweisen und Beispielen gegeben. Die notwendige *Sichtweise* wird der Leser vermutlich erst langsam und durch eigene Erfahrungen gewinnen. Sie sprachlich zu vermitteln, stößt nach meiner Auffassung auf Grenzen. Ich hoffe daher, daß die zahlreichen Fallschilderungen die Sichtweise lebendig werden lassen.

Zuletzt möchte ich noch erwähnen, daß die eingangs beschriebene Patientin das Wochenende bei den Eltern sehr gut meisterte. Sie gewann durch die Verschreibung eine Reihe von Einsichten über ihre Art der Beziehung zu den Eltern, obwohl davon, streng genommen, in der Intervention nicht die Rede gewesen war.

Von der Systemtheorie zur systemischen Therapie

Bevor in diesem Buch von Psychotherapie die Rede ist, soll der Rahmen dargestellt werden, in dem die systemische Therapie steht. Dazu muß ich etwas weiter ausholen.

Wissenschaftliches Denken vollzieht sich stets in bestimmten Weltbildern. Lange Zeit war das vorherrschende Weltbild von der Mechanik geprägt. Bis an das Ende des 19. Jahrhunderts ließen sich alle Wissensbereiche in den Kategorien der Mechanik befriedigend verstehen. Die Bewegung der Elektrone um den Atomkern genügte den gleichen Gesetzen wie die Bewegung der Planeten um die Sonne oder die Bewegung von Himmelskörpern im allgemeinen. Auch auf anderen Gebieten stand die Mechanik Pate: das Denken vollzog sich in Ursache-Wirkungs-Kategorien, in Alles-oder-Nichts-Gesetzen. Dieses Denken hatte nach Descartes die Fortschritte der Technik und Wissenschaft begründet. Selbst Bereiche, die von der Physik weit entfernt waren, wie die Psychiatrie oder Psychotherapie, waren selbstverständlich von dem gängigen Vorbild des wissenschaftlichen Denkens geprägt. So ist es kein Zufall, daß auch Sigmund Freud sich in mechanischen Kategorien ausdrückte, also in einer Sprache, die heute teilweise »psychohydraulisch« erscheint.

Ab Ende des 19. Jahrhunderts wurden zuerst von seiten der Mathematik und der Physik Zweifel an der allgemeinen Gültigkeit des mechanistischen Weltbildes angemeldet.[1] Albert Einstein formulierte seine Relativitätstheorie, in der so unterschiedliche Phänome wie Energie und Masse unter einer Formel integriert wurden. Auch wies er nach, daß die Dichotomie von Korpuskel und elektromagnetischer Welle nur in der menschlichen Wahrnehmung besteht, daß es tatsächlich jedoch sehr wohl verschiedenartige Manifestationen derselben Sache sein können.

Später kamen aus der Atomphysik weitere Beobachtungen, die eine neue Art des Denkens erforderten. Besonders bekannt wurde die Unschärferelation von Werner Heisenberg, die besagt, daß man von einem Körper (besonders sehr kleine Körper wie Atome oder Elektronen) nicht *gleichzeitig* die Geschwindigkeit und die Position bestimmen kann. Da jede Beobachtung dieser kleinen Körper mit Energieaufwand verbunden war, wurde deutlich, daß auch die Beobachtung selbst das Beobachtungsobjekt beeinflußt. Mit der »Objektivität« des Beobachters, der außerhalb des Experimentes steht, war es nun dahin. Der Beobachter stand ab diesem Zeitpunkt in einem Beziehungszusammenhang mit dem Objekt.
In der Mathematik existierten damals bereits Modelle, wie diese Phänomene beschrieben werden konnten, besonders ist hier Bertrand Russel hervorzuheben.
Es entwickelte sich eine neue Vorstellung, ein neues wissenschaftliches »Paradigma«, in der die *Beziehungen* zwischen verschiedenen Objekten betrachtet wurden. Nicht die *Eigenschaften* eines bestimmten Objektes wurden hier als determinierend verstanden, sondern das Netzwerk der gegenseitigen *Beziehungen* zwischen den Objekten.
Dieses neue Denken blieb nicht auf die Mathematik beschränkt. Auch in anderen Bereichen fand es schnell Verbreitung. Am bekanntesten ist die Anwendung in der Kybernetik und Informatik, wo das Denken in Regelkreisen eine völlig neue Technologie hervorbrachte – die Computertechnik. Erst durch das zirkuläre Denken in den Kategorien von Rückmeldung (positivem und negativem Feedback), wurde diese Entwicklung möglich.
Auch in der modernen Biologie wurde die neue Denkweise übernommen. Hier war vor allem die Anwendung auf die untereinander vernetzten Populationen verschiedener Pflanzen- und Tiergattungen erfolgreich. Am Anfang stand die einfache Beobachtung, daß etwa die Fuchs- und Hasenpopulation in gegenseitigem Abhängigkeitsverhältnis stehen. Gibt es im einen Jahr viele Hasen, so wird es im folgenden viele Füchse geben, die sich in der Zwischenzeit gut von den Hasen ernähren konnten. Wenn

nun die zahlreichen Füchse die Hasen dezimieren, wird auch bald die Anzahl der Füchse aus Mangel an Nahrung abnehmen, und der Zirkel kann von neuem beginnen. Dies ist natürlich ein sehr einfaches Modell mit lediglich zwei Variablen. Mittlerweile können auch komplexe Ökosysteme untersucht werden, in denen eine Vielzahl von abhängigen Variablen gleichzeitig berücksichtigt wird. Auf diese Weise wird deutlich, daß letztlich alles Leben auf dem Planeten miteinander in Beziehung steht. Auch das menschliche Leben ist Teil in diesem höchst komplexen Ökosystem, das aus unterschiedlichsten Teilsystemen besteht, die miteinander interagieren.[2]

Die »Ökologie« ist heute sogar zu einem politischen Schlagwort geworden, wobei darunter in einem verkürzten Verständnis »Umweltschutz« gemeint ist. Tatsächlich entstand der Umweltschutzgedanke erst aus dem Verständnis der umfassenden Vernetzung unterschiedlichster Bereiche des pflanzlichen und tierischen Lebens. Dadurch wurde ersichtlich, in welcher Weise scheinbar harmlose Eingriffe sich zerstörerisch auf das Gesamtsystem auswirken können.

Das systemische Paradigma geht also von einem komplexen Feld von Variablen aus, die in einem gegenseitigen Abhängigkeitsverhältnis stehen. Mechanische Ursache-Wirkungsbeziehungen wandeln sich zu Vorstellungen von einem *wahrscheinlichen* Zusammenhang zwischen Einflußgrößen. Besonders eindrucksvoll kann man solche multidimensionalen Betrachtungen in der neuen Meteorologie sehen. Hier werden Tausende voneinander unabhängige Daten gleichzeitig betrachtet, die jedoch wieder untereinander vernetzt sind und aufeinander einwirken. Diese werden in mathematischen Modellen miteinander verknüpft. Durch die simultane Berechnung der riesigen Anzahl von Variablen kann man zu einer wahrscheinlichen Voraussage des Wetters kommen. Allerdings geraten hier selbst Großcomputer oft an die Grenze ihrer Leistungsfähigkeit, wie leider des öfteren zu bemerken ist.

In anderen Wissenschaftsbereichen zog das systemische Denken erst wesentlich später ein; in den Sozialwissenschaften erst mit zwei Jahrzehnten Abstand und noch deutlich später in der Psychiatrie und Psychotherapie.[3] Auch in der Medizin ist die systemische Betrachtungsweise in den Anfängen. Verschreibt beispielsweise ein Hausarzt fünf Medikamente, so geht er davon aus, daß jedes einzelne so auf den Körper einwirkt, als hätte er es als einzelnes Medikament gegeben. Dabei bleibt unberücksichtigt, daß die einzelnen Substanzen sich gegenseitig beeinflussen. Sowohl im Transport, in der Einwirkung auf die Zelle als auch im Abbau entstehen *neue* Wirkungen, die keine einfache Summation von Einzeleffekten sind. Zwar existieren bereits gewisse Kenntnisse über Kombinationen, die ausgesprochen schädlich sind, von einem Verständnis der permanenten Interaktion ist die Medizin allerdings noch weit entfernt. Das Denken in Regelzusammenhängen und in Dimensionen von gleichzeitiger Abhängigkeit ist im Alltag auch außergewöhnlich schwierig, da Sprache und Denken sequentiell (erst dies, dann jenes) aufgebaut sind und Systembeschreibung sprachlich nur mühsam zu leisten ist.

Der Einzug der Systembetrachtung in die Psychotherapie fand zuerst in den fünfziger Jahren in den USA statt. Mehrere Gruppen begannen, sich mit Familien zu beschäftigen und entwickelten dabei Vorstellungen von Regelzusammenhängen innerhalb der Familien. Sie verstanden die Krankheit eines Familienmitgliedes nicht mehr als die individuelle Problematik eines Familienmitgliedes, sondern sahen das Phänomen der Krankheit als einen Ausdruck der Struktur der Beziehungen in der Familie. Damit wechselte also die individuell genetische (historische) Perspektive zu einer Betrachtung der gegenwärtigen Strukturen. Natürlich konnten die verschiedenen Autoren (Ivan Boszormenyi-Nagy, Jay Haley, Salvador Minuchin, Paul Watzlawick, Carl A. Whitaker, Lyman C. Wynne um nur einige zu nennen) sich auf therapeutische Vorläufer stützen, die bereits früher einen therapeutischen Stil praktizierten, der systemische Gesichtspunkte berücksichtigte, ohne notwendigerweise ein explizites Systemverständnis für ein Symptom zu haben. Besonders möchte ich hier die Arbeit von Alfred Adler und Viktor Frankl schildern.

Alfred Adler, 1870 in Wien geboren, war ein früher Schüler Sigmund Freuds. Er entwickelte allerdings seine eigenen Vorstellungen, und es kam 1911 zum Bruch mit dem Lehrmeister. Adler gab beispielsweise einige therapeutische Ratschläge, die zu seiner Zeit ungewöhnlich waren und Elemente der systemischen Therapie erkennen lassen. Beispielsweise beschrieb er die folgenden Situationen:

»Ein Patient fragte mich lächelnd: ›Hat sich bei ihnen in der Kur schon jemand das Leben genommen?‹ Ich antworte ihm: ›Noch nicht, aber ich bin jederzeit darauf gefaßt.‹ ...

Eine 27jährige Frau, die, nachdem sie fünf Jahre gelitten hatte, mich konsultierte, sagte: ›Ich habe so viele Ärzte aufgesucht, daß Sie meine letzte Hoffnung im Leben sind.‹ ›Nein‹, antworte ich, ›nicht die letzte. Vielleicht die vorletzte. Es gibt sicherlich andere, die Ihnen auch helfen könnten.‹ ... die Vorhersage einer Möglichkeit von Verschlimmerungen bei Fällen von Ohnmachtsanfällen, Schmerzen oder Platzangst enthebt einen für den Anfang eines großen Stückes Arbeit: die Anfälle bleiben in der Regel aus – was unsere Anschauung über den starken Negativismus des Nervösen bestätigt. Sich eines Teilerfolges sichtlich zu freuen oder gar sich zu rühmen wäre ein großer Fehler. Die Verschlimmerung ließe nicht lange auf sich warten ...«.[4]

Und weiter schreibt Adler:

»Einer meiner Patienten entwickelte in einer Gefühlsspannung, die aufkam, wenn er ins Freie trat, Magen- und Atembeschwerden. Viele Neurotiker schlucken Luft, wenn sie in einen Spannungszustand geraten. Dies wiederum verursacht Blähungen, Magenbeschwerden, Angst und Herzklopfen, außerdem beeinflußt es die Atmung. Als ich ihm diesen seinen Zustand vergegenwärtige, stellt er die übliche Frage: ›Was soll ich gegen das Luftschlucken unternehmen?‹ Manchmal antworte ich: ›Ich kann Ihnen zwar sagen, wie man ein Pferd besteigt, ich kann Ihnen aber nicht sagen, wie man es nicht besteigt.‹ Oder manchmal rate ich: ›Wenn Sie im Begriffe sind, das Haus zu verlassen, und Sie fühlen sich deswegen in einem Konflikt, schlucken Sie schnell etwas Luft!‹ Dieser Mann, wie manche andere Patienten, schluckte sogar im Schlaf Luft, aber nachdem ich ihm den Rat gegeben hatte, begann er sich selbst zu kontrollieren und stellte seine Gewohnheit ein.«[5]

Viktor Frankl, 1905 geboren, war Leiter einer neurologischen Klinik in Wien. In seiner »Logotherapie« sind Elemente der systemischen Therapie vorweggenommen. So führte er die Bezeichnung »paradoxe Intention«[6] ein. Ohne auf die Theorie seiner Logotherapie einzugehen, möchte ich einige Fallbeispiele zitieren, die Teile seiner Vorgehensweise verdeutlichen:

»Ein junger Kollege wendet sich an uns: er leidet an einer schweren Hidrophobie *(Angst vor dem Schwitzen)*. Von Haus aus ist er vegetativ labil. Eines Tages reicht er seinem Vorgesetzten die Hand und beobachtet dabei, daß er in auffallendem Maße in Schweiß gerät. Das nächste Mal, bei analoger Gelegenheit, erwartet er bereits den Schweißausbruch, und die Erwartungsangst treibt ihm auch schon den Angstschweiß in die Poren, womit der Circulus vitiosus in sich geschlossen ist: Die Hyperhidrose *(vermehrtes Schwitzen)* provoziert die Hidrophobie, und die Hidrophobie fixiert die Hyperhidrose. Unser hidrophober Kollege wurde nun von uns angewiesen, gegebenenfalls – in ängstlicher Erwartung eines Schweißausbruchs – geradezu sich vorzunehmen, demjenigen, dem er da begegnet, recht viel ›vorzuschwitzen‹. ›Bisher hab' ich nur einen Liter zusammengeschwitzt‹, so sagte er jeweils zu sich selbst (wie er uns nachträglich gestand); ›jetzt aber will ich zehn Liter herausschwitzen!‹ Und das Ergebnis? Nachdem er vier Jahre lang an seiner Phobie gelitten hatte, konnte er sich von ihr auf diesem von uns gewiesenen Wege – nach einer einzigen Sitzung – innerhalb einer Woche vollends und endgültig befreien.«[7]

»Nichts läßt den Patienten von sich selbst so sehr distanzieren wie der *Humor* . . . Der Patient soll lernen, der Angst ins Gesicht zu sehen, ja, ihr ins Gesicht zu lachen. Hierzu bedarf es eines Mutes zur Lächerlichkeit. Der Arzt darf sich nicht genieren, dem Patienten vorzusagen, ja vorzuspielen, was sich der Patient sagen soll. Wenn der Patient lächelt, sagen wir ihm: ›Auch wenn Sie all dies sich selbst sagen werden, werden Sie lächeln und gewonnenes Spiel haben.‹ . . .«

»Die Mutter der Patientin habe an einem Waschzwang gelitten. – Sie selbst stehe seit elf Jahren wegen einer vegetativen Dystonie in Behandlung; trotzdem sei sie zunehmend nervös geworden. Im Vordergrund des Krankheitsbildes steht anfallsweises Herzklopfen; mit ihm einher geht Angst und ›ein kollapsartiges Gefühl‹. Nach den ersten Herz- und Angstanfällen habe sich die Angst eingestellt, daß es wieder zu alledem kommen könnte, woraufhin die Patientin das Herzklopfen auch schon bekommen habe. Im besonderen fürchte sie sich davor, auf der Straße zusammenzustürzen oder vom Schlag getroffen zu werden. Die Patientin wird nun von Kollege Kocourek angewiesen, sich zu sagen: ›Das Herz soll noch mehr klopfen. Ich werde versuchen, auf der Gasse zusammenzustürzen.‹ Die Patientin wird angewiesen, trainingsmäßig alle ihr unangenehmen Situationen aufzusuchen und ihnen nicht auszuweichen. Zwei Wochen nach der Aufnahme berichtet die Patientin: ›Ich fühle mich sehr wohl und habe kaum mehr Herzklopfen. Die Angstzustände sind vollkommen geschwunden.‹ Nachdem die Patientin entlassen worden war, berichtete sie später: ›Habe ab und zu noch Herzklopfen, sage ich mir: ›Das Herz soll noch mehr klopfen. Das Herzklopfen hört dann auch wieder auf.‹ . . .

Patientin ist 23 Jahre alt und leidet seit dem 17. Lebensjahr an der Zwangsvorstellung, sie könnte im Vorbeigehen, ohne es zu wissen, jemanden umgebracht haben. Muß dann mehrfach zurückgehen, sich vergewissern, ob nicht irgendwo am Weg eine tote Frau liegt. Sie wird von Frau Dr. Niebauer behandelt (paradoxe Intention). Der Patientin wird geraten, sie solle sich sagen: Gestern habe ich schon dreißig umgebracht, heute erst zehn, da muß ich rasch weitergehen, damit ich mein heutiges Pensum noch rechtzeitig erledige. Sechs Tage später (Tonbandaufnahme): ›Ich muß sagen, das mit der paradoxen Intention haut hin, ich muß mich gar nicht noch umschauen. Mit der Zwangsvorstellung, daß ich jemanden ermordet hätte, werde ich ganz gut fertig – ich kann sie wegbringen!‹ Frau Dr. Niebauer: ›Wie verhalten Sie sich denn jetzt?‹ Patientin: ›Ganz einfach, ich sage mir, wenn eine solche Zwangsvorstellung aufkommt, daß ich gleich weiter muß, um mein Pensum rechtzeitig zu erledigen, da ich ja noch so viele umzubringen habe. *Dann ist aber auch der Zwang weg.*‹«[8]

Bei beiden Autoren wird in den kleinen Fallbeispielen nicht auf eine Vernetzung der Symptomatik mit der Familie oder der Außenwelt eingegangen. An Stelle des Systems »Familie« betrachten sie also das System »Individuum«, ohne allerdings diesen Begriff schon zu benützen.

Beide, besonders Viktor Frankl, sehen aber das Dilemma, in das Patienten hineinkommen, wenn die Lösung zum Problem wird. Die Angst vor dem Schwitzen führt zu einem Problem, das sich aus sich selbst erhält. Deswegen verzichtet Frankl auf eine psychogenetische Analyse und löst das Problem, indem er den Patienten in eine »Sei-spontan!«-Paradoxie verwickelt: der Patient kann nicht bewußt vollziehen, was seinem Wesen nach spontan ablaufen muß.

Die eigentliche systemische Psychotherapie geht vor allem auf die Arbeitsgruppe um Gregory Bateson in Palo Alto, einem Ort nicht weit von San Francisco, zurück. Dort arbeitete man zwischen 1952 und 1962 an einem Forschungsprojekt über die Kommunikation von Familien mit einem schizophrenen Mitglied. Ein wesentliches Ergebnis der Arbeit war die Theorie des »double bind«[9] (im Deutschen: »Doppelbindung« oder »Beziehungsfalle« nach Stierlin[10]). In dieser Theorie wurde zum ersten Mal ein Symptom auf Grund der Kommunikationsstruktur in einer Familie verstanden. Inhaltlich geht es um folgendes: Einem Familienmitglied werden Botschaften gegeben, die sich logisch widersprechen. Beispielsweise wird verbal das Gegenteil von dem gesagt, was gestisch oder in der Stimmlage vermittelt wird. Oder ein anderes Beispiel: ein Kind bekommt zwei Hemden geschenkt, ein grünes und ein blaues. Das Kind zieht das grüne Hemd erfreut an. Die Mutter (die war in den Anfängen noch die Hauptschuldige) reagiert darauf: »Ach, das blaue Hemd gefällt dir also nicht!«

Damit aus diesem Kommunikationsmuster schizophrenes Verhalten entsteht, müssen noch zwei weitere Bedingungen dazukommen. Es darf weder möglich sein, sich der Situation zu entziehen, noch darf über das Kommunikationsmuster gesprochen werden. Es ist ein Tabu.

Gleichfalls am Mental Research Institute (MRI) in Palo Alto arbeiteten noch weitere Forscher, die systemisches Denken in die Psychotherapie einführen wollten (Don D. Jackson, Richard Fisch, Paul Watzlawick, John Weakland u. a.). Man arbeitete vor allem an einem Kurztherapieprojekt[11]. Dabei hatte die Forschergruppe »eine ganz auf das akute Problem gerichtete Kurztherapie zu entwickeln versucht, die die klinischen Erscheinungen als Aspekte von Vorgängen im zwischenmenschlichen Beziehungssystem des Kranken versteht. Bei dieser Sicht wird postuliert, daß psychische Notlagen und Symptome aus einer falschen Verarbeitung von Schicksalsschlägen oder anderen Zerrüttungen im Beziehungssystem des Patienten herrühren. Die akute Symptomatik widerspiegelt vielleicht eine Zunahme der ursprünglichen Schwierigkeiten durch zwar gutgemeinte, auch anscheinend vernünftige, in Wahrheit aber ungeeignete Bemühungen, der Lage Herr zu werden, und zwar sowohl seitens des Patienten selbst, wie seitens seiner Umgebung. Die therapeutische Arbeit konzentriert sich vor allem auf bereits unternommene Lösungsversuche – also darauf, was schon getan wurde, um den Schwierigkeiten des Patienten zu begegnen –, und nicht auf diese Schwierigkeiten selbst . . . Es handelt sich um sorgsam abgewogene Maßnahmen, die einem Verhalten vorbeugen sollen, das die Probleme nur aufrechterhalten würde. Die Probleme werden in einen anderen Zusammenhang gestellt und neu definiert, und damit auch die ursprüngliche Zielsetzung und die Einstellung der beteiligten Personen, was zu einem völlig veränderten Verhalten führen kann. Das Schwergewicht liegt darauf, alle Beteiligten zu neuen Handlungsweisen zu bewegen, sei es im Haushalt, durch direkte und indirekte Suggestion oder mittels paradoxen Anweisungen. Der Therapeut zielt absichtlich nur auf kleine, aber genau umgrenzte Veränderungen im Verhalten ab, jedoch mit der Absicht, eine Veränderung allgemeinerer Natur zu erreichen . . .«[12]

Die Arbeitsgruppe am MRI war stark durch die therapeutische Praxis von Milton Erickson geprägt. Erickson ist sicherlich einer der ungewöhnlichsten Therapeuten dieses Jahrhunderts. Nicht nur entwickelte er eine überaus erfolgreiche Hypnosetechnik, er überraschte die Fachwelt auch durch eigentümliche therapeutische Techniken, die unerwartete Erfolge zeigten. Ohne selbst eine Theorie zu dieser Verfahrensweise zu liefern, wurde sein Werk zu einer besonderen Bereicherung und Herausforderung der systemischen Therapie. Allerdings reichte sein Einfluß auch auf andere Gebiete (zum Beispiel auf das neurolinguistische Programmieren). Insofern gleichen seine Schriften einem Ideensteinbruch, aus dem viele Therapieformen Material entnommen haben.

Im deutschsprachigen Raum waren die Überlegungen von Paul Watzlawick u. a. besonders in theoretischer Hinsicht ein Wendepunkt. Kaum ein Psychologiestudent oder psychotherapeutisch interessierter Medizinstudent der nicht »Menschliche Kommunikation« gelesen hätte! Eine direkte Umsetzung in die therapeutische Praxis blieb jedoch selten. Kaum ein Therapeut praktizierte diese Art von Kurztherapie. Zu sehr war der Ansatz von der üblichen Denkweise entfernt.

Dies änderte sich erst, als auch weitere Ansätze der systemischen Familientherapie bekannter wurden. Etwa von Ivan Boszormenyi-Nagy, Jay Haley, Salvador Minuchin, Lyman C. Wynne oder der Mailänder Gruppe um Mara Selvini Palazzoli.

In der Bundesrepublik erfährt die Familientherapie seit gut zehn Jahren eine enorme Verbreitung. Dieser Anfang ist besonders mit Helm Stierlin[13] verbunden, der ab 1974 das Heidelberger Institut zum Zentrum der Familientherapie in der Bundesrepublik machte. Die einzelnen Formen der Familientherapie sollen aus Platzgründen nicht dargestellt werden. Trotzdem lassen sich einige gemeinsame Grundauffassungen darstellen.[14]

Wie bereits geschildert, werden Symptome als Funktion von komplexen Systemen verstanden. Systeme können auf sehr unterschiedlichen Ebenen betrachtet werden: das System einer Körperzelle, eines Körperorgans, eines Organsystems wie das Gefäßsystem, der gesamte Körper mit seinen zahlreichen Subsystemen (etwa Thermoregulationssystem), das Individuum als Teil der Familie, die Familie als Ganzes bis hin zu größeren Organisationsformen wie Arbeitsformen, Städte oder Staaten. Üblicherweise wird in der systemischen Therapie die *Familie* als das relevante System verstanden. Allerdings ist das eine Einschränkung, die in manchen Fällen nicht sachgerecht ist. Es können auch andere Systeme in den Vordergrund treten: ein Paar, Mutter und Tochter oder ein Teil der Arbeitswelt. Familie wird verstanden als selbstregulierendes Verwandtschaftssystem, das zielorientiert ist und seine Homöostase (Gleichgewicht) aufrechterhält. Dabei tauscht es mit der Umwelt Materie, Energie und Informationen aus. Die Homöostase wird durch dauernde Anpassungsprozesse an eine sich wandelnde Umwelt aufrechterhalten. In manchen Situationen sind jedoch Krisen vorhersehbar (Heirat, Geburt, Pubertät, Tod), die besondere Anpassungsleistungen und Neuorientierungen verlangen. Falls diese Anpassungen unterbleiben, entsteht ein pathologisches Verhalten.

Der Patient mit seinem Symptom ist nur *ein* Teil der Pathologie. Um eine Vorstellung von der Gesamtheit des Problems zu erhalten, muß das entsprechende Verhalten *aller* Familienmitglieder berücksichtigt werden. Der Patient ist (wie auch die anderen Familienmitglieder) weder Opfer noch Täter, sondern ein Teil eines Gesamtsystems, das das Verhalten bestimmt. Dabei wird das Symptom nicht nur als Einschränkung, sondern auch als Lösung einer problematischen Situation verstanden (dieser Aspekt wird später in vielen Beispielen dargestellt).

Die Therapie richtet sich dementsprechend nicht auf die Veränderung der Persönlichkeit des Symptomträgers (des Indexpatienten), sondern auf die Veränderung der Interaktionsmuster innerhalb der Familie. Dadurch wird das Symptom zur Aufrechterhaltung des pathologischen Gleichgewichtes nicht mehr notwendig und verschwindet wie von selbst.

Systemische *Einzel*therapie mag nach den bisherigen Ausführun-

gen wie ein Widerspruch in sich selbst klingen. War nicht der Ausgangspunkt der Therapie die Überwindung des individuellen Ansatzes durch die familiäre Perspektive?
Nicht zufällig ist von systemischer Einzeltherapie erst *nach* der Konsolidierung der systemischen Familientherapie die Rede. Es ist keine Rückkehr zur Einzeltherapie, sondern eine weitere Verdichtung des systemischen Verständnisses. Die Entwicklungsspirale hat sich quasi von ihrem Ausgangspunkt (der Einzeltherapie) entfernt, sich komplexen Systemen (wie Familien) zugewendet und kehrt nun eine Stufe höher zur Einzeltherapie zurück. Dabei sollen in die systemische Einzeltherapie die Erkenntnisse eingebracht werden, die in der systemischen Familientherapie gewonnen wurden.
Dieser Entwicklungsgang soll in den folgenden zwei Kapiteln nachvollzogen werden. Da nicht jeder Leser die bisher erwähnten Therapierichtungen kennen kann, möchte ich zwei Vorgehensweisen im Detail schildern. Die Auswahl ist subjektiv, aber nicht zufällig. Beiden therapeutischen Richtungen fühle ich mich persönlich verbunden, und beide erscheinen mir für das Thema der systemischen Einzeltherapie besonders ertragreich. Es ist zum einen die systemische Einzeltherapie des Mailänder Modells, das für mich zur Zeit die überzeugendste Variante der Familientherapie ist. Ich hatte Gelegenheit, über einen längeren Zeitraum diese Vorgehensweise von Gianfranco Ceccin und Luigi Boscolo zu lernen. Daneben wurde mein persönlicher Stil im Umgang mit Familien besonders von der lebendigen und humorvollen Technik von Guntard Weber beeinflußt.
Die zweite systemische Therapierichtung, die ich ausführlicher darstellen möchte, ist die Arbeitsgruppe aus Milwaukee. Ihr ist es gelungen, ein sehr klares und übersichtliches Konzept einer stark fokussierenden Kurztherapie zu erstellen. Während eines Studienaufenthaltes dort konnte ich die Vorgehensweise eingehend kennenlernen und am dortigen Institut mitarbeiten. Die Erfahrungen, die ich dabei sammeln konnte, haben meinen therapeutischen Stil außergewöhnlich bereichert.

Das Mailänder Modell

Ende der sechziger Jahre kündigte sich in Mailand eine Entwicklung in der Psychotherapie an, die für die Familientherapie von entscheidender Bedeutung werden sollte. Es begann damit, daß die Internistin und Psychoanalytikerin Mara Selvini Palazzoli eine Neuorientierung in ihrer jahrelangen Beschäftigung mit Magersüchtigen suchte. Sie entschloß sich, ganze Familien zu sehen. Bei dieser Arbeit zog sie den Psychiater Luigi Boscolo hinzu, und beide fingen als erste in Italien an, Familien und Paare zu behandeln.[1]

Nachdem beide erst auf einer analytischen Basis gearbeitet hatten, orientierten sie sich ab Anfang der siebziger Jahre an dem Mental Research Institute, Palo Alto (MRI). Man studierte Jay Haley und Paul Watzlawick. Watzlawick selbst besuchte die Gruppe, die mittlerweile zusätzlich noch aus Gianfranco Checcin und Giuliana Prata bestand. Diese Gruppe wurde später als das »Mailänder Team« bekannt.

Familien wurden in dieser Zeit häufig in dem Spannungsfeld von Homöostase und Transformation gesehen, von Stabilität und Wandel. Man beschäftigte sich mit den widersprüchlichen Botschaften der Familien, die sich auf der einen Seite ändern, auf der anderen Seite aber unbedingt alles beim alten lassen wollten. Um mit dieser paradoxen Botschaft umgehen zu können, mußte man in ähnlich paradoxer Weise auf die Beschwerden eingehen, um das Paradoxon wieder aufzuheben. So lautete dann auch der Titel des 1975 in Italien erschienen Buches »Paradoxon und Gegenparadoxon«[2]. Die beschriebenen Interventionen waren insofern paradox, als sie der primären (naiven) Erwartung widersprachen. So wurde zum Beispiel jemandem geraten, sein Symptom *nicht* aufzugeben, da es aus bestimmten Gründen in seinem Leben jetzt eine sehr wichtige Funktion einnehme. Falls er es dennoch tue, müsse er mit diesen oder jenen Folgen rechnen. Beispielsweise wurde einem magersüchtigen Mädchen geraten, *vorerst* nicht zuzunehmen, ja es wurde für seine Leistung des Hungerns geradezu gelobt, da es dadurch sehr viel für den Familienzusammenhalt tun würde. Wenn sie zum jetzigen Zeitpunkt wieder äße, müsse man tatsächlich vermuten, daß etwas Schlimmes passieren könne. Deshalb müsse sie sich eben noch eine Weile für die Familie *opfern*.

Diese paradoxen Interventionen (in diesem Fall eine positive Konnotation) wurden geradezu zum Markenzeichen des Mailänder Modells. Paradoxe Interventionen erfreuten sich in der Folgezeit bei vielen Therapeuten sehr großer Beliebtheit. Manchmal wurde bei der Anwendung der neuen Technik aber übersehen, daß nicht die paradoxe Intervention an sich das Entscheidende war, sondern das systemische Verständnis der Beschwerden. Systemisches Verständnis *kann* bedeuten, den positiven oder funktionalen Aspekt eines Symptoms hervorzuheben, muß es aber nicht. Mittlerweile – das sei hier schon erwähnt – erfreut sich das Wort »paradox« weit weniger großer Beliebtheit. Zum einen, weil die Faszination durch das Paradoxe einer weiteren systemischen Sicht gewichen ist, zum anderen, weil das, was früher »paradox« erschien, vielen Therapeuten heute primär plausibel ist, ohne jeden paradoxen Beigeschmack.

Ein Grund für diese Entwicklung liegt in der Weiterentwicklung der Theorie durch das Mailänder Team in der Mitte der siebziger Jahre. Gregory Batesons Buch »Ökologie des Geistes«[3] übte einen neuen Einfluß auf die Gruppe aus. Man begann, den Gegensatz von Homöostase und Entwicklung neu zu sehen. Systeme, so war die neue Erkenntnis, entwickeln sich beständig, und Stabilität sei nur eine Illusion. – So wie ein Fluß immer der gleiche zu sein scheint und doch aus immer neuem Wasser besteht. Damit er besteht, muß er täglich neu geschaffen werden. So existiert die Stabilität der Phänomene nur in unserer Vorstellung und ist kein Merkmal der Wirklichkeit. Oder, um Batesons Metapher zu verwenden, die zur Losung der neuen Einsicht wurde: die Landkarte ist nicht das gleiche wie die Landschaft.

Die »innere Landkarte« eines jeden Familienmitgliedes wurde nun sorgfältig von der Ebene der Handlung getrennt.
Ebenso große Aufmerksamkeit wurde dem Kontext gewidmet, in dem eine bestimmte Handlung steht. Wie die Zeilen in diesem Buch nur Sinn gewinnen durch den Kontext, in dem sie stehen – die Seiten, das Kapitel, das Buch –, so hat ein bestimmtes Verhalten nur in einem sozialen Kontext seinen Sinn und nicht alleine aus sich heraus. Für jede Kommunikation bedarf es deshalb der Einigung über den Kontext (Kontextmarkierung), sonst entstehen zwangsläufig Mißverständnisse.[4]
Bezüglich der Therapie bedeutete das gleichfalls eine Änderung. Interventionen waren nun häufiger auf die Veränderung der inneren Landkarte gerichtet statt auf die Veränderung der Realität selbst. Das letztere würde dann aus dem ersten folgen.
Allein die Annahme, daß Veränderung das Unvermeidbare ist und Stabilität nur mit einigem Aufwand aufrechterhalten werden kann, veränderte auch die Interventionen. Der Therapeut brauchte nun nicht mehr das Gefühl zu haben, gegen eine Übermacht der Beharrungstendenzen die Herkulesarbeit der Veränderung allein zu erledigen. Die Macht der Veränderung war sowieso auf seiner Seite, es galt lediglich, sie zu kanalisieren. So wurden die Interventionen weniger aufwendig, häufiger auf kleinere Veränderungen der Wertung von Symptomen gerichtet, die dann alleine andere Änderungen nach sich ziehen würden.
Nach 1980 trennte sich die Mailänder Gruppe. Während Gianfranco Checcin und Luigi Boscolo sich mehr mit Ausbildungsfragen beschäftigten, entwickelten Mara Selvini Palazzoli und Giuliana Prata weitere Interventionstechniken. Dabei kamen sie auf die sogenannte »invariante Intervention«. »Invariant« wurde sie genannt, da sie unverändert ganz verschiedenen Familien gegeben wurde. Dabei wurde den Eltern die Aufgabe gestellt, einen Abend ohne Ankündigung wegzugehen und auch im nachhinein die Kinder nicht darüber zu informieren, was sie an diesem Abend unternommen hatten. Von Fall zu Fall wurden gewisse spezifische Änderungen angebracht, damit die Intervention auch zur betreffenden Familie paßte. Der theoretische Hintergrund der

Intervention bestand darin, in einer Familie klare Grenzen zwischen den Generationen zu setzen. Außerdem wurde ein Interaktionsmodus verändert, und das abendliche Ausgehen entwickelte eine Dynamik eigener Art in der Beziehung der Eltern. Zusätzlich wurden die Kinder neugierig, hegten Hoffnungen, Befürchtungen usw. Alles in allem konnte eine eingefahrene Situation durch ein *neues* Element belebt werden, indem für die Kinder ein Element »des nicht Vorhersehbaren« hinzugefügt wurde.

In letzter Zeit richtet sich das Interesse von Mara Selvini Palazzoli mehr auf das systemische Verständnis von Organisationen.[5]

Unabhängig von den dargestellten Entwicklungsschritten der Theorie und den unterschiedlichen Arten der therapeutischen Praxis, hat sich doch mittlerweile ein Vorgehen herausgeschält, das als »das Mailänder Modell« bezeichnet werden kann. Ich möchte daher die allgemeinen theoretischen Grundannahmen und die Praxis des Vorgehens zusammenfassen, wobei ich mich an den Darstellungen von Karl Tomm orientiere.

Eine der Grundannahmen ist es, den Menschen und seine seelische Struktur als soziales Wesen aufzufassen. Damit werden andere Seiten bewußt vernachlässigt; etwa biologische, nicht weil sie nicht existent sind, sondern weil diese Annahme für die therapeutische Praxis nützlicher ist. Beschwerden werden zusätzlich eher auf der Ebene der jetzt aktuellen Beziehungen verstanden als auf der Ebene der individuellen Psychogenese. Es wird also quasi eine »horizontale« Betrachtungsebene gewählt – im Gegensatz zu einer »vertikalen« Ebene, bei der die Betrachtung der Geschichte der Beschwerden (individuelle Psychogenese) im Vordergrund steht.

Das ist eine bewußte Annahme, die keine höhere »Wahrheit« beansprucht, sondern lediglich praktikabler für die Therapie sein soll. Mit solch einer Sichtweise wird die Aufmerksamkeit auf die *veränderbaren* Anteile gelenkt.

Eine zweite Annahme, die das Mailänder Team nützlich fand, geht zurück auf Gregory Bateson. Für das Verständnis der Seele fanden sie eine zirkuläre Auffassung eher geeignet als eine lineare. Als Zirkularität wird ein Verständnis bezeichnet, das sich von Ursache-Wirkungs-Beziehungen löst und Regelkreise an ihre Stelle setzt.

Dabei wird das Verhalten eingebunden gesehen in miteinander vernetzte Feedback-Schleifen, die, jede für sich, Ausgangspunkt und Endpunkt von Veränderungen sind. In diese Feedback-Schleifen ist der Therapeut eingebunden, da seine Untersuchung, sein Handeln, wieder Auswirkungen auf die Familie hat und umgekehrt. So bedeutet Zirkularität auf der einen Seite eine bestimmte Wahrnehmungsweise der Phänomene in der Familie als auch eine bestimmte Handlungsweise des Therapeuten. Dieser ist sich seiner Einbindung in das System bewußt und läßt sich bewußt vom Feedback der Familie leiten.

Die neue *Epistemologie*[6] (Sichtweise, wie die Welt verstanden wird – innere Landkarte) ist zuerst schwer in Alltagsphänomenen nachvollziehbar, da Regelkreise nicht unmittelbar erlebbar sind. Für den Menschen vollziehen sich alle Ereignisse nacheinander. Deswegen werden häufig Phänomene, die *nacheinander* folgen, als *kausal* angesehen.

Herr Müller zieht sich immer zurück, wenn seine Frau an ihm herumnörgelt. Er liest dann die Zeitung, fühlt sich gekränkt und außerdem im Recht. – Schließlich hat er den ganzen Tag hart gearbeitet, da möchte er auch mal seine Ruhe haben. – Seine Sichtweise des Paarkonfliktes ist linear.

Frau Müller sieht die Sache ganz anders: Immer wenn ihr Mann nach Hause kommt, zieht er sich zurück, und da ist es kein Wunder, wenn sie darüber enttäuscht ist und ihrer Enttäuschung Ausdruck gibt. Schließlich ist sie den ganzen Tag alleine und möchte auch mal was reden. – Auch Frau Müller hat also eine lineare Auffassung der Situation.

Der Therapeut kann nun die Ansicht A → B (Nörgeln führt zu Rückzug – Herrn Müllers Version) oder B → A (Rückzug führt zu Nörgeln – Frau Müllers Version) für »wahr« erklären. Vermutlich wird es sogar Anliegen des Paares sein, den Therapeuten zum Schiedsrichter zu machen. Es wird aber offensichtlich wenig nützen, wenn der Therapeut darauf eingeht, da sich der Unterlegene zu Recht unverstanden fühlen wird.

Der Therapeut mit zirkulärer Epistemologie wird das Phänomen untersuchen und folgendes feststellen: Es ist sowohl richtig, daß auf A → B folgt, genauso trifft aber auch das umgekehrte zu (B → A). Für den außenstehenden Therapeuten sieht nämlich die Angelegenheit so aus:

...→ A → B → A → B → A → B → A →...

Herr Müller würde jeweils die einen Sequenzen wahrnehmen, Frau Müller die anderen (frei nach Paul Watzlawick u. a.[7]).
Die zirkuläre Sichtweise hat also den Vorteil, von der moralischen Verurteilung wegzukommen und statt dessen eine neutrale Sichtweise einzunehmen, die die Zuschreibung von Schuld vermeidet. Schuld hat lediglich das »Spiel«, in dem beide gefangen sind. Deswegen sollte ein Therapeut oder ein therapeutisches Team stets danach trachten, ein *zirkuläres* Verständnis einer Familiendynamik zu erreichen, weil damit für den Therapeuten ein Verständnis ohne Schuldzuschreibung möglich wird. Meist ist dieses neue Verständnis auch auf einer höheren logischen Abstraktionsebene angesiedelt. (Sowohl Herr Müller als auch Frau Müller haben recht. Nörgeln und Rückzug sind jeweils sowohl Ausgangspunkt wie Resultat der Interaktion.)
Solch ein Verständnis ist anfänglich schwer zu erlernen. Menschen sehen stets nur Abfolgen, nie Regelkreise. Außerdem übt die Sprache eine sanfte Tyrannei aus, da sie strukturbedingt nur Abfolgen abbilden kann. Regelkreise sind vergleichsweise umständlich darstellbar. (Vergleiche: »Vater schlägt Mutter, weil er böse oder betrunken ist.« Und: »Wenn die Kinder schlechte Noten haben, ärgert sich die Mutter. Wenn sie mit den Kindern schimpft, stellt sich der Vater zwischen die Mutter und die Kinder. Wenn sich die Kinder dann hilfesuchend an den Vater wenden, bekommen Mutter und Vater Krach. Wenn die Mutter den Vater dann an seinem schwachen Punkt angreift, schlägt er schließlich die Mutter...«.)
Regelkreise müssen also in der Sprache häufig in einer ganzen Sequenz von linearen Aussagen konstruiert werden. Um sich bei der eigenen Wahrnehmung nicht durch die sprachliche Struktur

zu stark beeinflussen zu lassen und auf die Weise unfreiwillig in der linearen Wahrnehmung zu landen, kann folgender »Trick« hilfreich sein: das Ersetzen des Verbs »sein« durch das Verb »zeigen«. Statt zu sagen, der Vater *ist* aggressiv, sollte man bei der Hypothesenbildung sagen, der Vater *zeigt* aggressives *Verhalten*. Das mag unnatürlich klingen, doch vermeidet die Umformulierung die Gefahr, dem Vater eine bestimmte *Charaktereigenschaft* zuzuschreiben und damit die *Handlungsebene* mit der *Bedeutungsebene* zu verwechseln. Mit der Formulierung »zeigt aggressives Verhalten« lenkt man auch die Aufmerksamkeit auf die nächste Frage: Wem zeigt er denn das aggressive Verhalten? Wie reagiert der Angesprochene? usw.
Damit gelingt es dem Therapeuten, wieder jene Distanz zu halten, die im Umgang mit Familien entscheidend ist. Es gilt die Faustregel: im gleichen Maß *in* der Familie zu sein, wie auch *außerhalb* der Familie zu stehen. – Ohne wirklichen Kontakt wird der Therapeut abgelehnt werden, und ohne Abstand kann kein neues Element in die familiäre Sichtweise eingehen und sich somit auch keine Änderung ergeben. – Eine Regel, die selbstverständlich auch für andere Therapieformen gilt.
Doch nun zur therapeutischen Praxis:
Die Therapie beginnt in Mailand schon bei der Anmeldung. Hier wird nicht, wie sonst üblich, die Anmeldung von der Sekretärin angenommen, sondern von einem der Therapeuten, der sich für diese Gelegenheit einen Termin freihält. In einem kurzen Gespräch werden verschiedene Basisdaten festgehalten: warum jemand kommt, die Anzahl der Familienmitglieder, die überweisende Person usw. Es wird Wert darauf gelegt, sich nicht die Sichtweise des Anrufers zu eigen zu machen oder mit ihm eine unausgesprochene Koalition einzugehen. Anschließend werden alle im Haushalt lebenden Personen zur ersten Sitzung eingeladen. (Teilweise werden auch nur die Personen eingeladen, die dem Therapeuten für das augenblickliche Problem relevant erscheinen.) Ergänzt werden diese Daten durch einen Fragebogen und einen Bogen zu den weiteren Verwandten (u. a. Eltern, Großeltern, Geschwister), den die Familie

beim ersten Besuch vor der eigentlichen Therapiestunde ausfüllt.
Danach kommt die eigentliche Sitzung, die sich in einem mittlerweile schon klassischen Setting in fünf Abschnitte gliedert: Vorsitzung, Interview, Unterbrechung, Intervention, Nachbesprechung.
In der Vorsitzung treffen sich die Therapeuten (derjenige, der das Interview führt und die Beobachter), um mit den vorhandenen Daten erste Hypothesen zum Symptom zu entwerfen. Sinn dieses Vorgehens sind keine diagnostischen Schnellschüsse, sondern die Konstruktion eines ersten Gerüstes, an das sich die Fragen des Therapeuten anlehnen können. Die »Mailänder« weisen immer wieder auf die Gefahr hin, sich die Epistemologie der Familie zu eigen zu machen und auf diese Weise therapeutisch hilflos zu werden. (Wenn der Therapeut alles so sieht wie die Familie, wird sie sich zwar gut verstanden fühlen, der Therapeut wird ihr aber genausowenig helfen können wie sie sich selbst.)
Kommt beispielsweise eine Familie mit einem 10jährigen Jungen als *Index*patient, der nachts einnäßt, in die Praxis, so können erste Hypothesen folgendermaßen aussehen: Aus dem Fragebogen ist bekannt, daß der Großvater mütterlicherseits kurz vor Beginn des Symptoms verstorben ist. Er wurde vorher von der Mutter gepflegt. Der Sohn kann nun zum Beispiel die Mutter vor der Trauer um den verstorbenen Vater schützen und sich gleichzeitig auch die Zuwendung von der Mutter holen, die er während der Pflege des Großvaters vermißt hat.
Nach diesen ersten zirkulären Gedanken zur Psychodynamik der Familie kann der Therapeut auch erste Fragen vorformulieren, die ihm in der Anfangsphase einen Leitfaden geben können.
Solchermaßen »gerüstet« beginnt nun das eigentliche Interview. Der Therapeut wird nun erst einmal eine Phase des unstrukturierten Gespräches zulassen, in dem Kontakt zu den Familienmitgliedern aufgebaut wird. Wie das gestaltet wird, hängt von der persönlichen Art jedes Therapeuten ab.
Danach richtet der Therapeut eine Reihe von Fragen an die

einzelnen Mitglieder der Familie, wobei er unmerklich die vorher entworfenen Hypothesen überprüft. Treffen sie zu, wird er versuchen, sie zu spezifizieren. Treffen sie nicht zu, muß er versuchen, neue Hypothesen zu entwerfen und sie dann wieder zum Ausgangspunkt neuer Fragen zu machen.
Hinter der Einwegscheibe verfolgen unterdessen die Kollegen (mindestens einer) den Verlauf des Interviews. Sie erleben durch den äußeren Abstand das Gespräch oft anders, und sie können dem Interviewer zusätzliche Hinweise und Ideen während der Stunde geben. Dazu klopfen sie von hinten an die Einwegscheibe und geben damit dem Therapeuten das Signal, das Telefon im Therapiezimmer abzuheben. Nach einem kurzen telefonischen Hinweis durch die Kollegen kann das Interview dann fortgesetzt werden.
Dem damit unvertrauten Beobachter wird das Setting erst einmal technisch und ungewohnt vorkommen – besonders wenn die Sitzung noch auf Video aufgenommen wird. Überraschenderweise akzeptieren Familien die Vorgehensweise nach kurzer Eingewöhnungsphase ohne Schwierigkeiten.
Dem Beobachter, der zum ersten Mal solch einer Familiensitzung folgt, wird zuallererst die neue Art des Fragens auffallen. Gemeint ist das »zirkuläre Fragen«. Zirkuläres Fragen – auch »Tratschen in Gegenwart des Betroffenen« genannt – ist eine Methode, jemanden über einen anwesenden Dritten zu befragen. Das sieht in etwa so aus:
Therapeut zur Tochter: »Wenn dein Bruder morgens ein nasses Bett hat, wie reagiert dann deine Mutter?«
Therapeut zum Sohn: »Wenn deine Mutter dann das Bettzeug aufräumt, was tut dann dein Vater? Was sagt er?«
Therapeut zur Mutter: »Wie verhält sich denn ihre Tochter, wenn sie sieht, daß das Bett naß ist?«
Therapeut zum Vater: »Und was sagt ihr Sohn, während ihre Frau die Wäsche wechselt?«
Zirkuläre Fragen sollen also komplexe Handlungsabläufe deutlich machen. An der morgendlichen Szene, die hier zum Beispiel erfragt wird, sind nämlich nicht nur der Sohn und die Mutter

beteiligt, sondern das Verhalten aller ist miteinander verschlungen.
In der Familie erlebt jedes Mitglied die eigene Wahrnehmung als seine persönliche. Durch die zirkuläre Befragung wird jeder gezwungen, sich in Beziehung zu den anderen zu setzen und die lineare, individuelle Perspektive mit dem System in Verbindung zu bringen. Er wird in die »Familienströmung«[8] miteingebunden. Die Frage, »wer sorgt sich am meisten über das nasse Bett?« läßt sich nicht linear beantworten, sondern muß in *Beziehungen* beantwortet werden: »Die Mutter mehr als der Vater« oder ähnlich. Wenn Familien mit dieser Art des Fragens konfrontiert werden, werden sie gespannt zuhören, was der Gefragte über einen von ihnen sagen wird. Da die Fragetechnik ungewöhnlich ist, bekommen dabei die einzelnen Mitglieder oft Überraschendes zu hören. Manchmal wird sich derjenige, über den gesprochen wird, einmischen und direkt antworten, worauf der Therapeut ihm freundlich aber bestimmt mitteilt, daß er ihn gleich noch fragen wird, wie seine Auffassung zu diesem Problem sei. Das wird er dann auch tun. Auf die Weise bleibt der Interviewer stets in gleichem Abstand zu allen Familienmitgliedern – ohne wertendes Urteil. Zirkuläre Fragen haben somit eine Reihe von Vorteilen:
1. Durch die simultane Betrachtungsweise aus mehreren Blickwinkeln werden sie der realen Vernetzung eines Symptoms in das familiäre System gerecht, da sie geeignet sind, die komplexe Vielschichtigkeit von Beschwerden in der Therapie darzustellen.
2. Durch die neue Fragetechnik wird für alte Probleme eine neue Darstellungsweise vorgeschlagen. Durch die neue Perspektive wird verhindert, immer die gleichen Antworten auf gleiche Fragen zu erhalten. Gespannt wird ein Betroffener sich fragen: »Wie sieht denn eigentlich meine Tochter das Problem?« »Wem steht sie da näher? Mir oder meiner Frau?« Dadurch kommt Bewegung in eingefahrene Wahrnehmungsmuster.
3. Durch das zirkuläre Fragen bleibt der Untersucher neutral. Er braucht die Neutralität nicht durch Enthaltsamkeit herstellen – im

Gegenteil, er kann dadurch sehr freundlich und zugewandt im Kontakt sein. Nur wird er keine Partei ergreifen, sondern die verschiedenen Perspektiven gleichermaßen betonen. Eine Haltung, die von Ivan Boszormenyi-Nagy mit dem Begriff der »Allparteilichkeit« charakterisiert wurde.[9]

4. Unabhängig von den Antworten erhöht die Fragetechnik die Sensibilität für die Prozesse innerhalb der Familie, da u. a. in Frage gestellt wird, daß es nur *eine* Wahrheit gibt.

Die erwähnte »Allparteilichkeit« wird im Mailänder Ansatz »Neutralität« genannt und hat noch eine Reihe von Erweiterungen erfahren. Neutralität heißt hier ebenfalls, eine nicht wertende Haltung gegenüber Einstellungen und moralischen Werten einer Familie einzunehmen – so merkwürdig sie auch für den Therapeuten selbst sein mögen. Beispielsweise bei sehr stark gebundenen Familien aus gewissen religiösen Sekten. Auch sehr wirklichkeitsferne Überzeugungen werden nicht gewertet, sondern akzeptiert. Bezüglich der Technik heißt das zum Beispiel auch, die »Redezeit« der Familienmitglieder etwa gleich lang zu halten.

Der Hintergrund dieser Einstellung ist die Überzeugung, daß auch schwere Symptome immer einen optimalen Kompromiß darstellen – eine optimale Lösung bei suboptimalen Bedingungen. Eine Familie kann also unter gegebenen Umständen nicht anders sein, als sie gerade ist. Jede isolierte Veränderung oder jede isolierte Verurteilung *einer* Komponente der Handlungsweise ist daher aus einem systemischen Verständnis heraus kurzschlüssig. Ziel der Veränderung ist nicht das Symptom, sondern die Veränderung der Interaktion der Mitglieder eines Familiensystems untereinander – der Spielregeln sozusagen. Alle weiteren Änderungen ergeben sich daraus dann meistens von alleine.[10]

Anders ausgedrückt kann man das Vorgehen auch so schildern: die Familien kommen in die Behandlung, da sie in einer gewissen Situation mit den gewohnten Lösungstechniken nicht zurechtkommen und festgefahren sind. Das Ziel der Veränderung ist, nicht eine bestimmte Lösung, sondern eine »Metaveränderung«

zu erreichen, also eine Wiederherstellung der Fähigkeit der Familie, Lösungen selbst zu finden. (Vergleiche hierzu auch S. 60 ff.) Ein weiteres Element, das einem Beobachter hinter dem Einwegspiegel auffällt, ist die häufige Benutzung von Skalen während eines Interviews. Der Therapeut fragt nach Unterschieden und der Reihenfolge, wie sie von verschiedenen Familienmitgliedern gesehen werden:

»Was glauben Sie, Herr X., wer ist am meisten von dem Einnässen Ihres Sohnes betroffen?«

»Wer an zweiter (dritter, ... letzter) Stelle?«

Derartige Skalen geben mehr Informationen als die schlichte Mitteilung, daß jemand unter dem Symptom leidet. Es existiert plötzlich eine ganze Reihe von Abstufungen, von Schattierungen des Betroffenseins. Und jeder Unterschied ist – gemäß Gregory Bateson – eine neue Information.

Dabei erhält der Therapeut nicht nur neue Informationen. Durch diese Fragen eröffnet er der Familie auch einen neuen Eindruck. »So habe ich es bisher noch nicht gesehen...«, ist eine häufige Reaktion auf diese Fragetechnik.

Neben Beschwerden können so auch Beziehungen differenziert werden:

Zur Mutter: »Wer steht denn Ihrer Tochter am nächsten (an zweiter, dritter, vierter Stelle)?«

Zur Tochter: »Würdest du das auch so sehen? Wie siehst du eine solche Rangfolge? Was meinst du, wie dein Vater sie machen würde?«

Solche Skalen lassen sich dann auch mit anderen Fragen kombinieren:

»Gesetzt den Fall, dein Bruder würde nicht mehr Einnässen, wie würde dann die Reihenfolge aussehen?«

Die letzte Frage leitet über zu der gleichfalls häufig benützten Technik des hypothetischen Fragens:

»Was wäre, wenn die Beschwerden besser würden...?«

»Gesetzt den Fall, die Beschwerden würden sehr viel schlechter...?«

»Gesetzt den Fall, die Mutter würde morgens nicht mehr wie

üblich still die nasse Bettwäsche wegräumen, sondern diese Arbeit dem Sohn überlassen ...?«
Mit solchen hypothetischen Fragen lassen sich psychodynamische Zusammenhänge unaufdringlich darstellen (beispielsweise könnte sich eine Veränderung im Verhältnis der Geschwister zu den Eltern ergeben, falls der Junge das Symptom aufgibt). Außerdem kann nebenbei eine Handlungsalternative angeboten werden. Der Therapeut vermeidet eine Stellungnahme und wertet nicht. Er bleibt neutral.
»Wenn sich Mario in den nächsten drei oder vier Wochen entschließen sollte, die Familie mit einem trockenen Bett zu überraschen, wie wird dann wohl Ihr Mann reagieren?«
Das ist ein Beispiel für implizite positive Wendungen. Dabei wird zum Beispiel angenommen, daß sich Mario dazu *entschließen* kann. Daneben wird davon ausgegangen, daß es ihm Spaß machen wird, die Eltern zu überraschen. Aber der Therapeut macht das nicht zum Hauptthema, er erwähnt das nur nebenbei, seine eigentliche Frage gilt ja der Reaktion des Vaters.
So können dann die Fragen im weiteren Verlauf des Interviews zum eigentlichen Vermittler der Therapie werden: Fragen als eine Methode, Wandlung zu erreichen. Voraussetzung ist dabei allerdings, daß hinter den Fragen eine Intention steht, ein (systemisches) Verständnis der zugrundeliegenden Dynamik.
So glauben auch Luigi Boscolo und Gianfranco Checcin, eines Tages die Fragetechnik so weit entwickelt zu haben, um auf eine explizite therapeutische Botschaft (Intervention) verzichten zu können.
Wenn nach 50 bis 120 Minuten Interview der Therapeut zu dem Schluß kommt, die Fakten seien klar geworden, und er habe eventuell auch schon viele indirekte Denkanstöße gegeben, wird er – wie anfänglich der Familie erklärt – eine Pause einlegen, um sich mit den Kollegen hinter der Scheibe zu beraten.
Meist sind alle Beteiligten über die Pause gleichermaßen er-

freut. Familien empfinden die ungewohnten Fragen als sehr anstrengend. Während der Pause wird die Familie nicht beobachtet (bzw. die Tonübertragung wird unterbrochen), und Therapeut und Team tauschen dann ihre Eindrücke aus.
Dabei folgt man der Regel, lineare Hypothesen sollten am Anfang unzensiert geäußert werden: »Die Mutter ist ja unmöglich, ein heimlicher Drache, da würde ich auch ins Bett machen!« Oder: »An Stelle der Mutter würde ich mit so einem Kind verzweifeln . . .!«
Langsam wird das Team sich von dem ersten emotional aufgeladenen Eindruck befreien und die geäußerten Gefühle mitverwenden, um zu einem systemischen Verständnis der Familie zu kommen. Dabei gilt in der Mailänder Vorgehensweise die Regel, sich Zeit zu lassen. Klugerweise bestellt man keine zweite Familie für den Nachmittag. Im allgemeinen wird man wohl mit ¼ bis ¾ Stunde auskommen. Falls nicht, besteht immer die Möglichkeit, einen Brief zu schreiben, in dem die Intervention dann schriftlich mitgeteilt wird.
Bei der Formulierung der Intervention wird darauf geachtet, möglichst alle Familienmitglieder miteinzubeziehen. Weiterhin ist es sinnvoll, nur die Informationen zu nützen, die wirklich aus der Stunde stammen. Sonst wird der Therapeut die Antwort erhalten: »Nein, das sehen Sie ganz falsch, meine Tochter macht das doch immer ganz anders als Sie vermuten . . .«.
Die Art der Interventionen folgt im Mailänder Modell (in der Version von Luigi Boscolo und Gianfranco Checcin) keinem bestimmten Schema. Alle Interventionen sind in ihrer Art einzigartig, allerdings sind gewisse Ähnlichkeiten erkennbar. Der Übersicht halber kann man die beiden häufigsten Interventionen erwähnen: die positive Symptombewertung und die Verschreibung von Ritualen.
Das Team mag sich also im Beispiel dazu entschließen, das Bettnässen erst einmal positiv zu konnotieren, da das Team glaubt, der Junge versichere auf diese Weise der Mutter, daß er noch klein sei und sie brauche. Deshalb könne die Mutter ihrem

Wunsch, arbeiten zu gehen, nicht folgen. Auch der Vater habe davon den Vorteil einer unangefochtenen Stellung in der Familie. Die Tochter habe keinen ersichtlichen Vorteil bis auf den, sich ungestört entwickeln zu können, sozusagen im Windschatten des Symptoms.
Dementsprechend kann sich eine Verschreibung der Nicht-Veränderung anschließen.
Wenn der Therapeut der Familie die Intervention vorträgt, so geschieht das in Mailand häufig mit einem Gefühl für den dramatischen Effekt. Durch die Pause ist bei der Familie mittlerweile die Spannung gestiegen, wie wohl die Meinung der Therapeuten sein werde, besonders, da noch unbekannte Experten im Hintergrund waren.
Die Intervention hört sich dann für die Familie ungefähr folgendermaßen an:

Das Team und ich haben lange darüber nachgedacht, was wir Ihnen zu sagen haben. Erst einmal wollten wir sagen, daß wir von dem guten Zusammenspiel beeindruckt waren, das Sie als Familie haben. Vor allem die große Offenheit fanden wir bewundernswert, wie Sie ohne Umschweife über Ihre Angelegenheiten sprechen können.
Nun kommen Sie wegen des Einnässens von Mario. Wir haben uns überlegt, wie kommt es, daß so eine kompetente Familie wie Sie mit so einem Problem nicht fertig wird. Wir sind zu einem etwas überraschenden Schluß gekommen: wir glauben, daß sich Mario entschlossen hat, der Familie einen Dienst zu erweisen, ohne daß ihn jemand dazu aufgefordert hätte.
Wir verstehen nämlich Marios Bettnässen als Versicherung an seine Mutter, daß er unter den jetzigen Bedingungen noch nicht auf sie verzichten kann. Er verhält sich im Moment wie ein kleines Kind, ein Baby, damit die Mutter nicht der Versuchung erliegt, wieder arbeiten zu gehen. Damit tut er der Mutter vielleicht tatsächlich auch einen Gefallen, das wissen wir nicht ganz so genau. Auch dem Vater hilft er in gewisser Art und Weise, da der Vater so Chef in der Familie bleibt. Die Schwester schließlich kann auf die Weise besser ihre eigenen Wege gehen, da Mario die gesamte Aufmerksamkeit auf sich nimmt. Weil wir das so sehen und weil wir jetzt auch keine Lösung wissen, können wir der Familie nicht empfehlen, irgend etwas *vorschnell* zu ändern. Zwar ist es lästig, fast täglich die Bettwäsche zu wechseln, auch ist es für einen 10jährigen Jungen sicher nicht einfach, sich dauernd wie ein 2-

oder 3jähriger zu verhalten, aber alle anderen Änderungen sind noch voller Unsicherheit. Wir können Ihnen daher *zur Zeit* leider noch keine Alternative anbieten.

Eventuell kann der Therapeut hier auch eine Verhaltensalternative andeuten:

Wir hatten da eine Familie, die löste das Problem, indem sie das und das unternahm. Aber in Ihrem Fall kommt das wahrscheinlich nicht in Frage, da Ihnen das zu hartherzig vorkommen wird.

Solches Andeuten und gleichzeitig wieder Verwerfen wird die Familie anregen, über die angedeutete Möglichkeit ernsthaft nachzudenken, da die Bedenken gegen eine solche Lösungsmöglichkeit schon im Vorschlag enthalten sind.
Die Sitzung wird dann im Anschluß an die Intervention zügig beendet. Teilweise kündigen die Therapeuten das schon durch eine Bemerkung vor der Intervention an: »Wir werden nachher keine Zeit mehr haben. Wenn Sie daher noch Fragen haben, stellen Sie sie mir bitte jetzt. Als nächsten Termin schlage ich den x.x. vor.«
Im Anschluß an die Intervention steht der Therapeut auf und verabschiedet eine mehr oder weniger verblüffte Familie.
Mit diesem Vorgehen sollen endlose Diskussionen vermieden werden, mit denen die Intervention zerredet wird, die durchaus auch auf den Überraschungseffekt setzt. Inzwischen haben sich die meisten Therapeuten allerdings von dem fluchtartigen Hinausstieben aus dem Zimmer gelöst, das in der Anfangsphase für die systemische Therapie charakteristisch war. Falls Familien widersprechen, wird der Therapeut heute kurz darauf eingehen: »Das ist für heute unser Eindruck, falls Sie einen anderen Eindruck haben, können wir sehr gerne das nächste Mal eingehend darüber reden.«
In einer abschließenden Nachsitzung bespricht das Team, ob die Intervention bei der Familie »angekommen« ist. Eventuell kann das Team auch überlegen, wie die nächste Stunde verlaufen wird. Tatsächlich sind die Veränderungen dann aber auch für die Therapeuten selbst oft überraschend.
Während der gesamten Sitzung und besonders während der

Intervention vermeidet der Therapeut jede negative Konnotation[11] der Beschwerden oder eine Äußerung, die wie eine Kritik an einem der Familienmitglieder aufgefaßt werden könnte. Kritik hat im Rahmen des Modells keinen Platz, da es weder therapeutisch sinnvoll erscheint, noch in ein systemisches Verständnis paßt, in dem die augenblickliche Lösung die zur Zeit bestmögliche für die Familie ist.

Bei der positiven Umdeutung, »das Kind tut etwas für die Familie«, wird deshalb auch die Freiwilligkeit einer solchen Entscheidung betont, um nicht den Eindruck aufkommen zu lassen, die Familie habe das Kind in diese Position gedrängt.

Wichtig ist bei der Verschreibung der Nichtveränderung auch die Einengung *zur Zeit*. »Zur Zeit (oder: in den nächsten Wochen) würden wir Ihnen *nicht* empfehlen, etwas zu ändern, da . . .« Damit wird stillschweigend impliziert, daß später durchaus Änderungen denkbar und wünschbar sind. Zudem kann man die Lust an kreativen Veränderungen durch kaum etwas besser anregen, als durch das Verbot, eine Änderung durchzuführen. In der Sexualtherapie wird dieses Phänomen schon lange bei der Impotenz genützt: der Therapeut verbietet den Verkehr, erlaubt aber alle anderen Formen der Zärtlichkeit. Dabei ist absehbar, daß eines Tages das Verbot nicht mehr ertragen wird, womit das ursprüngliche Problem gelöst ist. (In vereinfachter Form kann der Leser einmal das Experiment machen, zwei Minuten lang *nicht* an einen himmelblauen Elefanten mit Melone auf dem Kopf zu denken . . .)

Neben der positiven Konnotation und verschiedenen Verschreibungen (z. B. nichts zu ändern), sind für das Mailänder Modell Rituale charakteristisch. Mit ihnen sollen Einstellungsänderungen erzielt werden. Dabei kommt es weniger auf den pädagogischen Effekt an, das Problem soll nicht durch die neue Verhaltensweise gelöst werden. (Also keine Ratschläge: »Seien Sie strenger« oder »Schlagen Sie Ihre Kinder seltener«.) Das Ziel ist, mit einem rituellen Verhaltensmuster Einstellungen zu verändern.

Eines der bekanntesten Rituale ist das Ritual der geraden und ungeraden Tage. Häufig angewendet wird dieses Vorgehen, wenn ein Kind in einer Familie Symptome zeigt, und der Therapeut den Eindruck hat, das Verhalten des Kindes hänge mit der chronischen Uneinigkeit der Eltern zusammen. In manchen Familien (zum Beispiel Familien mit anorektischen oder psychotischen Kindern) scheint die feste Regel zu existieren, daß immer ein Elternteil dem anderen widerspricht, wenn es um die Erziehung des Kindes geht.

Statt den Eltern zu sagen, »Sie dürfen sich nicht dauernd in Anwesenheit der Kinder widersprechen«, kann der Therapeut sich zu einem Ritual entschließen, falls er den Eindruck hat, die Eltern würden einen direkten Rat nicht annehmen, den sie schon oft gehört haben.

»An den geraden Tagen der Woche: Dienstag, Donnerstag, Samstag, von morgen an beginnend, bis zur nächsten Sitzung, soll in der Zeit zwischen ... und ... Uhr (jeweils wann die Familie zu Hause ist), was immer Moritz tut, ausschließlich der Vater dafür zuständig sein, darüber zu entscheiden, was mit Moritz zu geschehen hat. Die Mutter muß sich so verhalten, als sei sie nicht anwesend. An den ungeraden Tagen: Montag, Mittwoch, Freitag, ist zur selben Uhrzeit ausschließlich die Mutter verantwortlich und hat zu entscheiden, was mit Moritz zu geschehen hat. Der Vater muß sich so verhalten, als sei er nicht anwesend. – Am Sonntag darf sich jeder spontan verhalten. Jeder Elternteil soll an den ihm zugeteilten Tagen auf einem Zettel, mit Datum versehen, die eventuellen Verstöße des anderen gegen die Verschreibung, sich zu verhalten, als sei er nicht vorhanden, notieren.«[12]

Solche Rituale sind äußerst wirkungsvoll, da für jeden der Beteiligten der Effekt ablesbar ist, ohne moralisierende Stellungnahme des Therapeuten. Für alle ist hinterher eine freie Entscheidung offen, ohne das Gesicht zu verlieren.

Die Interventionen sind im Mailänder Vorgehen der Teil, der am wenigsten präzisiert ist. Mit Ausnahme der erwähnten, sehr bekannten Interventionen (z. B. der invarianten Intervention), werden sie meistens aus einer bestimmten Situation heraus entwickelt und je nach der Erfahrung des Therapeuten eingesetzt. Ein Schema ist in diesem Vorgehen aber nicht ersichtlich. Allerdings schöpfen die meisten Therapeuten aus einem gewissen Vorrat an Interventionen, die sie je nach Symptom und Familie entsprechend abwandeln. Um Wiederholungen zu vermeiden, möchte ich daher die Interventionsmöglichkeiten später in einem gesonderten Kapitel darstellen.

Das Modell aus Milwaukee[1]

Milwaukee ist eine Stadt im mittleren Westen der USA von etwa 1½ Millionen Einwohnern am Lake Michigan. Sie ist vor allem durch die europäischen Einwanderer geprägt, von denen jede Nation ihren Teil zum Charakter der Stadt beitrug. Die Deutschen brachten die Braukunst mit, und so wurde Milwaukee die Bierstadt der USA. Es ist eine weitausgedehnte Stadt mit einigen Hochhäusern im Zentrum, doch ohne eigentliches soziales Zentrum, ohne großes Nachtleben. Die Welt ist hier – fast – in Ordnung.

In diesem Winkel der USA entwickelte sich Mitte der siebziger Jahre eine besondere Richtung der systemischen Therapie. Steve de Shazer, seine Frau Insoo Kim Berg und Jim Derks beschäftigten sich mit einem Forschungsprojekt bezüglich einer »neuen« Psychotherapie. Ihr gemeinsamer Ausgangspunkt war die Psychotherapie der Arbeitsgruppe in Palo Alto (Mental Research Institute, MRI) und die Faszination durch die Arbeit Milton Ericksons. In ersten Schritten versuchten sie daher, alle verfügbaren Aufzeichnungen von Milton Erickson nach einem gemeinsamen Muster zu untersuchen.[2] Durch beharrliches Studieren der Videobänder Milton Ericksons hofften sie, eine Struktur dieser therapeutischen Interventionen zu finden, die auf den ersten Blick etwas Magisches und Zufälliges hatten. Es fanden sich verschiedene Strukturen, von denen leider nur eine veröffentlicht wurde[3]. Neben dem Interesse an Erickson kannte man aus persönlicher Erfahrung auch die Vorgehensweise des Mental Research Institute in Palo Alto und man beschloß, so etwas wie das MRI des Mittleren Westens zu werden.

Die Anfänge waren bescheiden.[4] Man begann im Privathaus eines der Therapeuten. Die Videokamera befand sich im selben Raum, der Kameramann war sichtbar, und sowohl Therapeut als auch Patienten mußten so tun, als ob dies alles sehr natürlich sei. Ohne von der Mailänder Arbeitsgruppe zu wissen, entschied man sich in der ersten »richtigen« Praxis für ein Arrangement mit Einwegspiegeln und Videokamera im Beobachtungsraum. Ganz ähnlich dem Mailänder Vorgehen installierte man ein Telefon, durch das das Beobachterteam dem Therapeuten ergänzende Mitteilungen machen konnte. Das Beobachterteam war fast ebenso wichtig wie die Therapeuten, und wie in Mailand entwikkelte man die Unterbrechung am Ende der Stunde, in der gemeinsam eine Intervention entworfen wurde. Dabei war für die Patienten immer deutlich, wie das Beobachterteam in den Prozeß miteinbezogen war. Es sollte in keiner Weise versteckt werden, sondern wurde auch während der Therapiestunde vom Therapeuten immer wieder erwähnt.

Ziel des Brief Family Therapy Center (BFTC) war und ist, die Struktur des Wandels zu erforschen. Dabei war die Leitlinie, Kurzpsychotherapie zu betreiben. Kurz hieß ursprünglich, nicht mehr als zehn Stunden. Doch zeigte sich in den folgenden Jahren eine weitere Verkürzung auf durchschnittlich vier bis sieben Sitzungen pro Therapie. Neben der Kürze der Gesamtdauer einer Therapie strebte man gleichzeitig eine Beschränkung jeder Therapiesitzung auf sechzig Minuten an. Die zeitliche Begrenzung war sowohl Programm als auch ein Teil der äußeren Realität, da lange Sitzungen wie im Mailänder Modell (dort gut drei Stunden) nicht von den Patienten oder Krankenkassen getragen wurden. In diesem pragmatischen Vorgehen spiegeln sich auch die Realitäten der Krankenversorgung der USA.

Weiterhin sollten die Therapieprinzipien und vor allem die Interventionen für alle beteiligten Therapeuten verständlich und auch nach außen hin vermittelbar sein, nicht wie bei den Therapien von Erickson, zwar genial und wirksam, aber immer von der Frage verfolgt: »Wie kommt er nur darauf?«

Letztendlich war die Gruppe von der Frage geleitet, was eigentlich wirklich notwendig ist, um einen raschen Wandel zu erzielen. Das heißt, was kann ich als Therapeut an Techniken, Fragen, Stunden weglassen und trotzdem Wandel erzielen? Oder anders

gefragt: wie kann ein Patient mit minimaler Hilfe sein Problem bewältigen?
Sicherlich wird sich der Leser an dieser Stelle oder schon früher die Frage stellen: Kann man das wirklich so einfach machen? Probleme haben doch ihre Ursachen. Kann man die so einfach in ein paar Stunden beseitigen? Muß man nicht erst einmal zu den Ursachen kommen, um dann, wenn man die Ursachen erkannt hat, auch Lösungen anzupeilen? Ist es nicht unseriös, sich anzumaßen, in so kurzer Zeit Probleme zu beseitigen? Selbst wenn es gelingen sollte, kommen die Probleme – da nur oberflächlich berührt – nicht bald in anderer Gestalt wieder?
Dies sind meines Erachtens sehr wichtige Fragen, wenn man sich mit Kurzpsychotherapie beschäftigt. Ich will deshalb versuchen, schon einmal auf einen Teil der Fragen einzugehen, bevor ich die Theorie des BFTC im einzelnen darstelle.
Zuerst einmal zur Frage der Oberflächlichkeit: Es ist tatsächlich richtig, daß in der beschriebenen Kurzpsychotherapie nur Symptome oder zumindest erst einmal Symptome so genommen werden wie präsentiert, ohne »dahinterliegende« Konflikte zu beleuchten. Wenn man so will, ist dies oberflächlich. Die dahinterstehende Theorie besagt, daß viele Probleme nicht notwendigerweise tiefergehende Gründe haben müssen. Das mag überraschen: ist doch fast allen Therapien gemeinsam, Gründe für Symptome anzunehmen, ob nun linear- oder zirkulärkausal, ob in der Vergangenheit oder in der Gegenwart.
Die Gruppe in Milwaukee postuliert dagegen einfach »bad luck«, also soviel wie »Pech«, als die Ursache der Probleme, und sie befreit sich dadurch von bestimmten Vorannahmen, die ihr eigenes therapeutisches Vorgehen mit bestimmten Kausalverbindungen belasten würde. Sicher ist »Pech« nicht die »eigentliche« Ursache der Übel der Welt im Individuellen wie Überindividuellen. Es soll damit der Verzicht auf ätiologische Vorannahmen deutlich gemacht werden. Im Gegensatz zu dem Mailänder Modell sehen sie Symptome nicht als die denkbar beste Lösung unter gegebenen Verhältnissen, sondern nur als *eine* Lösung, die jedoch auch unter den gegebenen Verhältnissen keineswegs die

einzig mögliche ist. Krankheit *kann* also nach ihrer Ansicht *eine* Möglichkeit sein, Beziehungen zu stabilisieren, doch gehen sie davon zu Beginn einer Behandlung nicht aus, sondern beginnen erst einmal ohne spezifische ätiologische Hypothesen.

Zu der Frage der fehlenden »Gründlichkeit«: In vier bis zehn Sitzungen wird man nicht das ganze Problem, geschweige das ganze Leben eines Patienten bearbeiten können. Das ist auch nicht das Ziel. Ziel ist der Versuch, mit dem Patienten den Beginn des Lösungsweges zu finden. Dahinter steht ein Axiom der Kurzpsychotherapie nach dem Modell des BFTC: Die Lösung ist schon vorhanden, sie muß nur noch vom Patienten entdeckt werden. Die Aufgabe des Therapeuten ist demnach nicht die »Bearbeitung« eines Problems, sondern das gemeinsame Herausfinden eines möglichen Lösungsweges, den der Patient allein beschreiten kann.

Das »wie von alleine« spielt dabei eine große Rolle. Sobald der erste Schritt gemacht ist, folgen nach Überzeugung des BFTC weitere von selbst. Jede Änderung zieht wieder eine andere nach sich, und die Tatsache der Veränderung bekommt ihre eigene Dynamik. Wie ein Schneeball eine Lawine auslösen kann, so soll die entscheidende minimale Intervention an der richtigen Stelle die – hoffentlich erwünschte – große Wirkung zeigen. Aus einer systemischen Sichtweise folgt also eine andere Einschätzung von kleinen Veränderungen. Jede Veränderung ist mit anderen Verhaltensmustern vernetzt und bedingt dadurch neues Verhalten. Das betrifft sowohl die interindividuelle als auch die individuelle Ebene.

Um ein beliebtes Beispiel von Steve de Shazer zu erwähnen: Durch die Veränderung des Ortes kann sich bereits ein neues Muster der Interaktion ergeben. Einem dauernd streitenden Ehepaar wurde die Aufgabe gegeben, nur die Räumlichkeit für den permanenten Streit zu ändern. Statt, wie bisher üblich, in der Küche zu streiten, sollte das Ehepaar die Auseinandersetzung ins Schlafzimmer verlegen. Dabei wurde zur Auflage gemacht, zumindest ein Bein fest auf dem Boden zu lassen. Das nächste Streitgespräch führte zur Überraschung des Paares zu einem völlig neuen Ergebnis . . . Und das wiederum veränderte etwas in der Beziehung.

Bevor ich zur Darstellung der therapeutischen Praxis komme, möchte ich die theoretischen Grundannahmen stichwortartig in einigen Punkten zusammenstellen.[5]

1. Beschwerden werden im BFTC in erster Linie als Verhalten betrachtet und erst in zweiter Linie auf dem Boden der entsprechenden Motive, Gefühle und inneren Einstellungen.

2. Symptome werden in erster Linie durch das innere Bild geprägt, das sich ein Patient von der Welt macht.

3. Wenn Meinung »A« einmal als »richtig« angenommen wurde, führt dies meist dazu, daß alle anderen Möglichkeiten »nicht A« im selben Atemzug verworfen werden.

4. Das führt dazu, daß eine einmal gefundene Lösung wieder und wieder angewendet wird, selbst dann, wenn sie nicht zum gewünschten Erfolg führt, sondern im Gegenteil, selbst zum Problem wird. Der Patient ist in der entweder/oder Annahme gefangen.

5. Kleine Änderungen führen zu großen (siehe oben).

6. Wesentlich für den Wandel sind u. a. die Vorstellungen, die der Patient von einem Zustand ohne die Beschwerden hat. Diese lapidare Aussage bezieht sich zum Beispiel auf die Tatsache, daß häufig der Therapeut und der Patient sehr unterschiedliche Auffassungen von einem Zustand nach dem Therapieende haben. Denn manchmal haben erfolgreiche Therapien auch sehr unangenehme Implikationen für den Patienten. Das zu sehen, kann schon zu Beginn einer Therapie äußerst nützlich sein.

In einer organischen Klinik lag beispielsweise ein 58jähriger Mann mit sehr unklaren Rückenbeschwerden. Er hatte schon eine Fülle von Therapieverfahren ausprobiert und war seine Schmerzen bisher nicht losgeworden. Auffällig war das stille Leiden des Patienten. Er hatte das ganze Leben lang körperlich hart gearbeitet, war als Kind mit sechzehn Jahren noch als die letzte Reserve des Krieges mißbraucht worden und hatte nun das Gefühl, »jetzt ist es genug«. Arzt und Patient besprachen die Konsequenzen einer möglichen erfolgreichen Behandlung, falls er keine Schmerzen mehr haben würde. Nach einigem Zögern wurde folgendes Dilemma deutlich: Der Patient setzte seine ganze Hoffnung

auf eine mögliche Frührente, die er ohne Krankheitsgrund nicht erhalten konnte. Ein Behandlungserfolg bedrohte seine weitere Lebensplanung.
Als dies deutlich war, konnten Arzt und Patient gemeinsam neue Therapieziele entwerfen, die mit der Epistemologie des Patienten nicht in Widerspruch standen.

7. Ein veränderter Rahmen führt zu neuem Verhalten. Voraussetzung ist lediglich, daß der Patient den vorgeschlagenen Rahmen akzeptiert.
8. Wie bereits erwähnt, wird in der Kurzpsychotherapie der Gedanke der Ganzheit betont. Jede Änderung eines Elements des Systems oder eine Änderung in den Beziehungen zwischen den Elementen des Systems beeinflußt andere Elemente und Beziehungen.
9. Es sind deshalb nur *kleine* Änderungen notwendig, da sie andere Änderungen nach sich ziehen. Der Hinweis kann für den Anfänger in Kurzpsychotherapie von besonderer Bedeutung sein. In dem Bestreben »Kurz«-therapie zu betreiben, wird er geneigt sein, möglichst viel in eine Stunde hineinzupacken, seine Intervention so komplex wie möglich zu gestalten, um so viel Veränderung wie möglich in kurzer Zeit zu erreichen. Der Effekt kann leider ein gegenteiliger sein, da sich der Patient hoffnungslos überfordert fühlt und er nicht weiß, wo er anfangen soll. Kleine Schritte können deswegen die schnelleren sein.
10. »Die Aufgabe der Kurzpsychotherapie ist es, den Klienten zu helfen, etwas anders zu machen, ihr Interaktionsverhalten und/oder ihre Interpretation des Verhaltens und der Situation so zu verändern, daß sich eine Lösung entwickeln kann. Um Lösungen zu erarbeiten, zu ›konstruieren‹, kann es nützlich sein, so viel wie möglich über die Rahmenbedingungen der Problemsituation und die damit verbundenen Interaktionen herauszufinden. Denn eine Intervention – d. h. Änderung der Interaktion – muß so in den Rahmen der Situation ›passen‹, daß sich eine Lösung entwickeln kann.«[6]
11. Das eigentliche Therapieprinzip ist einfach. Der Therapeut in der Kurzpsychotherapie konzentriert sich ausschließlich auf die

Lösungen, die ein Patient bisher gefunden hat oder die er in der Zukunft vermutet. Dabei wird der Patient vom Therapeuten darauf hingewiesen, was er bereits Konstruktives geleistet hat, um eine Lösung zu finden, und er wird gewisse Hinweise geben, wie er eventuell weitere Lösungen finden kann. Die weitgehende Hinwendung zu den Lösungen als Therapieprinzip unter Vernachlässigung der problematischen Teile ist wohl das eigentliche Geheimnis der Kurzpsychotherapie. Das Prinzip ist natürlich nicht neu, sondern wird in vielen sogenannten »stützenden« Psychotherapien verwendet. Nur das Ausmaß, in dem das hier praktiziert wird, unterscheidet das Modell aus Milwaukee von anderen Formen der Psychotherapie. Dabei wird ein liebgewordenes, oft nicht bewußtes, Therapieprinzip über Bord geworfen, nämlich sich in erster Linie um die Probleme des Patienten zu kümmern und die eventuellen Lösungen erst an zweiter Stelle zu plazieren. Die Konsequenzen, die sich aus der Betonung der Lösungen ergeben, sollen weiter unten noch ausführlich dargestellt werden.

12. Probleme sind meist nicht eindeutig nur gut oder schlecht. Je nach Sichtweise, kann zumindest teilweise den Symptomen ein positiver Aspekt zukommen.

13. »Eine Therapie kann selbst dann effektiv sein, wenn der Therapeut nicht beschreiben kann, was eigentlich das Problem des Klienten ist. Alles was Therapeut und Klient wissen *müssen*, ist im Grunde, woran für beide erkenntlich sein wird, daß das Problem gelöst ist.«[7] In provokanter Form drückt de Shazer so noch einmal die Dominanz der Lösungen vor der Analyse des Problems aus.

In bezug auf die therapeutische Praxis lassen sich die Prinzipien vereinfacht zusammenfassen:

1. Die Zukunft ist wichtiger als die Vergangenheit.
2. Die Lösung ist schon vorhanden.
3. Um etwas zu verändern, lautet die therapeutische Botschaft vereinfacht: »Mach etwas anderes!« oder »Betrachte es anders!«

Die Einstellung, mit der ein Therapeut an die Behandlung geht, ist von der Erkenntnis geprägt, daß Wandlung das Tägliche und Natürliche ist und Stabilität eine Illusion darstellt. Diese Vorannahme über Stabilität und Wandel führt zu der Einstellung, den Wandel als das Natürliche anzusehen und sich zu fragen, was alles dazu beiträgt, einen bestimmten Zustand unverändert *erscheinen* zu lassen (siehe Seite 32).

Vieles des bisher Beschriebenen mag unverständlich oder befremdlich klingen, da es gegen manche therapeutische Tradition verstößt, so vereinfachend und oberflächlich zu denken. Auch verstehen die Therapeuten aus Milwaukee unter »systemisch« nicht genau das gleiche wie das Mailänder Team. Wird in Mailand stets die Einbettung des Symptoms in die Familie gesehen, betrachtet man in Milwaukee das »System Individuum« gelegentlich alleine. Deswegen legt man auf die Ressourcen stärkeren Wert als in Mailand. In der therapeutischen Praxis wird allerdings auch dort mit zirkulären Fragen gearbeitet.

Statt die Besonderheiten weiter theoretisch darzustellen, möchte ich lieber den Gang der Behandlung schildern, wie er sich in Milwaukee abspielt.

Im BFTC ist es üblich, die Patienten so zu nehmen, wie sie sich anmelden, bzw. bereit sind zu kommen. Das heißt, es werden sowohl ganze Familien gesehen wie auch Teile von Familien: Zum Beispiel nur die Ehefrau, oder nur die Mutter mit ihrem Kind, oder auch Einzelpatienten, da man versucht, Probleme weitgehend so zu akzeptieren, wie der Patient sie darstellt. Später wird dieses Setting möglicherweise verändert, andere Familienmitglieder hinzugezogen oder auch die Anzahl der beteiligten Personen reduziert. Anders als im Mailänder Modell geht man am BFTC davon aus, daß im Falle von Problemen während der Therapie geprüft werden soll, ob nicht *zu viele* Personen miteinbezogen wurden.

Dem entspricht die grundlegende Philosophie, daß ein komplexes Problem keine komplexe Lösung verlangt. Ähnlich wie im Fall des sagenhaften gordischen Knotens, bei dem ein verschlungenes Problem überraschend einfach gelöst wurde und zum gewünschten Erfolg – der Besitznahme Kleinasiens – führte.

Psychotherapie ähnelt also nach den Vorstellungen des BFTC dem permanenten Lösen solcher gordischen Knoten mit einfachen Lösungen, die nichts oder wenig mit der *Struktur* des Problems zu tun haben müssen.

Es gibt, um es noch einmal zu betonen, nach dieser Auffassung keine *innere Entsprechung*, keinen *Isomorphismus* zwischen dem Problem und seiner Lösung.

Das ist ein zentraler, vielleicht *der* zentrale Punkt der *Kurz*therapie nach dem Modell des BFTC. Man beschränkt sich auf die Lösung von Problemen und praktiziert ein teilweise schematisiertes Vorgehen, da auch für verschiedenartige Probleme *strukturmäßig* ähnliche Lösungen existieren. Die Forschung des BFTC richtet sich in erster Linie auf das Aufdecken solcher Strukturen, die in einer Vielzahl von Fällen angewendet werden können. Dadurch kann sich ein psychotherapeutisches Vorgehen strukturmäßig vereinfachen.

Um gleich einem Mißverständnis vorzubeugen: Das heißt nicht, alle Probleme über einen Kamm zu scheren. Es soll hier von der Struktur von Lösungen gesprochen werden, nicht von der entsprechenden individuellen Form. Jeder Fall ist einzigartig – doch die Lösungen für Probleme haben einiges gemeinsam. Ähnlich wie eine Landschaft einzigartig, das Straßennetz denkbar kompliziert ist, so reicht es doch, wenn ich mir die Nummern der Autobahnen notiere, um sicher von A nach B zu kommen. Über die individuelle Landschaft brauche ich für dieses Transportproblem nichts weiter zu wissen.

Zurück zu der therapeutischen Praxis. Im Unterschied zum Mailänder Vorgehen erheben die Therapeuten in Milwaukee vor der Stunde keine wesentlichen Daten über die Patienten oder die Probleme; also keine Daten über Telefon oder Fragebogen, lediglich die nötigen Sozialdaten: Name, Adresse, Beruf und die überweisende Institution sind auf dem Anmeldeformular vermerkt. Der Grund dafür ergibt sich aus dem eben Gesagten. Es soll der Verführung vorgebeugt werden, durch die Informationen über das Problem zu sehr in den Kategorien der Pathologie zu denken und dadurch von den möglichen Lösungen abgelenkt zu

werden. Nach der Mailänder Theorie wird das durchaus anders gesehen, da dort die Art der Begegnung und der Fragetechnik sehr viel mit der individuellen Form des Problems zu tun hat.
Hier jedoch sollen die zwangsläufigen Assoziationen, die sich auf bestimmte Probleme einstellen (»chronischer Alkoholismus«, »Depression«, »Scheidungsfamilie«), nach Möglichkeit vermieden werden. Die Aufmerksamkeit soll von vornherein auf die Konstruktion von Lösungen gelenkt werden, die aus dem Problem herausführen.
Der Verlauf eines Erstinterviews ist entsprechend geordnet. Es beginnt im allgemeinen mit einer kurzen Erhebung von Sozialdaten, um sich einen ungefähren Eindruck über die soziale und familiäre Situation zu machen. Dieser kurze Anfangsteil leitet dann über zu einer allgemeinen Frage: »Was führt Sie denn hierher?« oder ähnliches. Patienten berichten dann meist über das Problem, das sie nicht alleine lösen können. Zum Beispiel eine Ehekrise, Zwangsgedanken, Schlafmittelmißbrauch oder Erziehungsschwierigkeiten. Von diesen Beschwerden macht sich der Therapeut einen ersten Eindruck, ohne sie in ihrer Psychogenese zu vertiefen oder psychodynamische Hypothesen zu verfolgen.
Es fällt jedem anders ausgebildeten Therapeuten ungeheuer schwer, so »oberflächlich« an ein schwieriges Problem heranzugehen, widerspricht es doch jedem therapeutischen Usus, die Geschichte des Problems, die Entstehungsbedingungen und sogar weitgehend die individuelle Geschichte des Patienten aus den Überlegungen auszuschließen. Tut man nicht dem Problem, dem Patient, Gewalt an, wenn man so reduktionistisch verfährt? Im Modell des BFTC spielt die Ätiologie, die Vergangenheit, nur insofern eine Rolle, als die gewonnenen Informationen dazu dienen, eine Vorstellung vom Weltbild eines Menschen zu erhalten, seine Wertvorstellungen und Überzeugungen kennenzulernen. Im selben Rahmen sind auch bisherige Therapien interessant, die ein Patient schon gemacht hat, unabhängig davon, ob sie erfolgreich oder erfolglos waren. Letztere wird man wohl nicht erneut vorschlagen. Das gesammelte Wissen soll helfen, später

ein Vorgehen wählen zu können, das der betroffenen Person entspricht, also zum Beispiel in der gleichen Sprache zu sprechen, die Werte des Patienten zu berücksichtigen oder die Ziele seines Lebens zu akzeptieren.
Nicht wichtig ist in diesem Modell die ätiologische Erklärung. Das »Warum?« spielt erst einmal keine Rolle. Wie erwähnt, bezieht man anfänglich die bewußt naive Position, es sei eben »bad luck« – »Pech«. Das hat für das weitere Vorgehen einige Konsequenzen. Wenn man sich als Therapeut nicht in die Entstehungsgeschichte einer Symptomatik oder eines Familienkonfliktes einläßt, so wird man auch nicht jene bedrückende Hilflosigkeit während des Gespräches wiedererzeugen, die den Patienten letztlich in die Therapie gebracht hat. Bei einem Menschen etwa, der unter »Depressionen« leidet, stellt sich in der Regel im Laufe eines Erstinterviews die gleiche bedrückt-hoffnungslose Stimmung im Raum und im Therapeuten ein, unter der der Patient leidet. Der Therapeut wird am Ende der Stunde die gleiche Hilflosigkeit oder unterdrückte Wut empfinden wie der Patient, der sich aus der Situation nicht befreien kann. Beide werden sich schwer belastet vorkommen, der Patient durch sein Problem, der Therapeut durch den Patienten.
Der Nachteil des einfühlenden Verstehens liegt in der fast zwangsläufigen Konsequenz, das Problem gemäß seiner bedrükkenden Qualität auch als schwerwiegend einzuschätzen. Analog kommt es dann zu entsprechend langen Therapien, da ein schweres Problem einer langwierigen Therapie bedarf. Insofern ist das verstehende Einfühlen für den Ansatz der *Kurz*therapie ungeeignet. Der Therapeut muß diese Klippe natürlich mit Fingerspitzengefühl umschiffen. Ein gewisses Maß von Wissen über die Geschichte und über das Problem ist wichtig und notwendig. Zum einen zur eigenen Orientierung, zum anderen, um in Kontakt mit dem Gegenüber zu kommen. Es würde sich wahrscheinlich wenig verstanden fühlen, wenn der Therapeut von dem Problem rundheraus nichts wissen wollte. *Dafür* ist das Wissen und Nachfragen über ein Symptom durchaus wertvoll. Vermieden werden sollte dagegen in diesem Ansatz das weitverbreitete

»Hineinfragen« in die Pathologie. Es ist allgemein üblich, in einem Erstinterview so lange nicht zu ruhen, bis auch der letzte Winkel der Pathologie erkannt ist. Dafür werden Psychotherapeuten ausgebildet, darin kennt man sich aus. Das »Krankhafte« ist das Metier, wie sollte es auch anders sein?

Unberücksichtigt bleiben dabei die erwachsenen, reifen Anteile einer Persönlichkeit. Es sind vermutlich die weit überwiegenden Anteile der Person, die mit der Umgebung und den eigenen Gefühlen gut oder sehr gut zurechtkommen, doch werden sie aus der Wahrnehmung ausgeblendet.

Man mag einwenden, dies sei doch selbstverständlich. Schließlich kommt der Patient ja nicht wegen seiner reifen Anteile in die Behandlung, sondern der ungelösten Probleme wegen. Das ist natürlich richtig, aber die Konzentration auf die, pauschal gesagt, pathologischen Seiten führt zu einer unmerklichen Änderung der Wahrnehmung des Therapeuten, der am Ende oft die Krankheit mit dem Patienten gleichsetzt. Wie man mit den aktiven, reifen und lebendigen Teilen einer Persönlichkeit umzugehen hat, ist für viele Therapierichtungen eine Frage, die man sich kaum gestellt hat. Doch sind es letztlich diese Persönlichkeitseigenschaften, die benötigt werden, um sich aus dem sprichwörtlichen Sumpf selbst oder mit Hilfe eines anderen herauszuziehen.

Die Kurzpsychotherapie des BFTC suchte Wege, die Fähigkeiten der Patienten, Probleme selbst zu überwinden, in der Therapie systematisch zu nützen. Das BFTC handelt in der Erkenntnis, daß die überwältigende Mehrheit der Probleme eines Menschen von ihm selbst ohne professionelle Hilfe gelöst werde.

Wieder zurück zur Praxis: Wenn ein Patient zur ersten Beratung kommt, trifft man in der ersten Sitzung aus diagnostischen Gründen die Unterscheidung, ob es sich hierbei um einen »Besucher«, einen Klienten oder einen »Kunden« handelt. Die Begriffe bedürfen der Erläuterung.

Unter »Besucher« (Visitor) wird jemand verstanden, der geschickt wurde, ohne ein eigenes Anliegen zu haben. Solche Überweisungen erfolgen im allgemeinen von Gerichten, Schulen oder auch von Ärzten, die einfach jemanden loswerden wollen, der ihnen durch beständiges Lamentieren auf die Nerven geht (die sogenannte »aggressive Überweisung«).

»Klienten« (Clients) haben ein Anliegen und Beschwerden, sie möchten aber nicht unbedingt selbst aktiv etwas dagegen unternehmen.

Unter »Kunden« (Costumer) schließlich versteht das BFTC jemanden, der sowohl ein Anliegen als auch den Wunsch hat, etwas aktiv zur Linderung der Beschwerden zu tun. (Der Begriff »Kunde« scheint mir – zumindest im Deutschen – nicht sehr glücklich gewählt. Ich hoffe, es ist dennoch verständlich, was damit gemeint ist.)

Die Unterscheidung wird getroffen, da je nach Einteilung ein unterschiedlicher Auftrag gegeben wird und unterschiedliche therapeutische Möglichkeiten daraus folgen.

Im Vorgriff auf die später zu besprechenden Interventionen, den therapeutischen Eingriffen per se, sei hier nur so viel erwähnt: Ein »Besucher« gibt keinen Auftrag etwas zu verändern, man wird daher auch keine speziellen Anforderungen an ihn stellen können. Möglicherweise wird man sich auf die bisher erreichten Veränderungen konzentrieren und sie anerkennend hervorheben.

Ein »Klient« gibt durchaus einen Auftrag, und man wird ihm zum Beispiel bestimmte Aufgaben wie Verhaltens*beobachtungen* zutrauen können. Ein »Kunde« schließlich ist auch bereit, gewisse Verhaltens*aufgaben* durchzuführen.

Ich benütze hier meist den Begriff »Patient«. Das tue ich zwar nur ungern, da er den Begriff des Leidens in sich trägt und außerdem suggeriert, es sei klar, wer krank und wer gesund sei. Das ist es natürlich nicht. Wenn ich ihn dennoch benütze, dann mehr aus einer medizinischen Tradition heraus, in der andere Begriffe nie richtig Fuß fassen konnten.

Nach der Unterscheidung, ob ein Patient nun Besucher, Klient oder Kunde ist, beginnt das eigentliche Interview. Dabei folgt der Interviewer einem inneren Leitschema. Er versucht, die Situationen zu beleuchten, in der ein Patient das Problem von sich aus gelöst hat, und die exakten Bedingungen und Umstände, warum das möglich war. Hierbei wendet der Therapeut als erstes seine Aufmerksamkeit den Ausnahmen zu, d. h. den Situationen, in denen der Patient selbst schon eine Lösung gefunden hat.

Angenommen, das präsentierte Problem ist eine Depression, so könnte man nach einer Weile fragen:

»Wissen Sie, ich habe die Beobachtung gemacht, daß sich zwischen der Zeit, in der sich jemand hier anmeldet und dem Zeitpunkt der ersten Stunde einige Veränderungen ereignen, die in die richtige Richtung gehen. – War das bei Ihnen auch so. Was haben Sie an Ihrem Verhalten beobachtet?«

Rund zwei Drittel aller Patienten können nach einer Untersuchung des BFTC zumindest eine derartige Veränderung berichten.

Falls dann jemand sagt: »Ja, mit dem Einschlafen ist es nicht mehr ganz so schlecht wie in den Wochen zuvor«, konzentriert der Therapeut sein Interesse ganz auf diesen Punkt. Er bemüht sich herauszufinden, was da anders war als sonst:

»Erzählen Sie mir, was war da anders?«

»Was haben Sie anders gemacht?«

»Was, meinen Sie, hat Ihnen geholfen?«

»War noch jemand dabei, der für Sie hilfreich war?«

Solche und ähnliche Fragen leiten von Anfang an die Aufmerksamkeit auf vorhandene Ressourcen.

Danach wendet sich der Therapeut den *Ausnahmen* zu:

»Sie sagten, Sie kommen hierher, weil Sie unter so schrecklichen Depressionen leiden. Wann ist das denn anders, wann fühlen Sie sich fröhlicher?«

Gerade Patienten mit depressivem Verhalten werden an dieser Stelle nicht gleich mit Antworten sprudeln. Man kann dann die Frage auch umdrehen:

»Ach, das ist ja außergewöhnlich, Sie meinen, Sie sind wirklich den ganzen Tag depressiv, wirklich 24 Stunden am Tag, oder zumindest in der ganzen wachen Zeit, ohne den geringsten Unterschied?«

Wenn dies ein Patient immer noch bejahen sollte, so mag man weiterfragen:
»Woher wissen Sie dann, daß Sie ›depressiv‹ sind, wenn immer alles gleich ist? War es früher einmal anders, oder gibt es doch Ausnahmen?«
So weit wird man jedoch nur selten gehen müssen, um eine Ausnahme im eingespielten Verhalten zu finden.
Wenn dann der Patient ein paar solche Situationen nennt, wird man – wie oben erwähnt – versuchen, mit dem Patienten herauszufinden, was er jeweils in den Situationen anders gemacht hat. Nicht, um sofort Handlungsanweisungen daraus herzuleiten, sondern, um sie erst einmal stehen zu lassen und sie später als Ressourcen zu benützen. Unabhängig davon wird es für den Patienten selbst überraschend sein zu sehen, daß er selten oder nie depressiv ist, wenn beispielsweise bestimmte Personen anwesend sind oder die Wochenenden meist Zeiten ausgeglichener Stimmungslage sind. Wenn er eventuell noch erwähnt, wie er bei der Arbeit sich erfolgreich durchgesetzt hat und in der Folge eine Woche lang blendender Stimmung war, wird es der Therapeut nicht mehr sehr schwer haben, das weitere Vorgehen mit dem Patienten zu überlegen.
Abhängig von der Art, wie die Ausnahmen beschrieben werden, ergibt sich ein unterschiedliches therapeutisches Vorgehen. Im wesentlichen werden vier Arten unterschieden:
1. Patienten, die sehr klar beschreiben können, was die Unterschiede zwischen den Ausnahmen und den Beschwerden sind. Also etwa: »Mir geht es immer gut, wenn ...«. Diese Gruppe ist die Minderheit, zumindest in der ersten Stunde. Mit ihnen ist es in diesem Modell eine Freude zu arbeiten, da relativ einfach Fortschritte erzielt werden können. Die mögliche Intervention am Ende der Stunde wird darauf abzielen, sie zu ermutigen, mehr von dem zu machen, was für sie hilfreich ist.
2. Patienten, bei denen die erwünschten Ausnahmesituationen rein zufällig auftreten. »An einigen Tagen geht es mir gut, an anderen schlecht, da gibt es keine Regel, ich bin da völlig hilflos.« Solche Patienten findet man häufig unter psychosomati-

schen Patienten, die beispielsweise nicht vorhersagen können, wann ein Migräneanfall kommt.

Bei dieser Gruppe führen die Therapeuten in der späteren Intervention ein weiteres Element des Zufälligen ein. Ein Patient wird etwa gebeten, jeden Abend eine Vorhersage zu machen, ob das Symptom am kommenden Tag eintreten wird oder nicht. Je nach Patient kann das zum Beispiel in Form einer Wette dargestellt werden, in der der Therapeut mit dem Patienten wettet, zu wieviel Prozent er richtige Vorhersagen machen kann. Solch ein – auf den ersten Blick – widersinniges Vorgehen, Dinge vorherzusagen, die scheinbar zufällig eintreten, hat die *Implikation*, daß sie doch beeinflußbar sind. Außerdem lenkt die abendliche Vorhersage das Denken auf ein neues Element. Nicht mehr die Vermeidung des Symptoms ist als Ziel markiert, sondern die richtige Vorhersage – unabhängig, ob der folgende Tag gut oder schlecht ist. Gleichzeitig und endlich wird die Aufmerksamkeit für die *Unterschiede* geschärft, die zwischen den Tagen mit und denen ohne Symptom bestehen. Damit ist aber die Grundlage für die Beeinflussung gelegt.

3. Einige Patienten werden keine Ausnahmen berichten, dafür aber eine Antwort auf folgende Frage geben können:

»Stellen Sie sich vor, Sie würden heute abend einschlafen und in der Nacht würde sich – wie im Märchen – ein Wunder ereignen. Wenn Sie morgen früh aufwachen, sind die Probleme, derentwegen Sie hierhergekommen sind, verschwunden. Wenn Sie sich die Situation vorstellen, was ist dann anders?«

Die Patienten werden dann meist sagen, dann sei alles bestens, dann hätten sie keine Probleme mehr. Der Therapeut läßt sich dies aber genau beschreiben und erhält so ein detailliertes Bild von den individuellen Zielen der Psychotherapie. Er mag erfahren, wie dann das Leben zuhause aussieht, wie das Leben bei der Arbeit gestaltet wird, wie die Beziehung zum Partner verändert ist und andere Wandlungen mehr. Manchmal kann man Patienten – besonders Kinder – auch auffordern, sich das wie im Film/Fernsehen vorzustellen und zu beschreiben.

Als therapeutische Konsequenz wird man nun untersuchen, wel-

che der angedeuteten Wünsche sich am leichtesten für den Patienten realisieren lassen.
»Welche von den Veränderungen lassen sich wohl am leichtesten erreichen?«
»Wie können Sie das am ehesten machen?«
»Wie kann Sie Ihr Partner dabei unterstützen?« usw.
Die Zielrichtung ist also bei diesem wie bei den zwei anderen Fällen ähnlich: Es werden mit den Ausnahmen gleichzeitig Ziele formuliert, die den Fokus auf die Lösungen des Problems von Beginn an legen.
4. Nun gibt es aber auch Patienten, die keine Ausnahmen angeben, sich keine Wunder vorstellen, noch den Schimmer einer Hoffnung sehen können. Sie waren für das Team des BFTC eine Herausforderung, und sie unterschieden diese Gruppe in zwei Untergruppen: Patienten mit konkreten und solche mit diffusen Beschwerden.
Patienten mit konkreten Beschwerden wurden in einer Weise gefragt, die die Beschwerden weiter konkretisierten. Wenn also, wie oben erwähnt, jemand sagte, er sei den ganzen Tag unerträglich depressiv, dann wäre das Ziel, dies zu spezifizieren.
»Wann ist es am schlimmsten?«
»Ist es vor dem Frühstück genauso schlimm wie nach dem Frühstück?«
»Wann erleben Sie eine minimale Erleichterung?«
»In welchem Raum ist es am besten/schlimmsten?«
»Welche Menschen sind am angenehmsten/unangenehmsten?«
Auf diese Weise mag sich dann doch ein Bild entwickeln, in dem ein Unterschied deutlich wird, der sich dann in einer Verschreibung nützen lassen kann. – Um es nochmals zu wiederholen: Der Grund, so zu fragen, ist die Überzeugung, daß die Lösung eines Problems schon vorhanden ist und in der Fülle der Verhaltensmöglichkeiten eines Patienten zahlreiche sind, die aus der Sackgasse des Symptoms herausführen.
Die zweite Untergruppe sind die Patienten, die lediglich diffuse

Beschwerden ohne Ausnahmen angeben können und nicht in der Lage sind, die Beschwerden näher zu charakterisieren.
»Mir geht es irgendwie schlecht, ich fühle mich irgendwie, ich weiß auch nicht...«
Solche Patienten können einem Therapeuten einiges Kopfzerbrechen bereiten, wenn auch mein Eindruck ist, sie finden sich in den USA häufiger als in der Bundesrepublik. Für sie entwickelte das BFTC ein standardisiertes Vorgehen, eine Intervention, die sie als »Formula First Session Task«, also als Standardaufgabe der ersten Sitzung bezeichneten. Das hört sich so an:
»Ich habe eine Aufgabe für Sie, die Sie bitte bis zur nächsten Stunde machen sollen. Ich möchte, daß Sie zwischen heute und dem nächsten Mal ganz genau beobachten, was sich in Ihrem Leben ereignet, von dem Sie sich wünschen, daß es sich auch weiterhin ereignen soll.«[8] Der Therapeut bittet den Patienten, diese Beobachtungen zu notieren und das nächste Mal davon zu berichten. Wieder ist das eine Technik, die in korrespondierender Offenheit zur Diffusität der Beschwerden geeignet ist, nach Ausnahmen zu suchen. Der Patient soll also nach den Situationen suchen, die er gerne möglichst oft erleben möchte. Das sind dann Ausnahmen zu den diffusen Beschwerden und damit ein Anhaltspunkt für eine mögliche Intervention.
Mit dem dargestellten Schema im Hintergrund ist der Therapeut während der Stunde immer auf der Suche nach möglichen *Lösungen*. Ähnlich dem traditionellen Vorgehen richtet er dann die Aufmerksamkeit auf die Abläufe (eventuell die Psychodynamik) der spontanen Ausnahmen oder denkbaren Lösungen.
Manchmal mag dem Therapeuten schon während des ersten Teils der Sitzung eine Idee zur Intervention kommen. Meist wird er – besonders wenn er noch nicht Routinier ist – nur einige wenige positive Ansätze finden und ansonsten eine Flut von Problemen. Wie sollte es auch anders sein, schließlich kommen die Patienten ja deswegen zu ihm. Durch die andere

Fragetechnik wird der Patient jedoch sehr bald einen Druck von sich genommen spüren. Er wird sich aufgewertet fühlen, die Erwartungsangst wird von ihm weichen, da er nicht verurteilt wird, sondern, im Gegenteil, seine bisherigen Leistungen anerkannt werden.

Der Therapeut wird nach vierzig oder fünfzig Minuten eine vorher angekündigte Pause einlegen. Sofern vorhanden, wird er sich mit den Kollegen hinter dem Spiegel beraten. Die Anwesenheit der Kollegen ist dem Patienten vorher mitgeteilt worden. Das ist um so selbstverständlicher, je offener der Therapeut selbst damit umgehen kann. Auch wenn die Kollegen hinter der Scheibe an den Einwegspiegel klopfen, akzeptieren das die Patienten, sofern klar ist, daß sie zu ihrem Nutzen ein Team von Mitarbeitern zur Verfügung haben und die Situation durch Offenheit keine Spur von Voyeurismus trägt. In der Diskussion mit den Mitarbeitern schält sich meist ein bestimmtes Vorgehen heraus, das sinngemäß auch in der Situation als Therapeut ohne Team gilt. Zuerst herrscht eine Phase der Unstrukturiertheit, in der man ungefiltert die Gedanken herauslassen sollte, die einem gerade im Kopf herumgehen. Das mögen unfreundliche sein (»Diesem Mann kann man ja auch nur untreu werden«) oder bedrückte (»Da kann man sich wirklich nur noch umbringen«) oder gleichgültige (»Bei dem fällt mir überhaupt nichts ein«). Dadurch wird der Kopf frei zum Weiterdenken, und gleichzeitig lassen sich die geäußerten Gefühle als Hinweis auf das Geschehen während der Sitzung mitverwenden. (Dieser Teil ähnelt also sehr stark dem Mailänder Modell.)

Danach folgt der Austausch, die Wertung des Gesehenen und damit die vielleicht kreativste Phase der Teamarbeit, die selten beschrieben wurde. Hier zeigt sich, wie gut ein Team zusammenarbeiten kann, wo versteckte Rivalitäten bestehen oder im Gegenteil der freie Fluß von Ideen, die sich gegenseitig befruchten. In dem BFTC fand ich gerade die Offenheit der Diskussion sehr angenehm, in der jede Äußerung, auch absurde oder auf den ersten Blick lächerliche, erst einmal gleichrangig geprüft wurden – unabhängig davon, von wem die Ideen stammten. Diesen

Prozeß zu beschreiben fällt schwer, es ist wie die Beschreibung der Kreativität selbst. Dennoch, und besonders in der Arbeit als Therapeut alleine, kann man sich eine gedankliche Schiene zurechtlegen. Dazu folgt man am leichtesten dem Aufbau der Intervention.

Eine Intervention besteht aus drei Teilen:

1. Den ersten Teil bezeichnet das BFTC selbst als »Compliments«, Komplimente. Diese Bezeichnung scheint mir eher eine Untertreibung. Tatsächlich wird in dem ersten Teil sehr spezifisch zusammengestellt, was der Patient bisher an Leistungen erreicht hat, wo seine Fähigkeiten liegen, was an der Situation besonders lobenswert erscheint. Die hier zusammengestellten Bemerkungen sind keine leichthin gesagten Komplimente, sondern sehr spezifisch auf das Wertesystem des Patienten gemünzte Aussagen. So mag man bei einem sehr konservativen, älteren Beamten seinen Sinn für Tradition und Stabilität loben, der dem Therapeuten selbst weit weniger positiv erscheinen mag. Das kann dem Außenstehenden »falsch« erscheinen, doch sind das die Fundamente, auf die jede Änderung gebaut wird. Die Bestätigung der bisherigen Lösungen schafft die Grundlage, auf der spätere Änderungen aufgebaut werden können. In diesem Teil der Intervention werden systematisch alle Ressourcen aufgezählt.

Beispielsweise sagt ein Therapeut zu einem depressiven Patienten: Ich möchte zuerst einmal hervorheben, daß dem Team und mir nicht entgangen ist, wie schwierig Ihre jetzige Situation ist. Der Tod Ihrer Großmutter hat Sie außergewöhnlich belastet. Dazu kam kurz darauf der Autounfall und nun noch die Streiterei mit Ihrem Kollegen. Kein Wunder, wenn Sie in so einer Situation heftig reagieren!

Besonders sahen wir aber, was sie bisher von sich aus schon gelöst haben: Die ganzen Angelegenheiten mit der Beerdigung haben Sie vorzüglich gelöst, Ihren Verwandten haben sie Trost gespendet, obwohl Sie das selbst gebraucht hätten, und schließlich ist es Ihnen gelungen, die augenblickliche Stimmung auf dem Niveau zu halten, auf dem sie die letzten drei Monate war. Das ist sicher nicht einfach gewesen, da solche Beschwerden dazu neigen, schlimmer zu werden . . .

- Verhalten wird also *normalisiert*, indem das als normale Trauer verstanden wird, was der Patient als pathologische Depression ansieht.
- Alle positiven Ansätze werden aufgelistet.
- Aus der Symptomatik wird jeder positive Anteil hervorgehoben, auch wenn er noch so klein ist: Wenn ein Patient drei Monate unverändert depressiv ist, so ist das insofern ein Erfolg, als es nicht schlechter geworden ist, und dazu muß er etwas beigetragen haben.

Der Effekt dieser Eingangssequenz ist eine *Umdefinierung* oder *Umdeutung*. Der Patient kommt mit Beschwerden und erwartet die Konfrontation mit seinen Schwächen und seinem Versagen. Die Situation des Erstinterviews erinnert manche Patienten an die Schulstunden, die sie in Erwartung einer schlechten Zensur verbracht haben.

Überraschenderweise bekommen sie aber kein »Mangelhaft!«, sondern ein Lob über das schon Erreichte. Das entkrampft die peinliche Situation. Statt sich, wie erwartet, in der Sackgasse zu befinden, sieht sich der Patient schon halb über dem Berg.

An die erste Sequenz der Intervention können sich noch andere Formen der *positiven Konnotation* anschließen. Die Einzelheiten dazu werden im Kapitel »Interventionen« ausgeführt. Der Patient sollte zu jedem der ersten Sätze ein stilles »Ja!« sagen können (»Yes-Set« nach Milton Erickson), wodurch eine innere Annahmebereitschaft für die folgenden komplexeren Interventionen geschaffen wird.

Nun folgt die Intervention im eigentlichen Sinn. Hier sind, je nach den oben erwähnten Voraussetzungen (Besucher, Klient, Kunde) und den besonderen Bedingungen, eine ganze Fülle von Möglichkeiten denkbar: Umdeutungen, Verhaltensverschreibungen, Symptomverschreibungen, Parabeln, Schemaverschreibungen nach der Art der Verschreibung für die erste Stunde und vieles mehr. Die Interventionen sollen später beschrieben werden.

Hier sei nur als Beispiel eine recht erfolgversprechende Intervention, wiederum für den gedachten depressiven Patienten, gege-

ben: Nachdem die positiven Ansätze des Verhaltens gewürdigt wurden, schloß sich eine Umdeutung der pathologischen Depression in normale Trauer an, die verständlicherweise etwas länger dauert, weil es sich eben um eine schwierige Situation handelt und der Patient tiefer empfindet als andere.
Hier folgt nun die eigentliche Intervention:

Nun, wie ich gesagt habe, verstehen das Team und ich Ihre jetzige Situation als Trauer um den Tod der Großmutter. Wir haben auch gesehen, wie sehr Sie dagegen ankämpfen und versuchen, anderen, und vor allem sich selbst, wieder Mut zu machen. Ihr Verhalten ist, wie wir gesehen haben, in mancher Beziehung zwar erfolgreich, in anderer aber nicht. Die Trauer über den Tod taucht immer wieder an Stellen in Ihrem Leben auf, an denen sie Sie beeinträchtigt, Sie bedrückt. Wir haben eine ganze Weile darüber nachgedacht und sind zu der vielleicht überraschenden Feststellung gekommen, daß Sie nicht zu viel, sondern in gewisser Weise zu wenig getrauert haben. Durch Ihre vielen Verpflichtungen konnten Sie sich der Trauer nie ganz hingeben, da Sie sich immer um andere Menschen gleichzeitig kümmern mußten. Wir möchten Ihnen daher empfehlen, *mehr* zu trauern, um es ein für allemal abzuschließen. – Nun wissen wir auch, das geht nicht immer, deswegen schlagen wir folgendes Vorgehen vor:
Jeden Morgen nehmen Sie sich genau eine Stunde Zeit, in der Sie sich ausschließlich der Vergangenheit widmen. Denken Sie über die schönen Zeiten mit der Verstorbenen nach und verbannen Sie währenddessen alle anderen Gedanken an die fröhlichen Seiten Ihres Lebens aus Ihrem Kopf.
Nach dieser einen Stunde können Sie dann wieder an anderes denken, wobei es sich hilfreich erwiesen hat, die bedrückenden Gedanken an die Vergangenheit für den nächsten Tag zu notieren. Umgekehrt empfehle ich Ihnen, alle Gedanken an die heiteren Seiten Ihres Lebens auf die Zeit nach der einen Stunde der Besinnung zu verschieben.

Eine derartige Intervention – eine Symptomverschreibung – berücksichtigt die Dynamik des Patienten und entmischt die Phasen der Trauer von denen der aktiven Lebensbejahung. Allerdings nicht, indem, wie meist üblich, der Patient auf die fröhlichen und schönen Seiten seines Lebens aufmerksam gemacht wird (das ist vorher nur en passant geschehen), sondern durch die Betonung der traurigen Seiten. Wie leicht vorhersehbar, wird der Patient sich nach einer Weile weigern, jeden Tag eine volle

Stunde zu trauern. Es klingt nicht einmal schwierig, doch empfehle ich es dem Leser einmal zur Selbsterfahrung, sich eine Stunde lang *ausschließlich* mit den bedrückenden Teilen seines Lebens zu beschäftigen. Auch die Bereitschaft zur Trauer kann sich so erschöpfen. Das Zeitmaß richtet sich natürlich nach dem jeweiligen Patienten, es kann sehr viel kürzer oder länger sein.

In diesem Zusammenhang sei eine Anekdote aus dem Leben von Martin Luther angeführt: Martin Luther, der fromme Mann, wurde eines Tages von einem Fürsten gefragt, ob er wohl beim Beten so vertieft sei, daß er während des Gebets an wirklich nichts anderes als das Gebet denken könne. Als Luther die Frage bejahte, bot ihm der Fürst die Wette um ein Pferd an. Luther kniete sich hin, sprach ein »Vater unser«. Als er geendet hatte, fragte ihn der Fürst, wie es denn gegangen sei. »Gut«, antwortete Luther, »bis fast zum Schluß, da kam mir der Gedanke, ob beim Pferd wohl auch ein Sattel sei.«

Wenn nun der Patient nach einer Weile keine Bereitschaft zur weiteren Trauer zeigt, wird sich der Therapeut hüten, die Zeit vorschnell zu reduzieren, sondern sich in ein längeres Feilschen mit dem Patienten einlassen, bei dem er nur unwillig bereit ist, sich auf eine langsame Reduktion der Zeiten einzulassen. Der Patient wird ihn so immer wieder mit guten Argumenten zu überzeugen wissen, warum die Trauer nicht mehr so nötig ist.

Nach der Intervention folgt die Vereinbarung der nächsten Stunde, die üblicherweise in der folgenden Woche stattfindet, wenn nicht andere Gründe für einen längeren Zeitraum sprechen. Wenn Patienten rasche Fortschritte machen, kann es beispielsweise sinnvoll sein, die Zeiträume zu verlängern, um die Autonomisierung zu beschleunigen und die Fortschritte zu würdigen.

In dieser Weise arbeitet also das BFTC. Die Beschreibung ist notwendigerweise nur das Skelett der wirklichen Erscheinung der Therapie. Damit es lebendig wird, fehlt noch das Wichtigste, nämlich die Person des Therapeuten, der das Skelett mit Fleisch und Blut füllen muß, mit seiner Persönlichkeit, seiner Lebenserfahrung und seiner therapeutischen Ausbildung. Erst dadurch kann das Modell hilfreich werden.

Systemische Einzeltherapie

Nachdem in den vergangenen Kapiteln ein Überblick über die allgemeinen Grundlagen der systemischen Therapie gegeben wurde, soll nun spezifischer auf das eigentliche Thema des Buches eingegangen werden: die Einzeltherapie.
Wie bereits beschrieben, teilt sich die systemische Therapie heute auf in systemische Familientherapie, systemische Beratung von größeren Gruppen (Organisationen, Betriebe, Schulen), die noch in den Kinderschuhen steckt, und die systemische Einzeltherapie, die gleichfalls noch am Beginn der Entwicklung steht. Wenn also jetzt von der systemischen Einzeltherapie die Rede sein soll, sind einige Vorbemerkungen angebracht.
Es geht mir bei der Darstellung weniger um eine neue Therapieform als um eine andere *Sichtweise* von Problemen. Die neue Art der Wahrnehmung wird vielleicht eher durch Beispiele von Therapien deutlich als durch theoretische Begründungen. Dabei werde ich eher kleine Fallvignetten geben als ausführliche Kasuistiken, da sie die Aufmerksamkeit auf ein bestimmtes Problem richten sollen. Unvermeidlich wird dadurch der Eindruck riskiert, alle Probleme seien auf elegante, mühelose Weise zu lösen, wenn man nur den richtigen Zugriff fände. Auch wenn die systemische Perspektive überraschend einfache Lösungen für verzwickte Probleme anbietet, so sind selbstverständlich auch hier die Behandlungen von Schwierigkeiten begleitet, die den Therapeuten manchmal tief aufseufzen lassen.
Deswegen will ich mich als erstes mit der Frage beschäftigen, wann die systemische Einzeltherapie *nicht* indiziert ist, sondern andere Verfahren. Die systemische Therapie ist eine vergleichsweise stark kognitive Therapie. Sie richtet sich an einen aufnahmebereiten, wachen Patienten. Das bedeutet nicht, einen intellektuellen Patienten. Eine bestimmte Schulbildung ist keine

Voraussetzung, allerdings werden sehr einfach strukturierte Patienten mit hypothetischen Fragen leicht überfordert sein.
Die dargestellte Therapie versteht sich als *Kurz*therapie. Damit soll selbstverständlich nicht in Frage gestellt werden, daß in manchen Fällen langfristige Therapien indiziert sind. Hierfür gibt es eine Reihe von anderen Therapieverfahren.[1]
Vielleicht wird dem Leser das dargestellte Verfahren in Teilen rational und distanziert erscheinen. Dieser Eindruck mag entstehen, weil ich hier nur die *Struktur* des Ansatzes darstellen kann. Es fehlt die individuelle Gestaltung, die jeder Therapeut seinen Behandlungen gibt. Dazu gehört selbstverständlich der direkte emotionale Bezug, ohne den Therapie schlechterdings nicht möglich ist. Persönliche Wärme, Anteilnahme und – in gewissen Situationen – Humor, lassen eine Therapie erst lebendig werden. Dieser Anteil ist aber nur sehr schwer zu schildern und gar nicht zu lehren. Er entwickelt sich erst im Laufe der zunehmenden Erfahrung und nicht zuletzt mit der zunehmenden Kenntnis der eigenen Person.
Spezielle Aufmerksamkeit möchte ich nun der Abgrenzung von systemischer Familien- und systemischer Einzeltherapie schenken.

Systemische Einzeltherapie oder systemische Familientherapie?

Es ist schwierig, klare Indikationsgebiete zu geben, in denen eindeutig das eine oder das andere Verfahren angezeigt ist. Zum Teil fehlen auch noch entsprechende Erfahrungen mit größeren Kollektiven, um eindeutige Empfehlungen zu geben. Ein paar Hinweise lassen sich jedoch geben. In einigen Fällen erscheint eine Familientherapie günstiger als eine Einzeltherapie:
1. In Familien, in denen die Familienmitglieder so eng in das

entsprechende Symptom involviert sind, daß eine schnelle Entlastung des Indexpatienten erreicht werden muß. Beispielsweise, wenn das Problem eine Anorexia Nervosa (Magersucht) ist, wird eher eine Familientherapie in Frage kommen.
2. Falls nicht nur *ein* Indexpatient vorhanden ist, sondern zahlreiche Familienmitglieder mehr oder weniger offenkundige Beschwerden haben.
3. In Fällen, in denen ein einzeltherapeutischer Ansatz vorher gescheitert ist, wird sich der Therapeut überlegen, ob die reale Anwesenheit der Familie günstiger ist.
4. Ebenso bei Patienten, die sich nur äußerst schwer die Reaktionen anderer Familienmitglieder vorstellen können.
5. Sehr »ich-schwache« Patienten können durch viele zirkuläre Fragen verwirrt werden. Bei ihnen erschüttern solche Fragen leicht die dünne Wand der Abgrenzung zwischen dem Ich und der Außenwelt.[2]
6. Auch Kinder werden sicher nur in Ausnahmefällen mit systemischer Einzeltherapie behandelt werden können. In der Regel wird man zumindest ein Elternteil (wenn auch nur vorübergehend) in die Behandlung miteinbeziehen.
Die beiden letzten Einschränkungen beziehen sich vor allem auf den Anteil des zirkulären Fragens. Andere Elemente (z. B. der ressourcenorientierte Ansatz) können mit Gewinn auch hier eingesetzt werden. Generell gilt aber, daß paradoxe Techniken bei sogenannten »ich-schwachen« Patienten eher sehr zurückhaltend eingesetzt werden sollen. Bei ihnen sind die ich-stärkenden Methoden, besonders das lösungsorientierte Vorgehen, indiziert.[3]
7. Wenn die Gefahr besteht, daß durch eine Einzeltherapie ein Paar oder eine Familie »auseinandertherapiert« wird[4], sollte das Paar bzw. die Familie gemeinsam kommen.
8. Alle Familien, die von sich aus eine Familientherapie wünschen, wird man zumindest in der ersten Sitzung gemeinsam sehen, bis das weitere Vorgehen ersichtlich ist.
Wann ist nun eine systemische Einzeltherapie indiziert? Auch hier sind eindeutige Indikationen nur schwer nennbar, da viele

Faktoren eine Rolle spielen. In Abgrenzung zur systemischen *Familien*therapie muß man wohl folgende Bereiche nennen:

1. Familien lehnen eine Therapie ab. Etwa weil sie weit entfernt wohnen, einer Familientherapie gegenüber skeptisch sind oder den großen Aufwand scheuen. Zwar gibt es Wege, auch solche Familien zu überzeugen, häufig gelingt es aber nicht.

2. Ein Patient lehnt eine Familientherapie ab, da er sich scheut, bestimmte Probleme vor der Familie auszubreiten oder er keine direkte Verbindung zwischen seinen Problemen und der Familie erkennt. Diese Variante betrifft oft den niedergelassenen Psychotherapeuten. Ein Patient hat die Wahrnehmung (die innere Landkarte) von einem Problem, das ihn in erster Linie alleine betrifft. Auch wenn der Therapeut eine andere Auffassung von den Zusammenhängen haben sollte, ist es sinnvoller, erst einmal die »Krankheitstheorie« des Patienten zu akzeptieren und ihn allein zu sehen.

3. Eine Institution hat eine individuelle Krankheitsperspektive. In den meisten Krankenhäusern, Beratungsstellen, therapeutischen Einrichtungen wird ein Therapeut auf eine individuelle Therapieorientierung stoßen. Zwar versuchen viele engagierte Kollegen immer wieder, einem vorgegebenen allgemeinen Behandlungsrahmen zu widersprechen und ganze Familien einzubestellen, auch wenn das in der betreffenden Institution unüblich ist. Die Erfahrung zeigt jedoch, daß nach einiger Zeit auch die begeisterten Familientherapeuten durch ein Engagement in zwei Richtungen überfordert sind. Auf der einen Seite Familien zu behandeln, ohne den entsprechenden Rückhalt durch ein Team zu haben, und gleichzeitig sich dafür ständig rechtfertigen zu müssen, wird ihnen auf die Dauer zuviel. Hier bietet sich eine individuelle Einzelarbeit an. Dabei muß allerdings kritisch angemerkt werden, daß auch ein solches Vorgehen nur in bestimmten Fällen möglich sein wird. In Institutionen, die sehr stark einer Richtung verschrieben sind, wird sich ein Therapeut leicht innerlich verschleißen, wenn er der allgemeinen Orientierung permanent entgegenläuft.

4. Ein Therapeut lehnt es ab, ganze Familien zu sehen. Dieser

Fall ist häufiger, als man erwarten mag. Zahlreiche Therapeuten haben eine Scheu davor, ganze Familien einzubestellen. In ihrer Ausbildung auf die Zweiersituation eingespielt, erscheint ihnen die ungewohnte Vielfalt der Personen unübersichtlich und beängstigend. Zu Recht befürchten sie, in das »Spiel« der Familie miteinbezogen zu werden. Besonders für Therapeuten, die am Anfang der systemischen Orientierung stehen, ist der individuelle Ansatz daher oft leichter zu praktizieren als der Umgang mit ganzen Familien. Auch Therapeuten, die viel Erfahrung in der Einzeltherapie haben, wird so der Übergang zu einer systemischen Perspektive erleichtert.

5. Ein weiterer Aspekt soll nicht unerwähnt bleiben: die Bezahlung. Familientherapie ist keine Leistung der gesetzlichen Krankenkassen in der Bundesrepublik. Für Therapeuten und Patienten bedeutet das daher immer besondere Abmachungen über das Honorar. Besonders niedergelassene Therapeuten scheuen sich deswegen vor Familientherapien, da sie bei hohem Aufwand keine klare, adäquate Bezahlung garantieren.

6. Auch für viele organisch tätige Ärzte in der niedergelassenen Praxis ist die systemische Einzeltherapie oft der naheliegendere Schritt einer systemischen Perspektive. Ihre Patienten kommen überwiegend mit einem individuellen Krankheitsverständnis. Dies kann der Arzt nun mit Hilfe des systemischen Ansatzes erweitern, ohne gleich die ganze Familie einzubestellen.

Die Gegenüberstellung von systemischer Einzel- und Familientherapie zeigt vermutlich, daß sich die beiden Verfahren nicht gegenseitig ausschließen. Im Gegenteil ist die systemische Einzeltherapie oft der Vorläufer einer Familientherapie. Auch der umgekehrte Fall ist nicht selten, wo nach einer oder mehreren Familiensitzungen sich eine Einzeltherapie anschließt. Beide Formen stehen also in einer inneren Ergänzung. Es soll ein Anliegen dieses Buches sein, Mut zu machen, mit den verschiedenen Möglichkeiten kreativ umzugehen.

Die Technik der systemischen Einzeltherapie

Die systemische Einzeltherapie enthält verschiedene Bestandteile, die ich im folgenden Kapitel darstellen möchte. Vieles wird dem Leser schon vertraut erscheinen, da es bereits erwähnt wurde. Ich riskiere jedoch gerne eine Wiederholung, da die neue Sichtweise anfänglich verwirrend ist und erst durch die mehrfache Erwähnung einprägsam wird. Die wesentlichen Elemente der systemischen Einzeltherapie sind: die besondere Epistemologie, das andere Setting, die Betonung des Rahmens, in dem die Therapie stattfindet, die Fragetechnik und die speziellen Interventionen.
Über die Epistemologie der systemischen Therapie wurde ebenfalls bereits gesprochen (siehe Mailänder Modell, S. 31 ff.). Statt nun das Gesagte nochmals durch theoretische Überlegungen zu vertiefen, möchte ich die systemische Perspektive lieber in Beispielen deutlich werden lassen. Ich hoffe, so dem Leser einen Eindruck von der anderen Perspektive geben zu können.

Das Setting

Es scheint ein unausgesprochenes Gesetz in der Psychotherapie zu geben, welches besagt, Psychotherapiestunden hätten – wenn etwas dabei herauskommen soll – mindestens einmal in der Woche stattzufinden, besser jedoch noch öfter. Zwei, drei oder gar vier Stunden pro Woche sind üblich, wobei höhere Stundenzahlen mit größerer Effektivität einhergehen sollen.
Diese Sichtweise basiert auf folgendem Hintergrund: Die eigentliche Veränderung, die »Arbeit«, leisten Therapeut und Patient zusammen *in der Stunde*, während die Zeit dazwischen zwar zur Bearbeitung des Erlebten dienen soll, meist jedoch als lästige Pause zwischen dem zentralen Ereignis der Stunden erlebt wird. Unter dieser Sichtweise ist eine möglichst dichte Stundenfolge sinnvoll und logisch.
Im Gegensatz dazu ist in der systemischen Therapie die Therapie-

stunde nicht der Ort der Veränderung. Der Schwerpunkt liegt eindeutig auf der Zeit *außerhalb* der Stunde. Die Therapiestunde gibt Anregungen oder Aufgaben, die der Patient dann für sich lösen kann.

Therapie ist also kein neues Zuhause, sicher kein Dauerzustand, sondern eindeutig ein vorübergehender Zustand, um eine gewisse Veränderung zu erzielen. Aus diesem Grund kann die Therapie auch in größeren Abständen erfolgen.

Wie die Frequenz im Einzelfall aussieht, hängt sowohl von dem entsprechenden Patienten als auch von den jeweiligen Arbeitsbedingungen des Therapeuten ab. Eine Sitzung pro Woche ist im allgemeinen eine Obergrenze für die systemische Einzeltherapie. Häufigere Sitzungen werden nur selten mehr Erfolg bringen. Nur in Einzelfällen oder unvorhersehbaren Krisen mag es angebracht sein, einen Patienten öfter zu sehen.

Eine Untergrenze für die Therapiefrequenz kann nur schlecht gegeben werden. Von einer Sitzung alle zwei Wochen bis einmal alle vier bis sechs Wochen oder sogar noch seltener reicht hier das Spektrum. Dabei ist es sinnvoll, Patienten aus sehr rigiden Familiensystemen (bzw. Familien, die sich von dem anstehenden Wandel bedroht fühlen) eher seltener zu sehen, da für sie der Wandel ängstigend ist und daher Zeit braucht. In anderen Fällen, wo Wandel weniger bedrohliche Implikationen hat, kann dagegen eine häufigere Frequenz richtig sein. Guntard Weber und Fritz Simon[5] schlagen Sitzungen in einem Abstand von drei bis vier Wochen vor, unter gleichzeitiger Beschränkung auf maximal zehn Sitzungen.

Bei Patienten mit sehr großer Therapeutenerfahrung, zahlreichen abgebrochenen Therapien, also mit dem sogenannten »Doctor-Shopping-Syndrom« oder »Koryphäen-Killer-Syndrom«, empfiehlt es sich, sehr zurückhaltend in der Therapiefrequenz zu sein.

So kam ein 55jähriger, sehr gebildeter Akademiker in meine Behandlung und drängte auf eine hochfrequente Einzeltherapie, da er erkannt habe, daß ich der erste Therapeut sei, dem er endlich sein volles Vertrauen schenken könne. Wie sich langsam herausstellte, hatte er in

den vergangenen Jahren bereits eine Vielzahl von Therapien bei Kollegen verschiedenster Orientierungen begonnen und jeweils nach einigen Stunden wieder abgebrochen.
Trotz der lärmenden Symptomatik (unerträgliche Ängste, dem Gefühl, das Herz könne in jedem Moment zu schlagen aufhören), schockierte ich den Patienten, als ich ihm höchstens eine Sitzung pro Monat vorschlug und gleichzeitig die Vermutung äußerte, das sei wahrscheinlich noch etwas zu häufig. Ich sei mir nämlich sicher, daß er ein sehr sensibler »Therapieverwerter« sei und deshalb in weit auseinanderliegenden Stunden große Fortschritte machen könne. Deshalb sei ich vollständig einverstanden, wenn er sich entschlösse, von sich aus größere Pausen einzulegen, um in dieser Zeit seiner eigenen Entwicklung ihre Zeit zu geben.
In der Tat wählte der Patient, trotz anfänglicher Proteste, einen sehr losen Rhythmus, der diesmal nicht zur Beendigung der Therapie führte, da er von Anfang an Teil der Abmachung gewesen war. Gleichzeitig war es möglich, seine »Unzuverlässigkeit« positiv zu konnotieren und ihr den Sinn eines selbst gewählten Tempos der Veränderung zuzuschreiben.

Es mag möglicherweise befremdend klingen, solch lange Pausen in einer Behandlung vorzusehen. Dabei sollte man bedenken, daß die »Pause« die Zeit der Veränderung ist. Selbst wenn eine erhebliche Zeitspanne zwischen den Therapiestunden liegt, beschäftigt sich der Patient innerlich mit dem Therapeuten und desssen Interventionen über den verstreichenden Zeitraum. Der Patient ist in die Behandlung eingebunden, mit der er sich innerlich auseinandersetzen muß. Es ist ähnlich, wie wenn man von seinem Zahnarzt einen Termin in einem halben Jahr zur Routinekontrolle bekommt. Automatisch *muß* man beim Zähneputzen daran denken, daß dieser Termin existiert. Von den eigenen Zahnputzanstrengungen wird es abhängen, wie man bei der Kontrolle abschneiden wird . . .
Daneben sollte nicht übersehen werden, daß viele Änderungen Zeit in Anspruch nehmen. Ein neues Gleichgewicht in einer Familie oder einer Paarbeziehung benötigt zu seinem sicheren Aufbau einen spezifischen Zeitraum, unabhängig von der Häufigkeit der Therapiesitzungen. Insofern werden weit auseinanderliegende Sitzungen dieser Tatsache gerecht.

Auch die Dauer der einzelnen Sitzungen sollte von Patient zu Patient überdacht werden. Fünfzig Minuten sind mittlerweile der anerkannte Standard für eine Sitzung. Es ist aus organisatorischen Gründen günstig und wird abrechnungstechnisch im Rahmen der Krankenkassenbezahlung verlangt. In manchen Fällen sind aber auch längere oder kürzere Stunden angebracht.

Bei weit auseinanderliegenden Therapiesitzungen mag sich ein Therapeut eventuell wesentlich mehr Zeit lassen und dem Patienten eine fein ausgearbeitete Intervention mit auf den Weg geben. In der Praxis eines Hausarztes dagegen, der seine Patienten häufiger zu Gesicht bekommt und schon lange Jahre kennt, werden fünfzehn Minuten Gesprächsdauer wesentlich besser passen. In einer Viertelstunde kann er sich oft einen guten Eindruck über das aktuelle Problem machen und eventuell eine erste Intervention geben. Er kann gegebenenfalls seinen Patienten nach einer Woche wieder einbestellen, um den Blutdruck zu kontrollieren und sich außerdem nach dem Problem zu erkundigen. Solch ein Rhythmus ist einem Praxisbetrieb sehr viel angemessener als eine fast einstündige Therapie, die organisatorisch schwer für einen Arzt unterzubringen ist.

Ein wesentlicher Teil des Settings oder des Rahmens, in dem eine Therapie stattfindet, ist die geplante Gesamtdauer der Behandlung. Häufig werden Therapien ohne klare Formulierung über diesen Punkt begonnen. Wenn keine Grenzen formuliert werden, ist meist unausgesprochen damit gemeint: es wird lange dauern. Bei Behandlungen, die von der Krankenkasse bezahlt werden, wird der Therapeut erwähnen, die Kasse bezahle 80 oder 160, maximal 240 Stunden. Alles, was darüber hinaus gehe, müsse der Patient dann selbst tragen. Solche ausgesprochenen oder unausgesprochenen Zeiträume stärken selbstverständlich eine ausgesprochen regressive Haltung, die dem Patienten implizit erlauben, für Veränderung viel Zeit in Anspruch zu nehmen. Gleichzeitig bedeutet es auch, daß mit einer definitiven Besserung erst in einiger Zeit zu rechnen ist.

Dagegen fördern Vereinbarungen über eine begrenzte Therapiedauer die Bereitschaft zur absehbaren Veränderung. »Wir werden uns ab jetzt alle vierzehn Tage (oder jede Woche) einmal treffen, jedoch nicht mehr als zehn Mal.« Dabei wird *implizit* eine Veränderung in diesem Rahmen angenommen. Bei dem Betroffenen wird dadurch eine eher aktive Einstellung zur Therapie gefördert.

Bei diesen Ausführungen soll nicht geleugnet werden, daß bestimmte Bereiche des psychischen Erlebens dabei nur schwerer erreichbar sind. Durch die antiregressive Einstellung werden die sogenannten »frühen Störungen« leicht ausgeblendet, da sie eher in einer regressionsfördernden Atmosphäre zur Darstellung gelangen. Dagegen wird die Bewältigung von realen Aufgaben sicher wesentlich leichter gelingen. Genau genommen sind die Zusammenhänge noch verschränkter: »Reale Handlungskompetenz« und »frühe Störung« können wohl nicht so antithetisch gegenübergestellt werden. Bei jeder Zunahme an realer Fähigkeit, das Leben zu bewältigen, wirkt dies zurück auf die gesamte Wahrnehmung der eigenen Persönlichkeit. Auch die *Bewertung* der eigenen Biographie verändert sich in dem Maß, in dem sich die Fähigkeit verändert, mit Ängsten, Zweifeln usw. umzugehen. So führt die »oberflächliche« Verbesserung der Handlungskompetenz zu einem veränderten Selbstwertgefühl, was sich wiederum auf die soziale Umgebung auswirkt.

Der Therapierahmen

Einem unvoreingenommenen Leser mag es selbstverständlich erscheinen, daß zu Beginn jeder Therapie ein Therapieziel formuliert wird. In den allermeisten Fällen ist das jedoch nicht der Fall. Anfänglich mag sich das Ziel aus den Beschwerden herleiten: die Beschwerden (Ängste, Magenschmerzen oder Beziehungskonflikte) sollen beseitigt werden. Nach kurzer Dauer der Therapie werden Therapeut und Patient feststellen, daß die Beschwerden nur die oberste Schicht einer tieferen Störung sind. Die Ziele werden unausgesprochen ausgeweitet. Ein »adäquaterer« Umgang mit dem anderen Geschlecht oder »Persönlichkeitsreifung« ist nun die neue Orientierung. Bei solch einer Zielsetzung läßt sich dann nur schwer angeben, ob und wann sie erreicht wurde. Sowohl Therapeut als auch Patient empfinden oft in diffuser Weise, es sei noch nicht zu Ende, ohne angeben zu können, warum. Beide leben in der Gefahr und Versuchung, sich *in der Therapie* einzurichten, sie als Teil des eigenen Lebens zu empfinden, auf den man kaum verzichten kann. Indem beide teilweise reale Lebenspartner werden, verliert sich das eigentliche Behandlungsziel in nebulöser Ferne. Dabei betrifft die Gefahr, sich in der Therapie einzurichten, nicht nur den Patienten. Auch der Therapeut lebt beständig in Gefahr, seine Patienten als einen Teil seines Lebens anzusehen, besonders wenn sein Leben außerhalb des Berufes weniger befriedigend verläuft. Wenn Patienten sich dann ablösen möchten, kann dies der Therapeut als persönlichen Verrat empfinden.

Kurztherapie verlangt daher die möglichst *konkrete* Formulierung von Therapiezielen zu Beginn einer Behandlung. Nicht allgemeine Formulierungen wie »peace, love and happiness« oder »Reifung«, sondern äußerlich erkennbare Merkmale erleichtern die Erkenntnis, wann eine Therapie ihr Ziel erreicht hat.

»Woran werden Sie am ehesten feststellen, daß die Therapie ein Erfolg ist?«

»Was wird sich an Ihrem Verhalten am deutlichsten ändern?«

»Woran wird Ihr Partner erkennen, daß Sie keine Therapie mehr brauchen?«

»Was wären wohl die ersten Anzeichen für den Beginn einer Veränderung?«

Wenn ein depressiver Patient als Ziel formuliert, er wolle frei von allen bedrückenden Gefühlen werden, so ist das nur wenig hilfreich. Es erschwert im Gegenteil die Therapie deutlich, da Bedrücktheit zum Leben gehört. Ein Teil der Behandlungsprobleme bei einer Depression betrifft gerade die Schwierigkeit, zwischen den »normalen« und den »nicht normalen« Bedrücktheitsgefühlen zu unterscheiden.

Günstiger wird es daher sein, mit dem Patienten zu erarbeiten,

wie die Ehefrau einen Therapieerfolg am äußeren Verhalten des Patienten erkennen kann. Wie wird er sich dann benehmen, was wird anders sein usw.
Solche Ziele könnten sein: Eine Woche morgens regelmäßig aufstehen, keinen Tag im Bett verbringen, täglich einen Spaziergang machen, keine Selbstmordgedanken dunkel andeuten oder von sich aus regelmäßig im Haus aufräumen.
Man kann dann fragen: »Was ist wohl der erste Schritt für Sie, um dieses Ziel zu erreichen? Ist es in der Vergangenheit schon einmal vorgekommen, daß Sie von sich aus aufgeräumt haben? Wie haben Sie das gemacht?«
Therapieziele sollten in ihrem Ausmaß eher bescheiden sein. Nicht die großen Veränderungen werden angestrebt, sondern die begrenzten, aber erkennbaren. Das Merkmal der Kurztherapie ist, *kleine* Veränderungen anzustreben. Nicht, weil die großen Veränderungen nicht erreichbar wären, sondern weil kleine Schritte schneller vorwärtsbringen als große.
Es ist einer der Mythen der Psychotherapie, daß Patienten in einer Behandlung die Probleme *von Grund auf* lösen müßten. Es ist die Modellvorstellung vom »seelischen Großreinemachen«. Tatsächlich kann es in der Psychotherapie jedoch nicht darum gehen, mit dem Patienten das Haus vom Keller bis zum Dachboden aufzuräumen und neu zu möblieren. Günstiger scheint es, dem Patienten zu zeigen, wo sich Besen und Schaufel befinden und wie er damit umgehen sollte.
Die Fragen nach einem Therapieziel können manchmal hilfreicherweise *zirkulär* gestellt werden, zum Beispiel wenn der Patient selbst kaum angeben kann, wie er sich einen erstrebenswerten Zustand vorstellt.
»Wenn ich Ihre Frau jetzt fragen könnte, was wohl ein Ziel der Behandlung sein könnte, was würde sie sich als ersten Schritt wohl wünschen?«
»Woran könnte Ihre Frau *erkennen*, daß Sie sich nicht mehr depressiv *verhalten*?«
Hier wird also eine hypothetische Außenperspektive eingeführt, die sich in der therapeutischen Praxis als ungeheuer hilfreich

erwiesen hat. Patienten, denen nichts zu eigenen Zielen einfällt, können überraschenderweise leicht über die Phantasien und Erwartungen ihrer Familienmitglieder bezüglich der eigenen Person sprechen.
Wenn schon zu Beginn einer Behandlung die Perspektive auf das *Verhalten* gelenkt wird, so unter folgender Überlegung: Durch die Frage, wie *andere* eine Besserung erkennen können, wird eine neue Perspektive in die Behandlung eingeführt, die den Patienten mit einer neuen Situation konfrontiert. Es bringt ihn auf den Gedanken: »Wenn ich also im Bett liegenbleibe statt aufzustehen, werden das meine Frau und die Kinder eher als ›Depression‹ verstehen, während anderes *Verhalten* von Ihnen als Zeichen der Besserung verstanden wird.«
So erhält der Patient ein überschaubares Therapieziel. Er verharrt nicht bei dem lähmenden Gedanken: »Um gesund zu werden, muß ich anders fühlen!«
Bei der Formulierung von Zielen einer Behandlung sollte sich der Therapeut Zeit lassen und ein möglichst plastisches Bild von der Zukunft des Patienten entwerfen. Sowohl die individuellen Ziele, als auch die Vernetzungen mit den Wahrnehmungen und möglichen Reaktionen der Umgebung bilden den Brennpunkt der Aufmerksamkeit. Eine Reihe von Fragen kann gestellt werden:
»Was würde sich in Ihrem Leben am meisten ändern?«
»Wen würde denn eine erfolgreiche Behandlung am meisten tangieren?«
»Wie würde derjenige wohl reagieren?«
»Wer erwartet am ehesten einen Erfolg der Behandlung?«
»Wer wünscht sich einen Erfolg am meisten?«
»Wer würde einen Erfolg bedauern?«
»Was glaubt wohl Ihre Frau (Ihre Eltern), wie lange eine Behandlung dauern wird?«
»Was für Auswirkungen wird ein Behandlungserfolg auf Ihre Arbeit haben?«
usw. . . .

Dabei sollen zwei Ziele verfolgt werden:

1. Mit der Formulierung eines Zieles wird eine realistische Vision von der Zukunft aufgestellt. Durch das Wissen über das Ziel läßt sich leichter bestimmen, in welche Richtung die ersten Schritte gehen sollten.

2. Die Implikationen der Veränderung lassen sich leichter erkennen, da deutlich wird, wie das veränderte Verhalten auf die anderen zurückwirkt. Die meisten Patienten kennen zwar jede Nuance ihrer Beschwerden, haben jedoch nur sehr ungefähre Vorstellungen von der Zeit nach deren Überwindung.

Häufig stehen die individuellen Ziele in einem Spannungsverhältnis mit den möglichen Reaktionen der Familie oder des Partners. Auf die Frage: »Was wird sich denn in Ihrem Leben ändern, wenn Sie die Beschwerden nicht mehr haben?« erhält der Therapeut im allgemeinen die Antwort: »Dann ist alles bestens!« Erst durch weitere Fragen werden die sozialen Implikationen deutlich, die mit der Veränderung verbunden sind.

Christine D., eine 30jährige Romanistin, kam wegen einer herzphobischen Symptomatik in Behandlung. Sie hatte ihr Studium sehr erfolgreich abgeschlossen und war jetzt dabei, ihre Dissertation zu schreiben. Zu diesem Zweck mußte sie in eine fremde Stadt ziehen. Überraschenderweise wurde sie kurze Zeit später von immer heftigeren Ängsten gepeinigt. Sie litt unter der Befürchtung, ihr Herz könne stehenbleiben, sie könne einen Herzinfarkt bekommen oder an einer anderen schweren Krankheit leiden. Über Wochen waren die Ängste so ausgeprägt, daß sie in Panik mit dem Taxi in die Notambulanz des nächsten Krankenhauses fahren mußte, um sich verschiedenen Untersuchungen zu unterziehen. Die Ärzte dort waren anfänglich meist von den geschilderten Beschwerden beeindruckt, vermuteten eine Myocarditis oder ähnliches, kamen aber regelmäßig zu dem Schluß, es liege keine organische Krankheit vor.

Christine ließ sich durch den günstigen Bescheid für den Augenblick beruhigen. Leider hielt die Ruhe selten länger als ein oder zwei Tage an, dann kamen die Befürchtungen in unverminderter Heftigkeit wieder zutage. Erneut ließ sie sich mit dem Taxi in ein Krankenhaus fahren – selbst fahren schien zu gefährlich, da sie unterwegs ja einen Herzinfarkt erleiden könnte. Nur diesmal mußte es ein anderes Krankenhaus sein, da sie sich von der einleuchtenden Überlegung leiten ließ, die Ärzte würden sie nicht mit der gleichen Gründlichkeit wieder untersuchen und

dadurch möglicherweise die Krankheit übersehen, die sie diesmal tatsächlich habe.
Innerhalb von wenigen Wochen hatte Christine deshalb sämtliche Krankenhäuser im weiten Umkreis aufgesucht, was ihre finanziellen Mittel zu erschöpfen drohte. – Bei jeder Fahrt kam eine höhere Taxirechnung auf sie zu.
Auch früher hatte Christine schon ähnliche Beschwerden gehabt. Beispielsweise bei einem längeren Aufenthalt im Ausland, wo sie ein Jahr studiert hatte, glaubte sie, an einer seltenen Blutkrankheit zu leiden. Diese vermutete Krankheit führte dann zum vorzeitigen Abbruch ihres Studienaufenthaltes. Zu Hause war dann nach kurzer Zeit die Angst verschwunden. In der jetzigen Situation spielte der Freund von Christine eine große Rolle. Er war deutlich jünger als sie, ihr in mancherlei Hinsicht unterlegen, stand jedoch emotional unerschütterlich zu ihr, gab ihr viel Sicherheit, nicht zuletzt durch die feste Verwurzelung in seiner eigenen Herkunftsfamilie. Letzteres hatte sie selbst nie erlebt. Für Christine war die Beziehung deshalb gleichzeitig sehr anziehend und bedrohlich. Sie suchte und erhielt die Nähe, nach der sie sich sehnte. Im selben Moment aber wurde ihre empfindlichste Stelle berührt. Es war die Angst, sich nicht mehr trennen zu können, falls sie sich einmal auf die Beziehung einlassen würde. Zwischen der Sehnsucht nach der Nähe und der Furcht, dann nicht mehr loszukommen und abhängig zu werden, schwankte sie hin und her und empfand sich in ihrer Existenz erschüttert. Auf dem Boden dieser Gefühle verstand ich ihre Angst, körperlich krank zu werden. Sie entsprach auf der einen Seite dem Wunsch nach Pflege und Zuwendung und symbolisierte auch die Tiefe der Bedrohung. Als ich mit Christine nun das Szenario nach einer erfolgreichen Behandlung entwarf, einer Zeit also ohne gesundheitliche Befürchtungen, reagierte sie zuerst wie erwartet: »Dann wäre ich der glücklichste Mensch der Welt«. Erst durch genaue Fragen nach den Folgen bezüglich ihrer Beziehungen wurde deutlich, daß sich eine Beschwerdefreiheit auch auf die gegenwärtige Beziehung auswirken würde. Christine wurde plötzlich klar, daß sie sich die Beziehung zum Freund nur vorstellen konnte, solange sie sich als »krank« und »pflegebedürftig« empfand. Andernfalls würde sie sich von »einengenden« Beziehungen befreien. Sie äußerte überrascht:
»Ich glaube, ich würde mich von meinem Freund trennen, wenn ich mich gesund fühlen würde.«
Dieses Thema, die Verbindung von Krankheit und gegenwärtiger Beziehung, spielte dann in der weiteren Therapie eine wesentliche Rolle.

In anderen Fällen kann man denselben Zusammenhang eher durch die gegenteilige Fragestellung erhellen:

»Es mag etwas verrückt klingen, aber stellen Sie sich einmal vor, Sie könnten Ihre Beschwerden *bewußt* herbeiführen. Was müßten Sie dazu unternehmen?«

Die Frage ist eine meiner Lieblingsfragen im Erstinterview geworden. Viele Patienten können nach anfänglicher Überraschung aufzählen, wie sie die Beschwerden erzeugen oder verschlimmern können. Wenn der Patient sich auf die Fragestellung einläßt, gerät er in ein double-bind (s. S. 26), da er nun bewußt beschreibt, was sich unbewußt vollzieht. Es ist eine Variante der »Sei-spontan-Paradoxie«. Falls sich also das Symptom in der vorher beschriebenen Weise erneut vollzieht, wird es dieses Mal ungleich schwerer fallen, es »spontan« sich entwickeln zu lassen.

Beispiel: »Um richtig depressiv zu sein, darf ich morgens nicht aufstehen, muß an mein verpfuschtes Leben denken, an die Menge der unerledigten Arbeit, an den angefangenen Brief von gestern abend, den ich wahrscheinlich heute schon wieder nicht beenden werde, vielleicht noch an die vielen Dinge, die ich in meinem Leben angefangen habe, ohne sie zu beenden. Wenn dann noch meine Frau mir vorwirft, ich hänge schon wieder so herum, und ich wehre mich nicht, dann geht es mir so richtig elend.«

Wenn dieser Patient – das Beispiel ist vereinfacht – sich dann am nächsten Tag genauso verhält, wird er in den beschriebenen double-bind oder in eine Beziehungsfalle[6] verstrickt. Der »unschuldige« Ablauf der Symptomatik wird noch erschwert, falls mit dem Patienten schon denkbare Alternativen erwogen wurden:

»Wie werden Sie wohl auf die Vorwürfe Ihrer Frau reagieren, wenn Sie sich nicht mehr depressiv zeigen?«

Die Antworten auf die Fragen werden dem Patienten unwillkürlich in der betreffenden Situation einfallen. Auch wenn sie nicht durchgeführt werden sollten, erzeugen sie Distanz zum Symptom und führen damit zu einem Schritt vorwärts.

Zu Beginn einer Behandlung kann es günstig sein, die Aufmerksamkeit auf die bisherigen Versuche des Patienten zu richten, die er unternommen hat, sein Problem mit oder ohne fachkundige Hilfe zu lösen. Diese überraschend einfache Empfehlung scheint mir angebracht, da Therapeuten leider meist nicht bedenken, daß Patienten die offenkundigen und naheliegenden Lösungsversuche oft schon erfolglos versucht haben. Das also, was sich dem Therapeuten als erstes in den Sinn drängt, kann er im allgemeinen getrost vergessen! Es hilft wenig, dem Patienten dasselbe noch einmal ausdrücklich vorzuschlagen. Wenn es so einfach wäre, dann säße er ja nicht bei ihm!

Auch wenn es vielfach schwer zu erkennen ist, jeder Patient, der in Behandlung kommt, befindet sich in einem für ihn unlösbaren Dilemma, auch wenn die Lösung für Außenstehende so offenkundig erscheint.

Besonders eindringlich zeigt sich das bei Partnerkonflikten, bei denen es um eine lang hinausgezogene Trennung geht. Der eine Partner mag über den anderen in unendlichen Haßtiraden herziehen, und die schaurigen Taten des nicht anwesenden Partners lassen nur den logischen Schluß zu: »Trenne dich, so schnell du kannst!« Genau das wird der Klagende jedoch nicht können, da ihm die andere, die loyale Seite zum Partner, oder die verborgenen Ängste vor der neuen Freiheit unbewußt sind. Hilfreicher als die oft schon gehörte Empfehlung, sich zu trennen, mag es daher sein, etwa folgendermaßen zu fragen:

»Sie haben mir eine ganze Reihe von problematischen Dingen von Ihrer Beziehung berichtet. Ich sehe, daß Sie bei der Lage der Dinge möglicherweise auch schon an eine Trennung gedacht haben. Auf der anderen Seite muß Ihr Partner auch noch andere Eigenschaften haben, sonst könnte ich mir nicht erklären, warum Sie beide so lange weiterhin zusammen sind.«

Damit läßt sich die Rückseite der Medaille betrachten, die Seite der Wirklichkeit, die genauso vorhanden ist und auf den ersten Blick verborgen bleibt.

Zu diesen »Wahrheiten der Rückseite« gehört noch eine weitere: Im Laufe eines psychotherapeutischen Erstinterviews besteht eine besondere Gefahr, den Patienten mit seinen Beschwerden zu identifizieren. Ähnlich wie in einer chirurgischen Abteilung, in der in Zimmer zwölf nicht Frau Helga Müller, sondern »die vereiterte Galle« liegt, gerät der Psychotherapeut in Versuchung, die Beschwerden des Patienten als die Totalität von dessen Lebenswirklichkeit anzusehen. Frau Helga Müller besteht also im einen Fall nur aus dem rechten Oberbauch, im anderen Fall im wesentlichen aus »Depressivität«. Die anderen Seiten dieser Frau, ihr Leben als Mutter, Ehefrau, Kommunalpolitikerin, Halbwaise, Mitglied des Turnvereins und ehemalige Patientin eines Orthopäden sind aus unserer Wahrnehmung ausgeschlossen.

Im Falle der Depressivität erzeugt die – ihm unbewußte – Annahme des Therapeuten, er habe es mit einer durch und durch depressiven Patientin zu tun, für ihn eine eigene Realität, die auf ihn eigentümlich zurückwirkt. Wenn der Therapeut die Epistemologie des Patienten übernimmt (»diese Lage ist wirklich hoffnungslos, da kann ich mir auch nicht vorstellen, wie es weitergehen kann«), dann wird sich die lähmende Hoffnungslosigkeit des Patienten auf ihn übertragen, seine Stimme wird leiser, er wird sich immer elender fühlen, in seinem Sessel langsam tiefer rutschen, bis zuletzt Therapeut und Patient übereinstimmen: Hier ist kein schnelles Entkommen.

Um nicht mißverstanden zu werden: Nicht das einfühlende Verstehen soll hier in Frage gestellt werden, es zählt zu der Notwendigkeit jeder Psychotherapie. Die Gefahr sehe ich in der parallelen Auffassung (Konstruktion) der Wirklichkeit durch Therapeut und Patient. Dann nämlich sind sie beide in der gleichen Sackgasse gefangen.

Durch das frühzeitige Herausarbeiten der *anderen* Seiten des Patienten, seiner aktiven, durchsetzungsfähigen, lebendigen Anteile, wird dieser Gefahr entgegengewirkt. Und zwar nicht im Sinne eines optimistischen »Kopf hoch, mein Lieber, alles halb so schlimm«, sondern um der Totalität des Patienten tatsächlich gerecht zu werden und nicht den Depressiven als nur depressiv anzusehen.

Entsprechend Steve de Shazer kann man also von Anfang an auf die erwähnte Ressourcen-Seite des Patienten eingehen.

»Sie sagten, Sie würden sich lange Zeit am Tag depressiv fühlen. Wenn Sie es in Stunden oder Minuten ausdrücken müßten, wieviel Stunden am Tag sind Sie denn depressiv?«
»Wann am Tag zeigen Sie diese depressive Seiten – eher morgens oder abends?«
»Wann kann man das weniger beobachten?«
»Wann zeigen Sie Ihre Fröhlichkeit am stärksten?«
»Wie viele Stunden oder Minuten am Tag kann ein Außenstehender die ›Depression‹ wohl nicht wahrnehmen?«
»Was ist dann anders?«

So klagte ein Patient von mir über eine schwere endogene Depression, die seit vielen Jahren mit hoch dosierten Antidepressiva behandelt wurde. Da die depressiven Phasen den hochangesehenen Industriemanager dann in seiner Aktivität weitgehend gelähmt hatten, hatte er trotz langer Intervalle ohne Depression beständig Furcht vor einem Rückfall. Um dem vorzubeugen, hatte er die Medikamente weiterhin eingenommen. Trotzdem litt der Patient nun erneut unter einer schweren Depression. Er gab an, »Tag und Nacht und Nacht und Tag« schrecklich depressiv zu sein. Auf die genaue Befragung nach Ausmaß und Zeitpunkt ergab sich ein überraschendes Bild. Wirklich schlimm für ihn war die Zeit gleich nach dem Aufwachen. Da empfand er in klassischer Weise den Tag wie einen unüberwindlichen Berg, den er nie bewältigen würde. Jede noch so kleine Aufgabe war ihm ein unlösbares Problem. Gleichzeitig quälte er sich mit Selbstvorwürfen über seine Unfähigkeit, sich nicht aufraffen zu können. Wenn er dann einige Tassen Kaffee getrunken hatte, fühlte er sich meist etwas besser, vor allem aber verbesserte sich die Stimmung nach einem morgendlichen Spaziergang mit seinem Hund. Danach konnte er meist für einige Zeit seinen Aufgaben nachkommen. Eine Tatsache, die der Patient jedoch nicht wertschätzte, da seine Leistungsfähigkeit auch dann unterdurchschnittlich war. Nachmittags ging es noch einmal schlechter, und am Abend gab es öfter eine Phase, in der er sich fast gesund empfand.
Als ich dann die wirklich depressiven Phasen zeitlich zusammenfaßte, kam ich mit dem Patienten zu dem Ergebnis, daß nur drei oder vier Stunden von 24 das Etikett »depressiv« verdienten, während die übrigen Stunden zwar nicht immer gut, aber doch erträglich waren.

Für Therapeut und Patient wird so eine Änderung der Wahrnehmung möglich. Mit der zeitlichen Abgrenzung ist der Patient nicht mehr »hoffnungslos depressiv«, sondern nur »zeitweise stark bedrückt«.

Im Gespräch konzentrierte ich mich daher auf diese Phasen des Tages, in denen er sich vergleichsweise wohl fühlte und erfragte, was er da anders mache. Dies schlüsselte ich dann nach möglichst vielen Lebensbereichen auf. (Das Verhalten gegenüber der Arbeit, der Ehefrau, den Kindern usw.)

Falls Patienten – was selten vorkommt – wirklich beharrlich angeben, den ganzen Tag ohne Ausnahme depressiv zu sein, kann man sich auf die Ausnahmen oder die früheren Zeiten konzentrieren.

»Wann haben Sie zuletzt Ihre Fröhlichkeit gezeigt?«

»Wenn Sie 24 Stunden am Tag depressiv sind, woher wissen Sie dann, daß Sie sich schlecht fühlen?«

»Gab es eine Zeit, die anders war?«

Falls der Patient darauf eingeht, ergibt sich die Möglichkeit, auf die genauen Ereignisse einzugehen:

»Was haben Sie damals anders gemacht?«

»Wie war es Ihnen möglich?«

»Machen Sie so etwas heute zum Teil auch schon?«

»Was wäre nötig, damit Sie das morgen machen könnten?«

»Wie würde der erste Schritt dazu aussehen?«

Es zählt zu den beeindruckenden Momenten im Erstgespräch, wenn der Therapeut feststellen muß, wie der eben noch »stockdepressive« Patient sich aufrichtet und mit völlig veränderter Stimme lächelnd eine Episode aus seinem Leben berichtet, wo es ihm gut ging. Für den Therapeuten wird dann *die* Seite des Patienten erkennbar, wo dessen Fähigkeiten und Ressourcen liegen, auf die der Therapeut später aufbauen kann.

Und nun noch ein abschließender Gedanke zum Beginn der Behandlung: Es lohnt sich in vielen Fällen, den Überweisungsmodus in die Überlegungen miteinzubeziehen. Was hat sich zum Beispiel der überweisende Arzt gedacht? Kommt ein Patient, weil er von einem anderen Patienten, dem gut geholfen wurde, vom Therapeuten gehört hat? Oder wurde er von einem verzweifelten Kollegen geschickt, der sich bestätigen lassen möchte, daß mit diesem Fall einfach keiner zurechtkommen kann?

Zirkuläre Fragen zu der Thematik mögen etwa lauten:

»Wenn ich den Überweisenden fragen würde, was er von einer Behandlung hier erwartet, was würde der antworten?«
»Wie wäre es für den Überweiser, wenn die Behandlung hier erfolgreich verliefe?« usw.
Daran kann sich auch die Frage anschließen:
»Noch einmal zurück zu uns. Sie haben bereits einige Erfahrung mit Psychotherapeuten gesammelt, wie müßte ich mich nach Ihrer Meinung verhalten, um eine Behandlung hier zu einem schnellen und kompletten Mißerfolg werden zu lassen?«
So kann auf humorvolle Weise Bedenken von sehr skeptischen Patienten vorgegriffen werden.
In ähnlicher Weise kann auch auf die aktuelle Beziehung zwischen Patient und Therapeut eingegangen werden:
»Wenn jetzt die nächste halbe Stunde genauso verlaufen würde wie der Anfang der Stunde, was werden Sie dann wohl denken, wenn Sie wieder zu Hause sind?«[7]

Die Frage- und Interviewtechnik

Interviewtechniken sind in erster Linie nicht gut oder schlecht gewählt, sondern stets ein Ausdruck des dahinterstehenden Konzeptes.[8] Je nach Denkmodell wird ein Therapeut andere Fragen stellen und demzufolge ein anderes Bild von der Realität erhalten. Dieser Sachverhalt trifft selbstverständlich auch für andere Gebiete zu: Ein Kardiologe wird bei der Anamneseerhebung sicher andere Fragen stellen als ein Gynäkologe oder HNO-Arzt. Dennoch beschäftigen sich alle mit dem Gesundheitszustand eines Patienten und werden überzeugt sein, ein gültiges Bild darüber zu erhalten.
Auch in diesem therapeutischen Ansatz sind die Fragen durch die Theorie geleitet. Das bedeutet in erster Linie, daß sich die vorgestellte Technik *nicht* auf die Psychogenese (also beispielsweise die Kindheit) bezieht, sondern im wesentlichen auf die Verknüpfung von Symptomatik und aktuellem Beziehungsgeflecht. Weiterhin wird sehr viel mehr Wert auf potentielle Lö-

sungsmöglichkeiten gelegt, als dies in anderen Konzepten der Fall ist. Die zahlreichen Fragen, die jetzt dargestellt werden, sind also nur auf dem Boden der theoretischen Annahmen verständlich, die bereits in den vorherigen Kapiteln dargestellt wurden. – Es gilt allerdings auch ein umgekehrter Zusammenhang: Die Theorie wird durch die Fragetechnik sehr viel klarer als durch eine intellektuelle Beschreibung.

Verkürzt und vereinfacht verfolgt der Therapeut in der systemischen Einzeltherapie zwei Gedanken:

1. Wie ist das Symptom in seiner Einbindung in die aktuellen Beziehungen des Patienten zu verstehen? Welchen Stellenwert hat es dort? Warum tritt es gerade jetzt auf? Welche Funktion nimmt es ein?

2. Wo liegen die Ressourcen des Patienten? Welche Fähigkeiten führen ihn aus der Problematik heraus? Dabei geht der Therapeut davon aus, daß der Patient selbst den Schlüssel zur Lösung hat, der Therapeut muß allerdings beim Suchen helfen.

Zwischen diesen beiden Eckpfeilern entwickelt sich das Interview. Der Therapeut wird zwischen ihnen hin und her wechseln. Einmal wird er mehr die Struktur der Beschwerden in ihrer Eingebundenheit in die jeweilige Familie untersuchen, dann wieder wird er die Betonung auf die Fähigkeiten des Patienten legen und herausarbeiten, wie dieser erkennbare Lösungen realisieren kann. Wo der jeweilige Schwerpunkt liegt, wird von der Persönlichkeit des Therapeuten und seinen Interessen abhängen. In Milwaukee wird der Schwerpunkt eher auf die Herausarbeitung der Ressourcen gelegt, während »die Mailänder« eher die Struktur der Beschwerden betonen. Jeder Therapeut muß hier seinen eigenen Stil entwickeln.

Zum Stil möchte ich noch eine weitere Anmerkung machen: Psychotherapeutische Gespräche zeichnen sich immer durch eine spezifische Gesprächsatmosphäre aus. Das bedeutet in Deutschland meist eine dunkle, bedeutsame, gravitätische Schwere. Patienten und Therapeuten stimmen oft überein, daß die Probleme ungeheuer ernst sind – und dementsprechend langer Behandlung bedürfen. Sicherlich muß die Atmosphäre, in der ein

Gespräch stattfindet, der Thematik angepaßt sein. Wenn ein Patient von einem erschütternden Schicksal erzählt, wird sich jeder nur einigermaßen empfindsame Psychotherapeut darauf innerlich einstellen und dabei betroffen mitempfinden. Oft aber bietet sich im Gespräch die Gelegenheit, Humor ins Spiel zu bringen. Humor ist eine Form der freundlichen Distanzierung von einem Problem. Wenn es einem Patienten gelingt, ein wenig über sich selbst zu lächeln, dann ist die Lösung des Problems deutlich nähergerückt. Dabei kann der Therapeut helfen. Ein Mensch, der zu einem berufsmäßigen Helfer kommt, ist oft hilflos und beschämt, seine Probleme darzustellen. Mit Beklommenheit und Ernst wird er sie formulieren. Wenn der Therapeut an einer passenden Stelle eine gewisse Leichtigkeit in den Tonfall oder in eine Redewendung hineinbringt, wird der Patient sich sehr entlastet fühlen, denn der Therapeut hält offenbar die geschilderte Situation nicht für so tragisch und beschämend. Je nach persönlicher Vorliebe können ganz unterschiedliche Elemente dazu benützt werden: Pointierungen, Übertreibungen, kleine Anekdoten, witzige Formulierungen oder positive Umdeutungen können in bestimmten Situationen geeignet sein, zu entschärfen und eine freundliche Distanz zu schaffen. Eine Mutter klagt in einer Therapie, daß der Ehemann und die Kinder beständig die schlechte Laune an ihr auslassen würden. Sie aber fühle sich unfähig zur Gegenwehr. Der Therapeut greift dies auf und sagt etwa: »Sie scheinen mir ja beinahe der ›punching ball‹ der Familie zu sein. Wenn jemand sich geladen fühlt, geht er bei Ihnen vorbei und – *bumm!* – haut er mal kurz zu. Schon geht es dem Betreffenden wieder gut!«

Oder ein Familienvater schildert folgende mißliche Lage: Sein halbwüchsiger Sohn sei frech, folge der Mutter nicht, stelle alle möglichen Streiche an, und seine Frau sei in seiner Abwesenheit völlig hilflos. Er aber müsse sich dann abends all die Missetaten anhören, während seine Frau tagsüber weiterhin dem Sohn gegenüber eine Seele von Mensch bleibe.In einem ersten Schritt kann der Therapeut den Sohn dann als »Zorro, den Schrecklichen« bezeichnen und die Frau als »Ihr sanfter Engel« etikettieren.

Bei allen Umformulierungen muß selbstverständlich mit Feingefühl die Grenze zwischen Humor und Zynismus beachtet werden. Der Witz darf nie auf Kosten des Patienten gehen. Therapeut und Patient sollten, bildhaft gesprochen, Seite an Seite amüsiert einen bestimmten Aspekt betrachten.[9]

Es gibt viele Gelegenheiten, solche Umformulierungen zu benützen. Ganz allgemein kann sich ein Therapeut unbeschadet an die Regel halten, möglichst keine negativen Formulierungen eines Patienten über sich oder das Symptom zu übernehmen. Symptome sind – das habe ich bereits mehrfach wiederholt – Ausdruck einer Konfliktlage und einer meistens optimalen Anpassungsleistung. Deshalb sind abwertende Begriffe nicht angebracht. Hinzu kommt noch eine weitere Besonderheit. Es ist für die menschliche Natur wesentlich einfacher, ein Verhalten aufzugeben, wenn der unbewußten Anpassungsleistung Referenz erwiesen wurde, die in diesen Symptomen enthalten ist. Im anderen Fall leistet ein Patient oft einer Veränderung anhaltenden Widerstand, da diesen positiven Funktionen eines Symptoms nicht entsprochen wurde.

Eine Patientin klagt: »Ich benehme mich *total unmöglich*! Ich *heule* bei den *unmöglichsten* Gelegenheiten. Total *ohne Grund*! Kein Wunder, daß die anderen denken, *ich spinne*!«

Therapeut: »Seit wann sind Sie denn so *außergewöhnlich empfindsam*?«

Patientin: »Seit dem Tod meiner Mutter vor einem dreiviertel Jahr. Damals hatte ich einen *Nervenzusammenbruch*, habe *geheult* und *um mich geschlagen*.«

Therapeut: »Das hat Sie offenbar *sehr getroffen*. Wie haben Sie denn aus dieser *schwierigen Lage* wieder herausgefunden?«

Der Therapeut bleibt also im Gespräch erst einmal in der Formulierung neutral. Er weiß nicht, wie der »Nervenzusammenbruch« oder das »Spinnen« zu bewerten sind und vermeidet die negative Konnotation, die dem Denken des Therapeuten unmerklich die Epistemologie des Patienten aufdrängt. Bei positiven Umdeutungen vermeide ich jedoch allzu große Eingriffe. Während des

Gespräches ist ein Patient oft mit einer positiven Symptombewertung überfordert. Er wird nicht verstehen, warum ich das Symptom unter diesen Umständen für sinnvoll und notwendig erachte. Sehr viel wirkungsvoller sind solche Interventionen am Ende der Stunde, wo sie mit einer ganz anderen Betonung und stichhaltigen Begründung gegeben werden können. Der Therapeut sollte seine Interpretationen nicht am falschen Ort verpuffen lassen.

Im Verlauf eines Interviews wird naturgemäß die Beschreibung der Beschwerden am Anfang stehen. Damit kommt der Patient, das ist sein Anliegen. Für den Verlauf der Behandlung ist die genaue Kenntnis der Beschwerden von Vorteil, allerdings weit weniger als üblicherweise angenommen wird. Steve de Shazer ist sogar der Auffassung, man könne auf die Kenntnis der Beschwerden ganz verzichten, wenn man nur genügend über die denkbaren Lösungen weiß.[10] Mit dieser provokativen Formulierung wird nochmals die Bedeutung der Lösungen hervorgehoben. Ich benötige jedoch für meine Arbeit ein gewisses Maß an Information über die Beschwerden. Dies hängt vermutlich mit meiner medizinischen Sozialisation zusammen. Ich fühle mich sonst desorientiert. Auch der Patient wird am Anfang eines Interviews über die Beschwerden reden wollen. Falls der Therapeut auf dieses Bedürfnis nicht eingeht, wird ein Betroffener das leicht als Desinteresse verstehen.

Statt nun aber die Beschwerden zur Leitschiene der weiteren Fragen werden zu lassen, wendet sich der Brennpunkt des Interesses bald den anderen Seiten des Patienten zu. Im Mittelpunkt sollen seine Ressourcen stehen, d. h. die Anteile, die ihm helfen, die Beschwerden zu überwinden, oder die ihn bereits in der Vergangenheit die Beschwerden überwinden ließen.

Deshalb wendet sich der Therapeut zwei Bereichen zu: den möglichen *Zielen* einer Therapie und den *Ausnahmen*, in denen die Beschwerden *nicht* auftreten.

Der erste Bereich wurde bereits dargestellt. Er wird etwa durch Fragen nach dem Ende der Therapie erschlossen (»Woran werden Sie erkennen, daß Sie nicht wieder hierherzukommen brauchen?«). Erst durch die klare Formulierung des Zieles wird ein Fokus auch für den Patienten greifbar. Hier insistiere ich meist eine Weile, bis ich ein möglichst konkretes Ziel erkennen kann. Was auf den ersten Blick mühsam ist, hat für den Verlauf der Therapie Vorteile. Durch die Vision des Zieles können die einzelnen Schritte gerichteter und schneller erfolgen.

Den zweiten Bereich bilden die Ausnahmen, also die Gelegenheiten, bei denen der Patient keine Beschwerden hat. In den meisten Therapien wird der Normalität keine besondere Wertschätzung zuteil. Hier ist das anders. Die »guten« Zeiten werden nämlich nicht als selbstverständlich angesehen. In ihnen muß der Patient etwas aktiv *besser* gemacht haben, als in den schlechten. Auf dieser trivialen Erkenntnis beruht dann ein peinlich genaues Herausarbeiten der Dinge, die der Patient (oder die Familie) in solchen »guten« Zeiten anders macht. Auf diesen Ressourcen liegt dann die ganze Betonung.

Für einen Therapeuten, der gewohnt ist, der Pathologie die ganze Aufmerksamkeit zuzuwenden, ist das eine große Umstellung. Besonders Ärzte werden von allen krankhaften und abnormen Erscheinungen und Verhaltensweisen magnetisch angezogen. Erst langsam können sie das Augenmerk auf die vielen kleinen Begebenheiten richten, die im Leben eines Patienten anders, nämlich positiver verlaufen. Das ist allerdings phasenweise ein durchaus mühsamer Prozeß und erinnert an das Schwimmen gegen den Strom.

Es lassen sich verschiedene Ausnahmesituationen unterscheiden. Dabei ist der Begriff »Ausnahme« mißverständlich, denn tatsächlich überwiegen die beschwerdefreien oder beschwerdearmen Phasen im Leben eines Patienten bei weitem. Die Einteilung der verschiedenen »Ausnahmesituationen« und die jeweiligen Folgen für eine Behandlung wurden bereits im Kapitel über das BFTC dargestellt (siehe S. 51 ff.).

Jede positive Variante wird dann möglichst intensiv erforscht, um zu sehen, was sich davon eventuell auch für die Zukunft nutzen läßt. Dabei werden einige Dinge zur Sprache kommen, die wahrscheinlich nur schwer oder gar nicht nutzbar sind, da sie auf nicht wiederholbaren Ereignissen beruhen. Der Therapeut braucht hier einen langen Atem. Er muß akzeptieren, daß auch kleine Fortschritte ausreichend sind.

Ein 24 Jahre alter sportlicher Mann kommt wegen einer Bulimie in Behandlung. Er eröffnet das Gespräch mit der Mitteilung, er esse und erbreche seit vielen Jahren, ohne darüber Kontrolle zu haben. Der Therapeut hört noch kurze Zeit zu und stellt noch einige Fragen zum sozialen Umfeld des Patienten. Dann konzentriert er sich auf die Ausnahmen.

Therapeut: »Sie sagten, Sie haben eine Bulimie. Wann war denn der letzte Anfall?«

Patient: »Vor drei Tagen.«

Therapeut: »Vor drei Tagen. Ist das ungewöhnlich für Sie, drei Tage keinen Anfall zu haben?«

Patient: »Na, so einigermaßen, meist sind es nur zwei Tage, die ich durchhalte.«

Therapeut: »Was war denn anders in den drei Tagen, in denen Sie nicht erbrochen haben?«

Patient: »Ich weiß nicht . . .«

Therapeut: »Schauen Sie, was haben Sie anders gemacht in den drei Tagen?«

Patient: »Ich habe mich besser gefühlt.«

Therapeut: »Was war noch anders?«

Patient: »Ich war auch mehr unter Leuten, da komme ich einfach nicht so dazu. Essen und Erbrechen kann ich nur, wenn ich alleine bin. Ich hatte keine Zeit.«

Therapeut: »Wenn Sie statt drei Tage fünf Tage lang nicht erbrechen, was wird dann anders sein?«

Patient: »Oh, das wäre toll. Das ist eine schwierige Frage. Vielleicht müßte ich mir ziemlich viel vornehmen.«

Therapeut: »Wie sieht das in etwa aus?«

Der Patient beschreibt daraufhin die Dinge, die nach seiner gegenwärtigen Einschätzung am ehesten geeignet sind, ihm einige »gute« Tage zu garantieren.

Am Ende der Stunde gibt der Therapeut lediglich einige anerkennende Worte über die gute Kenntnis, die der Patient über seine Beschwerde habe und wie gut er sie in den letzten drei Tagen kontrolliert habe. Eine nächste Stunde wird für die folgende Woche vereinbart.

Überraschenderweise sagt der Patient die folgende Stunde ab. Er wolle nicht kommen, da er die Woche über nicht erbrochen habe. Der Therapeut beglückwünscht ihn. Der Patient vereinbart mit dem Therapeuten, er werde sich melden, sobald er wieder Probleme habe. Nach einigen Monaten rief der Therapeut aus Neugier beim Patienten an. Der erklärt ihm, er habe wohl noch einige Anfälle gehabt, jedoch längst nicht in der früheren Häufigkeit, so wie jetzt könne er das ganz gut tolerieren. Er werde sich melden, wenn es wieder zu einem Problem werden sollte.[11]

Das sind also Fragen, die auf die Fähigkeiten eines Patienten abzielen. Letztlich geht es um die systematische Nutzung der Stärken eines Menschen. Der Therapeut kann nicht davon ausgehen, daß er diese kennt. Die Stärken eines Patienten können sehr unterschiedlich ausgeprägt sein und sind schwer vorhersehbar. Die persönlichen Vorstellungen eines Therapeuten, wie die Lösung eines Problems auszusehen habe, sind oft für den Patienten untauglich. Deshalb sollte ein Therapeut Lösungsmöglichkeiten eher erfragen: »Was würde in Ihrem Leben passieren, wenn Sie das und das anders machen würden?« Auf diese Weise kann der Therapeut auch eigene Vorstellungen von denkbaren Lösungen auf neutrale Weise vorbringen. Er kann so eine Anregung zum Nachdenken geben, ohne sich festzulegen, er wisse den richtigen Lösungsweg.

Die Orientierung an den Ressourcen eines Patienten erzeugt – wie bereits erwähnt – leicht ein häufiges Mißverständnis. Es mag so erscheinen, als würde der Therapeut nur am »Positiven« kleben, als würde er beständig eine optimistisch-strahlende Haltung verbreiten wollen: »Ist doch alles halb so schlimm! Nur Kopf hoch mein Lieber, das wird schon wieder werden!«

Zurecht kann man annehmen, daß solch eine Haltung nur sehr selten erfolgreich sein wird. Einem depressiven Patienten erklären zu wollen, wie schön und strahlend die Welt sei, wird ihn wahrscheinlich noch tiefer in die Depression stoßen. (»Die anderen, die leben fröhlich, ich kann mich noch nicht einmal an der Sonne und an einem Kinderlachen freuen.«)

Wenn also der Therapeut in die unangenehme Lage kommt, den Patienten von der Schönheit der Welt überzeugen zu wollen, so kann er das als ein sicheres Anzeichen werten, daß er sich auf dem Holzweg befindet. – Der Anstoß zur Veränderung muß vom Patienten kommen!

Es gibt verschiedene Möglichkeiten, aus dem Dilemma herauszukommen. Die sicherste ist meines Erachtens die Methode, eine Situation dadurch aufzuheben, daß sich der Therapeut die negative Sichtweise des Patienten zu eigen macht, ja sogar noch weiter geht und eine Spur pessimistischer als der Patient erscheint.

Angenommen jedoch, der erwähnte Patient hätte keinerlei Hoffnung auf Besserung gezeigt und alle nur denkbaren Alternativen resigniert zurückgewiesen, so könnte der Therapeut sein Vorgehen wie folgt ändern.

Sie haben mir viel von Ihren Beschwerden erzählt. Sie haben ja schon wirklich viel unternommen, um davon loszukommen. Leider hat bisher nichts geholfen. Auch wir beide haben im Moment gesehen, daß eigentlich keine rechte Hoffnung auf eine absehbare Besserung erkennbar ist. Ich dachte zwar noch eine Weile, man könne das eine oder andere vielleicht ändern. Sie haben mich aber überzeugt, daß Sie das alles schon ausprobiert haben und es letztlich nichts für Sie gebracht hat. Daher denke ich, sollten Sie die Hoffnung auf eine Besserung aufgeben, und wir sollten gemeinsam ein neues Ziel setzen. Es könnte zum Beispiel darin bestehen, wie Sie sich am besten mit den Beschwerden in den kommenden Jahren arrangieren könnten. Solche Beschwerden können ja über Jahre oder Jahrzehnte andauern, da ist es wichtig, sich rechtzeitig darauf einzustellen.

Mit einer solchen Haltung ist der Therapeut plötzlich nicht mehr für eine Besserung verantwortlich. Der Patient sieht sich nun als Hoffnungsträger einem resignierten Therapeuten gegenüber. Dadurch ist er wieder in der Lage, die *andere* Seite seiner Situation zu spüren.

»Wissen Sie, ganz so schlecht ist es doch nicht. Bei manchen Gelegenheiten geht es ziemlich gut . . .«

Es ist eine faszinierende Erfahrung, mit welcher voraussagbaren Sicherheit sich solche Reaktionen einstellen.

Umgekehrt lassen sich einige eingefahrene Behandlungen als eine immer gleiche Kommunikationsroutine verstehen: Der Patient stellt den depressiven Anteil dar, und der Therapeut bemüht sich hartnäckig, einen Fortschritt zu erzielen. Beide sind in einem Muster gefangen, das ihnen unbewußt ist. Der Therapeut empfindet die Behandlung immer unerfreulicher und vermutet zunehmend eine schwerere Störung beim Patienten, als ursprünglich angenommen. Verschärfte Diagnosen können so ein Ausdruck der geschilderten Beziehungsdynamik sein.

Durch das Eingehen auf die *pessimistische* Seite gibt der Therapeut dem Patienten Gelegenheit, sich die *optimistische* Perspektive zu eigen zu machen. Dadurch kann der Patient eine neue emotionale Erfahrung machen, die ihm vorher verschlossen war, da er sich stets gegen die Aufmunterungen der Umgebung innerlich »zur Wehr setzen« mußte. (»Die wissen gar nicht, wie schlecht es mir geht«.) Er äußert daher vorwiegend Pessimistisches, was die Umgebung umgekehrt wieder zu aufmunternden Worten verleitet und so weiter...

Wenn so ein Zyklus in der beschriebenen Art durchbrochen ist, sollte der Therapeut die pessimistische Perspektive eine Weile beibehalten. Es wird ihm nicht schwerfallen, den ersten zaghaften Hoffnungszeichen mit großer Skepsis zu begegnen. Hat nicht der Patient ihm vorher eine Fülle von Argumenten aufgezählt, warum eine Änderung seines Verhaltens unmöglich sei? Diese Argumente des Patienten wird der Therapeut nun aufzählen und dadurch den Patienten in die Lage versetzen, Gegenargumente zu suchen. Statt gezogen zu werden, arbeitet sich der Patient selbst aus dem Sumpf heraus. Die eigene Kraft dazu verspürt er erst, nachdem die dauernden Rettungsversuche beendet wurden und ihn jemand, im Gegenteil, ein klein wenig mehr hineingestoßen hat.

In der systemischen Arbeit mit einzelnen gibt es noch weitere Behandlungstechniken, die sich sehr fruchtbar einsetzen lassen. Eine davon ist die *Bildung von Skalen*.

Skalen können auf die unterschiedlichste Weise eingesetzt werden: zur Beschreibung von eigenen Gefühlen, um Nähe zu anderen Personen auszudrücken, um Fortschritte in der Behandlung zu charakterisieren oder um körperliche Beschwerden zu schildern. Der Vorteil von Skalen gegenüber Aussagen wie »gut«, »mittel«, »schlecht«, ist eine wesentlich genauere Abstufung. Damit erhält der Therapeut – entsprechend Bateson[12] –

mehr Informationen, auf die es ankommt. Ich will dazu einige Beispiele geben:

Eine Patientin klagt seit Wochen über unerträgliche Kopfschmerzen. Jeden Tag sei sie gezwungen, mehrere Schmerztabletten einzunehmen. Sie wolle so nicht weiterleben.
Ich ließ die Patientin eine Skala bilden: »Angenommen, der schlimmste denkbare Zustand sei auf einer Skala ›10‹ und der beste, an dem Sie sich rundherum wohl fühlen, sei ›1‹. Sie sagten mir, vor einem Monat sei es besonders schlimm gewesen, was für eine Bewertung würden Sie dem Zustand damals geben?«
Die Patientin sagte: »›9‹, vielleicht zwischen ›9‹ und ›10‹.«
»Und der für Sie beste Zustand in den letzten Wochen, welche Note würden Sie dem geben?«
»Das war, als meine Schwiegermutter über das Wochenende bei meiner Schwester war und ich sie nicht pflegen mußte. Das war so eine ›3‹.«
»Wie war denn das, als Ihre Schwiegermutter wieder zurückkam?« usw.

Eine Patientin mit herzphobischen Beschwerden erzählte in einer Stunde über eine Konfliktsituation. Sie stände zwischen zwei Männern und könnte sich nicht entscheiden. Sie möge beide Männer sehr gerne. Der eine sei sehr verläßlich, und sie kenne ihn schon lange Zeit. Der andere sei sehr attraktiv, verspräche eher mehr Abenteuer, aber sie wisse nicht genau, wie das auf die Dauer ausgehen werde.
»Stellen Sie sich vor, es gäbe eine Skala von zehn Stufen der Nähe zu jedem Mann. ›10‹ sei extrem weit entfernt und ›1‹ sei ganz intim. Wie stehen Sie denn jetzt zu jedem der beiden Männer.«
»Zum ersten etwa so ›5‹ bis ›6‹ und zum anderen ›3‹ oder auch ›2‹ bis ›3‹.«
»Gesetzt den Fall, Ihre Beschwerden würden zunehmen, wie sähe es dann wohl aus?«
»Dann würde es wahrscheinlich beinahe umgekehrt aussehen.«
»Und wie wäre es, wenn die Beschwerden vollständig behoben sind?«
»Oh je, dann würde ich mich total auf den attraktiven Mann einlassen.«
»Wie wäre das?«
»Das macht mir eine ganz schöne Angst!«

Ein junger Mann kam zu einer Beratung. Er könne sich nicht zwischen zwei Studienfächern entscheiden. Er sei für beides ausreichend begabt, habe auch schon eines angefangen, jetzt werde er aber wieder unsicher. Er fühle sich gerade total in der Mitte zwischen zwei Möglichkeiten. Ohne hier die Einzelheiten darstellen zu wollen, erwähne ich nur eine

Frage, diesmal in bezug auf prozentuale Wahrscheinlichkeit gestellt: »Stellen Sie sich vor, ein Jahr ist vergangen und Sie kommen wieder hierher. Wir wollen offenlassen, wie oft wir uns zwischenzeitlich gesehen haben. Wie groß – in Prozent – schätzen Sie die Chance ein, daß Sie dann das Fach A studieren?«
»Das ist eine verdammt schwierige Frage«, antwortete der junge Mann. Dann lächelte er: »Wahrscheinlich so 60% ...«
Tatsächlich studierte er dieses Fach, als wir uns später zufällig trafen. (Manchmal stufe ich durch Prozentsätze statt durch Skalen ab.)

Skalen schlüsseln also stärker auf. Sie sind für mich inzwischen zu einem häufig genutzten Hilfsmittel geworden, um zusätzliche Informationen zu gewinnen. Gleichzeitig *geben* sie dem Patienten auch eine andere Sichtweise von seinem Problem, da er gezwungen ist, durch die neue Formulierung neue Informationen aufzunehmen. So kann in ähnlicher Weise das Ergebnis einer Therapie in Gedanken vorweggenommen werden:

Ein Mann kam in einer Beziehungskrise zum Therapeuten. Er wisse nicht, ob er bei seiner langjährigen Freundin bleiben solle oder nicht. Er könne einfach nicht unterscheiden, ob die gegenwärtigen Schwierigkeiten eine sehr persönliche Angelegenheit von ihm selbst seien, oder doch eher mit der Beziehung zusammenhingen.
Der Therapeut stellte daher folgende Frage:
»Wir können das gerne in einigen Sitzungen klären. Doch bevor wir anfangen, würde ich gerne eines wissen. Bitte sagen Sie mir doch, ohne groß nachzudenken, was wohl das wahrscheinlichste Ergebnis der Therapie sein wird: Zusammenbleiben oder Trennung?«
Der Mann zögerte eine Weile, dann antwortete er sehr bewegt:
»Wenn ich ehrlich bin – Trennung! Mir fehlt aber noch der Mut.«
Die folgenden wenigen Sitzungen konnten sich daraufhin auf die Bearbeitung der Trennung konzentrieren, die dann auch tatsächlich sehr bald erfolgte.

Es wird an dieser Stelle nun höchste Zeit, über eines der wesentlichsten Prinzipien der systemischen Einzeltherapie zu sprechen – das Einbeziehen des sozialen Umfeldes, also meist der Familie. Erst durch das Verständnis des Symptoms im sozialen Kontext kann der Therapeut zu einer systemischen Sicht kommen, die ihm wirkungsvolle Interventionen ermöglicht.
Die hierfür geeignete Technik ist das zirkuläre Fragen, das der Leser bereits im Mailänder Modell kennenlernen konnte. (Zur

Erinnerung: zirkuläres Fragen bedeutet, jemanden über einen Dritten in dessen Gegenwart zu befragen.)

In der Einzelsituation fehlen nun Personen, die man zirkulär befragen könnte. Um dennoch auf die beschriebene Weise ein Bild von der sozialen Realität gewinnen zu können, wird eine *hypothetische dritte Person* eingeführt.

»Wenn Ihre Frau jetzt hier wäre, was würde sie zu Ihren Beschwerden sagen?«

Dieser Kunstgriff erlaubt, ein Symptom aus einer Fülle von Perspektiven neu zu beleuchten. Wie sieht die Ehefrau das Problem? Wie die Kinder? Was glaubt die Mutter? usw.

Selbstverständlich sind das nicht die tatsächlichen Antworten der imaginierten Personen. Die wirkliche Ehefrau würde möglicherweise ganz anders antworten. Das ist sicherlich eine Einschränkung, doch nicht unbedingt eine wesentliche. Tatsächlich kommt es weniger auf die wirkliche Meinung des nicht anwesenden Dritten an, als auf die Einführung von *anderen* Sichtweisen. Entscheidend ist die Relativierung der Wahrnehmung des Patienten durch andere Auffassungen. Überraschenderweise treffen die Mutmaßungen über die Meinungen von Familienmitgliedern oft zu. Gerade bei chronifizierten Konflikten kann ein Patient die Meinung des Ehepartners oft nicht nur im Wortlaut, sondern auch mit der – karikierten – Stimmlage des anderen vortragen.

Bis ein Patient sich in Behandlung begibt, vergeht meist einige Zeit. Bei psychosomatischen Patienten beträgt der Zeitraum zwischen ersten Beschwerden und psychotherapeutischer Behandlung im Schnitt mehrere Jahre. In dieser Zeit bildet der betroffene Patient ein bestimmtes Muster von Antworten auf die immer gleichen Fragen. Der erfahrene Untersucher erkennt das leicht an den vorgefertigten Krankheitsgeschichten, die manche Patienten bereitwillig präsentieren. Nach der x-ten Befragung ist das kaum anders zu erwarten.

Durch eine andere Fragetechnik wird das gewohnte Denkmuster durchbrochen. Es beginnt ein innerer Suchprozeß: »Wie ist das eigentlich? Die Frage habe ich mir so noch gar nicht gestellt!

Was denkt denn meine Frau? Wieso glaubt die das? Warum stimmt sie nicht mit mir überein?«

Die Fragetechnik gibt also sowohl dem *Fragenden* als auch dem *Befragten* neue Informationen.

Zirkuläres Fragen gibt immer eine doppelte Information auf der Inhalts- und auf der Beziehungsebene. Dadurch wird die Einbeziehung des Symptoms in die Interaktion deutlich.

Ein plastisches Beispiel für die doppelte Informationsgewinnung gibt Watzlawick:[13]

Ein Mann wird von zwei Wachen in einem Raum gefangengehalten, der zwei Ausgänge hat. Beide Türen sind geschlossen, aber nur eine ist zugesperrt. Der Gefangene weiß ferner, daß einer seiner Wächter stets die Wahrheit sagt, der andere dagegen immer lügt. Welcher der beiden aber der Lügner ist, weiß er nicht. Seine Aufgabe, von deren Lösung seine Freilassung abhängt, besteht darin, durch eine *einzige* Frage an *einen* der beiden Wächter herauszufinden, welche der beiden Türen nicht versperrt ist.

(Lösung siehe Anmerkung Nr. 14)

Aus der Fülle der möglichen Fragen möchte ich nun für einige Fragetypen Beispiele geben:

Fragen zum Effekt von Verhalten:

»Was beobachtet Ihr Mann an Ihrem Verhalten, wenn Sie sich ›depressiv‹ fühlen?«

»Wie muß ich mir das vorstellen, wenn Sie den ganzen Tag verzweifelt sind?«

»Was würde ich sehen, wenn ich unsichtbar im Haus wäre?«

»Wenn man einen Film von Ihrem Leben drehen würde, wie würde das aussehen?«

Fragen nach dem Ablauf bestimmter Verhaltensweisen:

»Wenn Sie ›depressiv‹ sind (besser: wenn Sie morgens nicht aufstehen und nur wenig sprechen), wer reagiert dann als erster darauf?«

»Was sagt derjenige dann zu Ihnen?«

»Wie verhält er sich?«

»Wie reagieren Sie dann darauf?«

»Was passiert denn dann als nächstes?«

Fragen nach Erklärungen (Fragen nach der inneren Landkarte):
»Wie erklären Sie sich das?«
»Wie erklärt sich das wohl Ihr Mann?«
»Hält der Sie für krank oder unwillig?«
»Wie kommt Ihr Mann zu der Auffassung, Sie könnten sich anders verhalten?«
»Kennen Sie die Auffassung Ihres Hausarztes zu dem Problem?«
»Das ist ja überraschend, was Sie mir da erzählen! Wie erklären Sie sich den Widerspruch?«

Zirkuläre Fragen im engeren Sinn:
»Wenn ich Ihren Mann (Tochter, Mutter usw.) fragen würde ...«
»Wie sieht das wohl aus der Perspektive Ihrer Tochter aus ...«
»Wenn Ihre Mutter anwesend wäre, was würde die sagen ...«
»Wenn ich heimlich anwesend wäre, was würde ich sehen?«
»Wenn Sie aus der Perspektive Ihrer Tochter sprechen, was sagen Sie dann dazu?«
»Wie ist wohl die Meinung Ihres Mannes über Ihre Tochter?«
(Ansicht eines Dritten über einen Vierten)
»Aus der Sicht Ihres Mannes, wer hat da wohl die engere Beziehung zu Ihrer Tochter, Sie oder Ihr Mann?«

Fragen nach Unterschieden (Skalen):
»Wer steht Ihnen denn in Ihrer Familie am nächsten?«
»Wer kommt dann?« usw.
»Wie sieht das aus der Perspektive Ihres Mannes aus?«
»Würde der das genauso sehen oder anders?«
»Wer leidet am meisten unter dem Symptom?«
»Wer dann?«
»Wer kann sich am ehesten vorstellen, daß die Behandlung schnell zum Erfolg führt?« (»Warum? ...«)
»Wer würde das am ehesten anzweifeln?«
»Wer hält es am ehesten für möglich, daß Ihre Ehe weiterbesteht?«

(»Wie kommt der darauf?«)
»Wer von Ihnen wird in dieser Sache zuerst einlenken?«

Hypothetische Fragen:
»Wenn Ihre Tochter demnächst ausziehen wird, wie wird sich dann Ihr Verhältnis zu Ihrem Mann verändern?« (»Was denkt wohl Ihr Mann darüber?«)
»Wenn Ihre Fröhlichkeit sich wieder so zeigt wie früher, wer wird das am ehesten bemerken? Wie wird er das feststellen?«
»Wenn die Beschwerden in den nächsten Jahren so bleiben, was wird das für eine Auswirkung auf die Beziehung zu Ihrem Mann haben?«
»Wenn alles noch viel schlimmer würde?«
»Wenn Sie sich eines Tages einfach grundlos entschließen, morgens aufzustehen, lebhaft und fröhlich zu sein und eine Reihe von Dingen zu unternehmen, die Sie gerne tun, was meinen Sie, wie wird Ihr Mann darauf reagieren?«

Wünschbare Alternativen lassen sich in Fragen einbetten:
»Wenn Sie sich entscheiden würden, sich schneller zur Wehr zu setzen, wen würde das am meisten betreffen?«
»Wie würde derjenige reagieren?«
»Würden Sie dann aufgeben oder sich auf die Hinterbeine stellen?«
»Wer glaubt wohl am ehesten, daß Sie sich gut wehren können?«
»Wie kommt der dazu, das zu vermuten?«
»Angenommen, das Problem ist gelöst, wie sieht dann wohl ein Film über Ihr Leben aus? Beschreiben Sie mir das bitte?«

Die aufgeführten Fragebeispiele sollen Anregungen geben, wie in der Einzelsituation langsam die Beziehungsrealität lebendig werden kann. Für den Therapeuten ergibt sich so ein plastisches Bild von den Beziehungsstrukturen eines Patienten und der Bedeutung seines Symptoms innerhalb dieser Beziehungen.

Durch die Fragen bleibt der Therapeut *neutral*. Er kann so verschiedene Möglichkeiten durchspielen, ohne direkt Stellung zu beziehen. Statt also zu sagen: »Warum werden Sie denn nicht wütend? – Ein anderer in Ihrer Situation würde bestimmt um sich schlagen«, kann er folgendes äußern: »Gesetzt den Fall, Sie würden Ihrem Mann gegenüber wütend werden, was wäre dann anders? Wie würde Ihr Mann reagieren? Wie wäre das für Sie?«

Dadurch bleibt das Gespräch im Fluß, Handlungsalternativen können betrachtet und wieder verworfen werden, Anregungen können vom Therapeuten wie nebenbei formuliert werden. Gleichzeitig vermeidet der Therapeut, mit dem Patienten in einen Machtkampf verwickelt zu werden.

Heikle und konfliktträchtige Ansichten lassen sich in ähnlicher Weise durch *nicht anwesende Dritte* in die Therapie einbringen. Beispielsweise kommt ein Patient zum Psychotherapeuten und behauptet, er wisse beim besten Willen nicht, weswegen er geschickt wurde. Statt mit dem Patienten dies zu problematisieren und über seine innere Abwehr einer Therapie gegenüber zu sprechen, ist es leichter, mit dem Patienten über die möglichen Absichten und Beweggründe des Überweisenden zu spekulieren. Dabei nehme ich in solchen Fällen eine ausgesprochen »naive« Position ein. Ich pflege dann partout nicht zu verstehen, wieso ein verständiger Kollege einen so offensichtlich kerngesunden Menschen zum Psychotherapeuten schickt. Es dauert nicht lange, dann erklärt der Patient mir, dem »schwerverständigen« Therapeuten, die Zusammenhänge ...

Auch bei Patienten mit rigiden Abwehrstrukturen oder leicht paranoiden Tendenzen erscheint es günstiger, die abgewehrte Seite nicht selbst einzubringen, sondern durch die Patienten selbst formulieren zu lassen. Das gelingt, indem die Patienten die Meinung eines Dritten darstellen. Der Therapeut bleibt auch hier neutral und kann dadurch versuchen, mit dem Patienten über die unterschiedliche Wahrnehmung zu arbeiten:

»Ihr Hausarzt ist also der Meinung, Ihre Nachbarin habe nichts an Ihnen auszusetzen. Er glaubt auch nicht, daß sie Ihnen schaden will. – Wie kommt er wohl zu dieser Meinung?«

In der systemischen Familientherapie formuliert der Therapeut Hypothesen zu Beginn der Behandlung, um einen ersten Standpunkt gegenüber einem Familiensystem einnehmen zu können, das versucht sein wird, ihm die eigene Sichtweise aufzudrängen. Im Einzelkontakt kann der Therapeut darauf zu Beginn verzichten, und erst im Laufe des Gespräches systemische Hypothesen entwickeln. Er hat hier mehr Freiheit für die Entwicklung seiner eigenen Vorstellungen, da der Sog, die Wahrnehmung des Patienten zu übernehmen, geringer ist.
Trotzdem ist es erforderlich, ständig in mehreren Ebenen zu denken. Patienten bieten im allgemeinen eine sehr bequeme Denkschiene an, sofern der Therapeut ihrer Sichtweise der Dinge und Beziehungen folgt. Sobald er aber beginnt, die systemische Perspektive einzubringen, ist er gezwungen, zumindest doppelgleisig zu denken. Jede Antwort wird auf ihren Nennwert geprüft und gleichzeitig auf die dahinter verborgene Beziehungsinformation untersucht. Genauso geht es mit den Fragen. Sie zielen oft auf banale äußere Sachverhalte und haben doch – zumindest, wenn das Interview schon fortgeschrittener ist – einen bestimmten Beziehungszusammenhang im Visier. Hier wird erneut die gegenseitige Abhängigkeit von Fragen und Hypothesen deutlich: Die Antworten auf bestimmte Fragen basieren auf Hypothesen, auf denen wieder die Fragen beruhen, die dann zu weiteren Hypothesen führen usw.
Das Interview verfolgt in seinem Verlauf zwei Ziele:

1. Die Entwicklung einer befriedigenden Hypothese, die erklärt, wie das Beziehungsgeflecht, in dem ein Patient lebt, mit dem jetzigen Symptom verbunden ist.
2. Die Herausarbeitung von Lösungsansätzen, die aus dem Konflikt hinausführen können.

Manche Therapeuten streuen mögliche Lösungen schon durch Fragen während des Interviews ein:
»Wenn Sie in der kommenden Zeit weniger häufig Ihre Mutter besuchen und statt dessen mehr Zeit mit Ihrem Mann verbringen, wird sich das auf Ihre Beschwerden auswirken?«

»Gesetzt den Fall, Ihr Mann wäre in Zukunft für den Kontakt zu den Schwiegereltern zuständig und Sie könnten diesen Bereich ihm überlassen. Welchen Einfluß hätte das auf Ihre Migräne?«
Durch solche Fragen wird die Abschlußintervention vorbereitet, die dann noch einmal die Themen der Stunde zusammenfaßt.
Es wird im therapeutischen Alltag leider die Ausnahmesituation bleiben, ein Team hinter der Einwegscheibe zur Verfügung zu haben. Für Ausbildungszwecke ist es von unschätzbarem Wert. Der noch weniger erfahrene Therapeut kann sich in der Pause mit den Kollegen besprechen oder über Telefon auch während der Stunde Hinweise erhalten. Als sehr hilfreich habe ich auch Videoaufnahmen von Stunden empfunden. Dann kann die Stunde noch einmal mit einem Kollegen im Detail durchgegangen werden: Warum dieser Satz hier? Was hätte man da sagen können? Jene Bemerkung war ausgezeichnet!
Dieses Vorgehen wird in manchen Institutionen realisierbar sein, für einen niedergelassenen Therapeuten muß es aber die Ausnahme bleiben. Was kann er tun?
Das Wichtigste scheint mir, er sollte in jedem Fall eine Pause einlegen! Wenn die erste Phase des Interviews nach etwa vierzig Minuten abgeschlossen ist, bittet er den Patienten, sich für einige Minuten im Wartezimmer zu gedulden, da er sich das Besprochene noch einmal in Ruhe durch den Kopf gehen lassen wolle. Danach wolle er seine Eindrücke gerne mitteilen.
Die Pause wird von den Patienten immer akzeptiert, besonders wenn sie vorher schon angekündigt wurde. Es ist für die meisten Patienten ein Ausdruck der Ernsthaftigkeit der Bemühungen ihres Therapeuten.
Der Therapeut kann sich in dieser Zeit ein wenig bewegen, Kaffee trinken oder zum Fenster hinausschauen, um Distanz zu dem Gespräch zu schaffen.
Wenn niemand weiteres anwesend ist, dem er sich mitteilen kann, empfiehlt es sich trotzdem, erst einmal die unmittelbaren eigenen Gefühle deutlich zu machen (»Das hat jetzt Spaß gemacht! Der ging mir auf die Nerven. Mein Gott, bin ich bedrückt! Das war eine schlimme Lebensgeschichte!«)

Je nach therapeutischer Orientierung wird der Therapeut sich Gedanken über die Bedeutung seiner Gefühle dem jeweiligen Patienten gegenüber machen: »Hat meine untergründige innere Spannung etwas mit dem Konflikt zu tun?« – Diese Frage mag sich der Therapeut nach einem Interview mit einem hochangepaßten, depressiven Patienten stellen. Falls cr die Frage bejaht, wird er sich eventuell entschließen, die Intervention in einer bestimmten Form vorzubringen. Statt die Spannung direkt anzusprechen, wird er sie in indirekter Weise berücksichtigen, da der Patient die Intervention sonst nicht akzeptieren würde.

Danach kann er beginnen, die systemische Sicht nochmals zu konkretisieren, die er bereits während des Interviews durch seine Fragen – zumindest in Teilen – gewonnen hat. Um eine gewisse Leitschiene für die Intervention zu haben, empfinde ich eine schriftliche Fixierung der Gedanken als angenehm. Dabei beginne ich im allgemeinen mit der *Anerkennung* der bisherigen Verhaltensweisen des Patienten, die sinnvoll und gut waren. Dafür lasse ich mir Raum und überlege genau, wo im Leben des Patienten die wertvollen Teile liegen, was seine Stärken sind, wie er sie genützt hat, welche Teile der Symptomatik positive Folgen hatten und anderes mehr.

Allein durch die gedankliche Beschäftigung mit den Ressourcen des Patienten gewinnt der Therapeut von ihm bereits ein neues Bild. Er entwirft somit die Wirklichkeit, die er dem Patienten vermitteln will und die genauso »wahr« ist, wie die Sichtweise des Patienten, der sich an der Pathologie orientiert. Falsches Lob ist schlimmer als ungerechtfertigte Kritik. Lob muß gut abgewogen sein, damit ein Patient es auch akzeptieren kann. Es muß seiner inneren Landkarte entsprechen.

Dabei können auch positive *Umdeutungen* miteinfließen. Statt auf die »Depressionen« einzugehen, wird z. B. die Fähigkeit des Patienten hervorgehoben, die reiche Bandbreite der menschlichen Gefühle empfinden zu können, zu denen eben auch die Phasen der Traurigkeit gehören.

Keinesfalls kritisiert der Therapeut oder übernimmt die abwertenden Kommentare des Patienten.

Wie mehrfach erwähnt, ist das kein therapeutischer Trick, sondern eine Folge der Einsicht in die gegenseitige Bedingtheit von Verhaltensweisen, die nicht leicht geändert werden können. Übungsweise kann sich der Therapeut die Frage stellen: »Wie kommt es denn, daß die Dinge nicht viel schlechter sind?« Fast immer ist eine schlimmere Lage denkbar und möglich. Erst dann kann erkannt werden, welche Fähigkeiten dem Patienten bisher zu Hilfe kamen und welche Anstrengungen der Patient selbst bisher unternommen hat, um die Beschwerden auf dem Stand zu halten, auf dem sie zur Zeit sind.

So kam eine 50 Jahre alte Patientin wegen eines enormen Übergewichtes in Behandlung. Sie war nur knapp 1,60 Meter groß, wog aber über 120 Kilogramm. Zahlreiche Begleiterkrankungen des Übergewichtes machten ihr das Leben schwer. Sie litt unter einer nicht einstellbaren Hypertonie, die Gelenke zeigten vorzeitige Verschleißerscheinungen, die Gallensteine verursachten gelegentliche Koliken. Darüber hinaus hatte sie bereits vor Jahren einen Hirnschlag erlitten, der einen Arm gelähmt hatte. Sie erzählte, daß sie »schon immer« dick gewesen sei, lediglich einmal habe sie es auf 80 Kilogramm gebracht, dann aber gleich wieder zugenommen. Auch ihr Mann und die Kinder seien dick. Alle Versuche, in den letzten Jahren abzunehmen, seien fehlgeschlagen. Ihr Gewicht stehe mit minimalen Schwankungen bei 120 Kilogramm. Als die Patientin vor mir saß, war mein erster Impuls, sie zu beschwören, sie müsse abnehmen, da weitere Krankheiten vor der Tür stünden. Ich wollte der Patientin den drohenden zweiten Schlaganfall schildern und sie mit dem Leben im Rollstuhl schrecken.
Solche Sätze hatte die Patientin schon oft gehört. Der Appell, abzunehmen, wurde von zahlreichen Ärzten erfolglos an sie herangetragen. Drohungen vor weiteren Krankheiten oder auch die tatsächlich eingetretenen Krankheiten hatten keine Auswirkung auf das Gewicht gehabt.
In der beschriebenen Weise sondierte ich daher alle Ausnahmen. Ich erhielt folgendes Bild: Es war ihr gelungen, tatsächlich einmal mit Hilfe einer Nulldiät stark abzunehmen und das Gewicht mit Hilfe der Familie über zwei Jahre zu halten. Dabei hatte sie vor allem die Tochter unterstützt, die in der gleichen Zeit selbst ihr Übergewicht reduziert hatte. Auch einige andere Ansätze hatten für einige Zeit zu einer Reduktion des Gewichtes geführt. Ich deutete also die Situation folgendermaßen um:
»Sie wiegen zuviel, das brauche ich nicht länger auszuführen. Sie haben auch einige Probleme mit dem Übergewicht. – Allerdings sehe ich

gleichfalls einige sehr positive Dinge, auf die Sie aufbauen können: Da ist zum Beispiel die Tatsache, daß Sie Ihr Gewicht in den letzten Jahren fast ohne Schwankungen gehalten haben. Das sagt mir zweierlei. Erstens haben Sie ein sehr gutes Gefühl für die Menge, die Sie essen müssen, um auf demselben Gewicht zu bleiben. Das ist nicht selbstverständlich. Viele Übergewichtige schwanken gewichtsmäßig sehr stark, ohne zu wissen warum. Zweitens können Sie die Menge, die Sie essen, sehr gut kontrollieren! Das mag für Sie überraschend sein. Aber Sie hätten genauso gut weiter zunehmen können. Es gibt für das Körpergewicht keine automatische Obergrenze. Ich kenne Menschen, die sehr viel mehr wiegen als Sie und weiter zunehmen. Nun zum körperlichen Befinden: Sie haben einige Beschwerden. Vor allem die Lähmung Ihres Armes ist wirklich hinderlich. Auf der anderen Seite bin ich überrascht von der Stabilität Ihres Körpers. Die meisten Gelenke haben die vermehrte Belastung ausgezeichnet toleriert, auch die inneren Organe zeigen – bis auf den Gallenstein – keine Anzeichen von Krankheit. Selbst die Laboruntersuchung verlief vergleichsweise sehr gut.
Es kann keine Frage sein; Sie sollten sich größere Leichtigkeit und Beweglichkeit schenken. Selbst in dieser Hinsicht haben Sie bereits gute Erfahrungen gemacht. Zwei Jahre das Gewicht zu halten ist wirklich keine Kleinigkeit. Das schaffen nicht viele!« Die Patientin fühlte sich durch die Darstellung sehr aufgewertet. Statt, wie erwartet, mit ihren »Sünden« konfrontiert zu werden, zeigte ich ihr die Stärken. Sie schlug dann von sich aus eine weitere Nulldiät vor. Ich akzeptierte zögernd, indem ich sie vor den Unbequemlichkeiten warnte und eine Reihe von Gründen anführte, die sie veranlassen könnte, lieber nicht (oder nicht so schnell) abzunehmen. Die Patientin widerlegte mir jedes Argument mit Engagement. Schließlich gab ich auf und willigte in die Nulldiät ein. Sie nahm tatsächlich sehr schnell und fast ohne Mühe ab. Anschließend nahm sie Kontakt zu einer Selbsthilfegruppe auf, um das Gewicht zu halten.

Auf diese Weise würdigt der Therapeut die Lösungsansätze oder Ressourcen des Patienten. Damit erreicht er unter anderem, daß sich sein Gegenüber innerlich öffnet. Der Patient sagt innerlich »ja« zu den positiven Beschreibungen der Realität. Das ist eine günstige Voraussetzung, auch die nachfolgende – vielleicht in Teilen unbequeme –, Intervention zu akzeptieren.
Wie die Interventionen aufgebaut sind, welche Möglichkeiten bestehen, aus der fast unbegrenzten Anzahl von denkbaren Interventionen die passende auszuwählen, soll im folgenden Abschnitt besprochen werden.

Keinesfalls sollte sich der Therapeut aber innerlich unter Druck setzen, möglichst viel erreichen zu wollen, und das schnell. Der schnelle Weg zur Veränderung ist oft nur mit kleinen Schritten erreichbar. Im Zweifelsfall ist es günstiger, lediglich eine positive Symptomdeutung zu geben und den Patienten wieder einzubestellen.

Die Interventionen

In der systemischen Therapie scheint die Intervention das eigentliche Geheimnis der schnellen Veränderung zu sein. Sie soll für die raschen Ergebnisse verantwortlich sein, sie soll die eigentliche Veränderung bewirken.
Dem ist nicht so!
Was in der Psychotherapie wirksam ist – in allen Psychotherapien – ist stets ein Konglomerat aus sehr unterschiedlichen Elementen. Die Persönlichkeit des Untersuchers, die Übereinstimmung mit dem Patienten, die Tagesform, therapeutische und persönliche Erfahrungen, die institutionellen Rahmenbedingungen, die soziale Schicht und letztendlich das große und entscheidende Gebiet der Beziehung zwischen Therapeut und Patient sind nur einige wirksame Elemente einer Therapie. In bezug auf die systemische Therapie hat sich die Aufmerksamkeit in letzter Zeit besonders auf die Fragetechnik gerichtet. Schon die gestellte Frage als solche wird zunehmend als eine Form der Intervention angesehen. In dieser Beziehung ist das BFTC mit den Mailänder Kollegen einer Meinung. In Mailand geht man jedoch weiter: Man vermutet, eines Tages die Fragetechnik so weit entwickelt zu haben, daß man auf eine Abschlußintervention vollständig verzichten kann. Die Überlegung basiert auf der Tatsache, daß durch Fragen Realität konstruiert wird. Aus der Fülle der denkbaren Auffassungen der Realität können Fragen eine bestimmte Wirklichkeitsperzeption herausfiltern und so eine neue Wahrnehmung eröffnen, die in sich verändernd wirken kann.
In diesem Kapitel soll es jedoch explizit um die Interventionen

gehen. Sie erscheinen dem Außenstehenden oft magisch und werden meistens mit der Antwort kommentiert: »Ja, so kann man das sehen, so leuchtet das ein, aber darauf wäre ich nie gekommen.« Wie bereits dargelegt (siehe S. 69), folgt der Ablauf der Intervention einem Doppel- oder Dreierschritt. Zuerst das Hervorheben der *Ressourcen,* dann eventuell eine *positive Konnotation* und schließlich die eigentliche *Intervention,* um die es hier gehen soll.

Wenn ich im folgenden eine Fülle von Interventionen darstelle, dann tue ich dies mit gewissen Bedenken. Gerade weil systemische Interventionen überraschende Wendungen bringen, die der Alltagslogik widersprechen, verführen sie den Anfänger dazu, sie mechanisch nachvollziehen zu wollen. Nicht aber die einzelne Intervention ist wichtig, sondern das systemische Verständnis, die Einsicht in die Abläufe und Zusammenhänge.

Gleichzeitig sind Interventionsbeispiele entscheidende Anregungen beim Erlernen der systemischen Therapie. In diesem Sinn möchte ich hier einzelne Beispiele geben, die in erster Linie die Phantasie anregen und die Wahrnehmung für das Mögliche sensibilisieren helfen sollen.

Noch einige weitere Vorbemerkungen: Interventionen im eigentlichen Sinn sind keineswegs immer notwendig. Es gilt die Regel: Lieber keine Intervention als eine, die übers Knie gebrochen ist oder nicht paßt. Eine Intervention ist immer nur gut, wenn sie der Betroffene annehmen kann. Daher muß sie auf den Daten basieren, die in der Therapiestunde gewonnen wurden, und nicht auf Spekulationen über mögliche Zusammenhänge, die sich dann als falsch erweisen. Häufig ist es daher besser, keine Intervention zu geben und sich auf eine allgemeine Gabe von »Komplimenten« oder eine positive Konnotierung zu beschränken.

Gerade weil die systemischen Interventionen oft sehr eingreifend und wirkungsvoll sind, sollte sich der Neuling auf diesem Gebiet nicht dazu verführen lassen, sie vorschnell zu geben. Er wird dann möglicherweise enttäuscht werden, weil sie nicht den gewünschten Erfolg zeigen. Solche Mißerfolge liegen meist an dem fehlenden Verständnis der entsprechenden Symptomatik.

Wie erwähnt, ist es auch keineswegs sinnvoll, andauernd komplizierte »paradoxe« Interventionen zu geben. Sehr viele Patienten werden nach einer guten Intervention über die neuen Erfahrungen und Einsichten sprechen wollen. Weitere gezielte Interventionen wären da künstlich.

Interventionen sollen natürlich eingebunden sein in den Therapieablauf. Sie mögen überraschend sein, doch vermittelt sie der Therapeut in einer Weise, die dem Patienten einleuchtet. Therapeuten, die Freude am Spiel und ein Gefühl für gewisse Effekte haben, sind sicher eher in der Lage, auch schwierige Interventionen überzeugend zu vermitteln.

Symptomverschreibungen, »paradoxe« Interventionen, sind in manchen Fällen nicht angebracht (siehe Seite 74). Das trifft besonders für die sogenannten »ich-schwachen« und suizidalen Patienten zu.[1] Auch sehr kooperative Patienten, die tatsächlich einen direkten Ratschlag durchführen, benötigen keine indirekten Interventionen. Die folgenden Beispiele, die ich gebe, sind natürlich nicht vollständig (die Anzahl der Interventionen ist unendlich), doch scheint sich für mich ein bestimmtes Muster, eine Ordnung zu ergeben.

Vier Bereiche sollen beschrieben werden:

- Das Umdeuten
- Die Symptomverschreibungen
- Die Verhaltensverschreibungen
- Der Umgang mit der Stunde nach der Verschreibung.

1 Das Umdeuten

1.1 Das Umdeuten im engeren Sinn

Das Umdeuten zählt zu den sanftesten Formen der Interventionen[2] und gleichzeitig zu den effektivsten. Im Englischen bezeichnet man das Umdeuten als »reframing« (frame = Rahmen), was den Sachverhalt besser als die deutsche Bezeichnung trifft.

Jede Kommunikation findet in einem bestimmten Kontext, einem bestimmten Rahmen statt. Alle unsere Verhaltensweisen gewinnen nur durch den Rahmen einen korrekten Sinn. (Man

stelle sich etwa vor: Das Verhalten, das jemand bei der Verleihung eines Ordens zeigt, würde er im Urlaub am Strand zeigen – oder umgekehrt.)
Jedes Individuum entwirft von einer bestimmten Kommunikationssituation und deren Rahmenbedingungen eine Art innere Landkarte, an der es sich orientiert. Solch eine Landkarte ist notwendig, um neue Informationen schnell sinnvoll einordnen zu können.
Durch eine Veränderung der inneren Landkarte (Umdeutung) erfolgt eine Veränderung des Verhaltens (so wie sich das Verhalten des Ordensempfängers geradezu zwangsläufig verändert, wenn er an den Urlaubsstrand versetzt wird).
Umdeutungen sind natürlich keine Spezialität der systemischen Familientherapie. Viele Therapien nützen die veränderte Wahrnehmung der Wirklichkeit, um ein neues Verhalten zu erzeugen. So fragen Fritz Simon und Helm Stierlin zu Recht, ob nicht alle Therapien auf einer Veränderung der inneren Landkarte beruhen.[3] Wenn eine depressive Patientin ihre Mutter plötzlich nicht mehr als immerzu »spendenden Engel« sieht, sondern auch als »biestige Furie«, so wird diese veränderte Wahrnehmung das Verhalten der Patientin ändern, ohne daß die Wirklichkeit verändert wurde.
Auch außerhalb der Psychotherapie werden Umdeutungen häufig angewandt. Werbung, Politik oder Erziehung benützen beständig Umdeutungen. Wenn etwa beispielsweise ein führender Politiker nicht fähig ist, Entscheidungen zu treffen, so wird die eigene Partei dies als Ausdruck seiner abgeklärten politischen Reife darstellen und ihn als jemanden schildern, der eben keine überstürzte Hast an den Tag legt.
Auch in Alltagsphänomenen wird man beständig Umdeutungen finden: Ein kleines Kind ist beim Spiel mit seiner Eisenbahn beschäftigt. Teilweise spielt es mit der Eisenbahn, teilweise ist es auch die Eisenbahn selbst und läuft schnaufend durch die Wohnung. Die Mutter, die es baden möchte, ruft daher mehrfach vergebens. Erfolgreich ist sie erst, als sie das Badezimmer zum Bahnhof erklärt und die »Lokomotive« zum Einlaufen auffor-

dert. Innerhalb von Sekunden steht das Kind fröhlich und laut schnaufend neben ihr.
Das Umdeuten, so wie es uns hier beschäftigen soll, ist eine alternative Interpretation der Wirklichkeit, die genausogut zutrifft wie die ursprünglichen Auffassungen. Das klassische, wohlbekannte Beispiel ist das halb volle oder halb leere Glas Wasser.
Alle Therapien beginnen bereits mit einer Umdeutung. Wenn ein Mensch sich entschließt, zu einem Psychotherapeuten zu gehen, deutet er ein bisher als »normal« angesehenes Verhalten in ein krankhaftes und behandlungswürdiges um. Gleichzeitig nimmt er an, daß er sich selbst nicht helfen kann. Meist werden sich Therapeut und Patient schnell einigen, daß diese Annahme durchaus korrekt ist, ja noch schlimmer, der Patient noch viel kränker ist, ohne es zu wissen.
In geduldiger Feinarbeit wird der Fachmann dem Patienten zeigen, wie seine Ängste nicht erst seit dem ersten Angstanfall begründet sind: Der Hund sei wirklich unschuldig an der Angst, auch wenn er etwas groß gewesen sein mag. Der *wirkliche* Grund liege tiefer, da müsse man schon bis in die Kindheit des Patienten zurückgreifen. Letztendlich sei es die fundamentale Unsicherheit, die er als kleines Kind in der Ungeborgenheit und dem Ausgeliefertsein zwischen zwei zerstrittenen Elternteilen erlebt habe.
Solch eine Interpretation der Wirklichkeit kann durchaus schlüssig sein, sie setzt gleichfalls einen neuen Rahmen für ein altes Problem. Die Implikation der Interpretation ist aber: Was so tief wurzelt, kann nicht leicht verändert werden. (Allerdings ist die Entlastung von Schuld ein Vorteil dieser Interpretation).
Schon während des Beginns eines Erstinterviews findet also eine bestimmte Rahmenfestsetzung statt, die große Konsequenzen für die gesamte Therapie hat. Meist wird der Therapeut den Rahmen akzeptieren oder noch verstärken, mit dem der Patient zu ihm kommt. Falls aber die Fragen auf die Fähigkeiten eines Patienten eingehen, wird eine neue Situation entstehen: Die innere Landkarte wird sich von einem »Ich-bin-so-ziemlich-gänzlich-Mißraten« zu einem »Das-meiste-in-mir-ist-in-Ordnung« verändern.
Es zählt für mich zu den eindrücklichsten Erlebnissen zu sehen, in

welchem Ausmaß solche Umdeutungen in kürzester Zeit einen Wandel verursachen.

So kam eine junge Frau in eine Klinikambulanz mit dem festen Vorsatz, eine langfristige Therapie anzutreten, da sie immer wieder unter plötzlichen Schwankungen ihres Selbstvertrauens litt, die bis zu Selbstmordgedanken gingen. Real gefährdet schien sie dem Therapeuten jedoch nicht zu sein. Während des Gesprächs lenkte der Therapeut seine Aufmerksamkeit lediglich auf ihre bisherigen Fähigkeiten, verschiedene schwierige Situationen erfolgreich zu bewältigen. Der Therapeut gab zum Schluß eine sehr milde, positive Konnotation der Beschwerden und vereinbarte einen möglichen Termin für die stationäre Aufnahme.
Einige Tage später meldete sich die Patientin telefonisch: Das Gespräch hätte ihr ungeheuer gut getan. Sie würde sich sehr wohl fühlen und sei mit dem Therapeuten aber nicht mehr einer Meinung. Im Grunde bezweifle sie, ob sie wirklich so große Probleme habe, oder ob das nicht zum Leben ganz normal dazugehöre. Sie wolle deswegen nicht stationär kommen, eigentlich wolle sie auch keine Therapie, sondern sich lieber mal wieder melden, falls es nötig sei.
Der Therapeut war mit der Patientin einverstanden und vereinbarte eine gelegentliche Kontaktaufnahme.

In diesem Fall hat eine Patientin den erwähnten Schritt wieder zurückgenommen, und was »Pathologie« war, wurde wieder zum »Alltagsproblem«.
An dieser Stelle sei noch eine Umdeutung erwähnt, die zu Beginn einer Behandlung oder im Verlauf der ersten Sitzung ermutigend wirken kann. Für verschlossene Patienten kann es hilfreich sein, wenn sie vom Therapeuten für die *Offenheit* gelobt werden, mit der sie über etwas gesprochen haben, das ihnen nicht leicht gefallen ist. Bei ängstlichen Patienten wird man die *Stärke* anerkennen, die darin besteht, seine Schwächen zu zeigen und sie nicht versteckt halten zu müssen.[4]
Zwei Varianten des Umdeutens werden nun im folgenden noch dargestellt.

1.2 Das Umetikettieren[5]

Beim Umetikettieren wird nicht der *Rahmen* für ein bestimmtes Verhalten geändert, sondern die Person selbst wird unter einem anderen Aspekt gesehen (anders etikettiert), so daß ihr Verhalten plötzlich in einem neuen Licht erscheint.

So kam ein Mann in Behandlung, der erhebliche Probleme mit seiner Frau hatte. Seit vielen Jahren litt er unter der zunehmenden nörgelnden Art seiner Frau, die – wie er selbst – Mitte sechzig war. Nichts war ihr recht, dabei stand das in denkbarem Gegensatz zu dem eigenen Verhalten der Frau. Sie war nachlässig im Haushalt, kümmerte sich selbst um einfache Aufgaben kaum noch. Der Ehemann mußte deswegen zunehmend mehr Funktionen übernehmen. Anfänglich hatte er sie freundlich gebeten, später attackierte er sie heftig, schließlich resignierte er. Er empfand sie als bösartig, nur darauf aus, ihm zu schaden. Er dachte nun an Scheidung, selbst die Kinder verstanden das.
Eine – mehr zufällig veranlaßte – medizinische Untersuchung brachte ein überraschendes Ergebnis: Die Ehefrau litt an einem langsam wachsenden Hirntumor, der für die Veränderung der Persönlichkeit verantwortlich war.
Das Familienleben änderte sich nach der Diagnose »Hirntumor« dramatisch. Von Scheidung war keine Rede mehr, der Mann empfand nun unendliches Mitleid für seine Frau, deren Lebenserwartung begrenzt war. Auch die vorher so störenden nörgelnden Bemerkungen und ihre allgemeine Nachlässigkeit wurden von ihm gänzlich anders empfunden. Die gleichen Tätigkeiten wurden nun nicht mehr mit innerem Protest, sondern in der Haltung durchgeführt: »Sie ist krank, sie kann nichts dafür.«
Probleme machten nun eher die Schuldgefühle, die sich alle Familienmitglieder machten, jemals wütend gewesen zu sein.

Ohne eine Änderung der Sachverhalte bedingt ein neues »Etikett« eine neue Situation. Statt »bösartig« ist die Ehefrau nun »krank«.
Diese Umetikettierung war auch in der Geschichte der Psychiatrie ein höchst bedeutsamer Entwicklungsschritt. Was in dunklen Zeiten als »vom Teufel besessen« galt, wurde im Rahmen der Medizinalisierung zu »krank«. Damit vollzog sich eine moralische Aufwertung ein und desselben Verhaltens, die in sich verändernd wirkte. Heute, wo fast jedes beliebige Verhalten leichterdings als »krank« bezeichnet wird, liegen die Dinge häufig anders. Die Definition der »Krankheit« kann heute sehr stabilisierend sein.

So begegnet dem Therapeuten etwa in den USA eine Vielzahl von Familien, in denen die Eltern eine panische Angst davor haben, die Liebe der Kinder zu verlieren. Diese Eltern scheuen sich dementsprechend, Kindern gelegentlich Grenzen zu setzen. Die Folge ist, daß die Kinder die Eltern ständig reizen, um auf diese Weise doch noch (sichere) Grenzen erleben zu können. Wenn sich die Eltern auf die gleiche Weise der Aufforderung widersetzen, wie die Kinder sie fordern, kommt es häufig zu einer symmetrischen Eskalation, die darin endet, die Kinder als »krankhaft aggressiv« zu diagnostizieren.
Statt eine Behandlung des Kindes einzuleiten, mag der Therapeut mit der Autorität des Fachmannes erklären, das Kind sei nicht »krank«, sondern »frech«. Dies setzt in den Eltern neue Verhaltensalternativen frei und kann die Dynamik nach einer Übergangsphase entschärfen.

Das Umetikettieren bietet dem Therapeuten unbegrenzte Möglichkeiten, kreativ zu sein. Beinahe jedes Verhalten kann unter verschiedenen Blickwinkeln betrachtet werden, da jedes Verhalten in einer Vielzahl von möglichen Kontexten steht. »Starrköpfigkeit« kann auch als »innerlich gefestigt« gesehen werden, »hysterisches Agieren« auch als »anregend lebendig«.
Eine Reihe von Beispielen gibt Weeks:[6]

Statt: passiv sein –	die Fähigkeit, Dinge so zu akzeptieren, wie sie sind
gefühllos sein –	sich vor Verletzungen schützen
verführerisch sein –	auf andere Menschen anziehend und liebenswürdig wirken wollen
umherirren –	alle vorhandenen Möglichkeiten erforschen
kontrollieren wollen –	Struktur und Überblick in seine Umwelt bringen wollen
widerspenstig sein –	seinen eigenen Weg im Leben suchen
sich selbst abwerten –	sich seine eigenen Fehler eingestehen

Die freundlichen Bezeichnungen müssen *wahr* sein. Der Eindruck von Sarkasmus, der manchmal Umetikettierungen begleitet, sollte auf jeden Fall vermieden werden. Das gelingt dem

Therapeuten, indem er den neu bezeichneten *Anteil der subjektiven Wirklichkeit* des Patienten im Kern schon selbst erkennen kann. Er muß sehen können, daß dieser Anteil genauso *wirklich* ist wie die negativ getönte Selbstdarstellung.

1.3 Die positive Konnotation
(Die positive Symptombewertung)

Bei dieser Art von Umdeutung wird das als funktional angesehen, was ein Patient als dysfunktional empfindet. Besonders häufig wird diese Umdeutung im Mailänder Vorgehen gewählt. Der Therapeut untersucht die Bedingungen der Symptomatik und kann eine deutliche Entlastung erzeugen, indem er dem Patienten erklärt, warum unter den gegenwärtigen Bedingungen die jetzigen Symptome wichtig sind. An die positive Symptombewertung kann sich dann die Verschreibung der Nicht-Veränderung oder eine Beobachtungsaufgabe anschließen. (»Beobachten Sie, wann es Ihnen besonders gut geht«.)

Eine 23 Jahre alte Bankangestellte litt unter Ängsten und gleichzeitig unter einer Zwangssymptomatik. Es war ihr seit einigen Monaten nicht mehr möglich, ohne Begleitung der Eltern das Haus zu verlassen. Weiterhin mußte sie vor dem Zubettgehen ein Zwangsritual durchführen: Sämtliche kleine Fläschchen und Tuben im Badezimmer mußten in akribischer Ordnung ausgerichtet werden, ein Vorgang, der eine Stunde oder länger brauchte.
Eine längere Behandlung bei einem Psychotherapeuten war ohne Erfolg geblieben. In der Behandlung geriet offenbar der Therapeut in die Situation, die Patientin überzeugen zu wollen, sie solle das Haus verlassen und weniger kontrollieren.
Folgender Hintergrund wurde jedoch deutlich (besonders durch die Frage: »Was würde sich ändern, wenn die Beschwerden verschwinden würden?«). Die junge Frau hatte seit einiger Zeit einen Freund, der sie möglichst bald heiraten und mit ihr in ein eigenes Haus ziehen wollte. Sie selbst fühlte sich zwar dem Freund verbunden, dazu aber zu jung und war gleichzeitig noch ungeheuer stark an die Eltern gebunden. So stand die Angst, das Haus zu verlassen, metaphorisch für die Angst zu heiraten. Als Folge jedoch kam der Freund jeden Abend ins Elternhaus der Patientin, um bei ihr zu übernachten. Das Zwangsritual verhinderte jedoch auch hier eine intime Beziehung: Es dauerte »zufällig« stets so lange, bis der Freund eingeschlafen war.

Die Symptomatik war also ein durchaus kreativer Akt bei einer jungen Frau, die ihre Bedenken vor einer frühen Heirat nicht anders formulieren konnte.
Als Intervention kann der Therapeut die Beschwerden positiv konnotieren (es bieten sich mehrere Interventionen an).
Der Therapeut kann sein Verständnis für den Wunsch der Patientin nach Expansion und Selbständigkeit äußern. Auf der anderen Seite sehe er aber auch, wie gut sie es zu Hause habe, wie positiv die Beziehung zu den Eltern sei usw. Er müsse deshalb auch eine andere Seite erwähnen: ihre Bedenken vor einer frühen Bindung, das zu schnelle Erwachsenwerden, die Belastung mit einem eigenen Haus. Vor all diesen Schwierigkeiten schützten sie zur Zeit die Beschwerden. So lange, bis sie einen anderen Weg finden würde, mit diesen Bedenken umzugehen, halte der Therapeut die Beschwerden für das kleinere Übel, da sie ihr eine Denkpause ermöglichten. Besser vorübergehend solche Beschwerden als eine falsche Lebensentscheidung, die nicht leicht rückgängig zu machen sei.

Meist schließt sich daran noch eine Aufgabe oder Verschreibung an, zum Beispiel die Aufforderung, vorerst nichts zu verändern.
Eine andere Art der Umdeutung eignet sich besonders für streitende Ehepaare, unabhängig davon, ob diese alleine oder gemeinsam einen Therapeuten aufsuchen. Getreu der Einsicht, daß dort, wo viel Schatten, auch viel Licht sein muß, kann man das Verhalten entsprechend umdeuten.
»Sie streiten zwar viel über..., ich möchte aber zu bedenken geben, daß man nur mit wenigen Menschen über einen längeren Zeitraum streiten kann. Die wesentliche Voraussetzung dafür ist eine sehr stabile menschliche Beziehung. Damit meine ich, daß man nur mit Menschen lange streiten kann, die einem wahrhaft nahestehen und zu denen man ein Vertrauensverhältnis hat, das über dem Streit steht. Gleichzeitig ist Streit *eine* Möglichkeit, sich emotional intensiv zu begegnen...«
An diese oder ähnliche Umdeutungen sollte man denken, wenn ein Paar in endlose Streitereien verwickelt ist: Diese Intervention trifft fast immer zu![7]

2 Die Symptomverschreibungen

2.1 Die Symptomverschreibung im engeren Sinn

Die Symptomverschreibung zählt zu den bekanntesten Verschreibungen. Wie bereits erwähnt, folgt sie häufig einer positiven Konnotation und spezifiziert die positive Konnotation noch weiter.

Symptomverschreibungen in allen Varianten laufen immer darauf hinaus, einem Patienten das zu verschreiben, was er als störend und vor allem als nicht beeinflußbar erlebt. Ein Patient mit einer Depression erlebt es vor allem als quälend, seine Symptome nicht beeinflussen zu können. Wenn der Therapeut ihm nun verschreibt, sich in bestimmter Weise »depressiv« zu verhalten, so werden damit einige Implikationen gemacht:

1. Die Symptomatik wird aufgewertet – vor allem, wenn eine vernünftige Begründung mitgeliefert wird. (»Sie sollten sich in der nächsten Zeit niedergeschlagen zeigen, weil Sie Ihrer Familie damit einen bestimmten Dienst erweisen«.)

2. Der Patient erlangt Kontrolle über ein Verhalten, das ihm bisher unkontrollierbar erschien. Die Kontrolle besteht nun darin, das Symptom bewußt zu zeigen.

3. Die Verschreibung eines Symptoms erzeugt eine charakteristische »double-bind-Lage«. Durch die Aufforderung, ein spontanes Verhalten bewußt nachzuvollziehen, ist das spontane Verhalten in seinem natürlichen Ablauf so gestört, daß es überhaupt nicht mehr oder nicht mehr so wie ursprünglich gezeigt werden kann. Die Symptomverschreibung ist also die therapeutische Nutzung des »Sei-spontan«-Paradoxons.

Das zugrunde liegende Phänomen ist selbstverständlich keine Erfindung der systemischen Therapie, sondern seit langem bekannt. In literarischer Form ist es beispielsweise bei Kleist beschrieben. Im »Marionettentheater«[8] schildert Kleist eine Situation, in der ein nicht genannter Beobachter sieht, wie ein junger Mann aus dem Bade steigt. Die Bewegung, mit der er das tut, erscheint dem Beobachter als der Ausdruck der göttlichen Harmonie schlechthin. Fasziniert von der Schönheit des Anblicks bittet er den jungen Mann, die Bewegung zu wiederholen. Doch zur Überraschung fällt die vorher perfekte Bewegung nun linkisch und gestelzt aus, und auch weitere Versuche bringen nur immer schlimmere Ergebnisse. Der junge Mann war, wie leicht zu erkennen ist, das Opfer des »Sei-spontan«-Paradoxons. Das gleiche Phänomen wird in unzähligen Situationen genützt. Ein gewiefter Tennisspieler kann etwa seinem Gegenüber Komplimente machen, in welch natürlicher Weise heute seine Rückhandbälle kämen. Ob er sie ihm bitte noch einmal zeigen könnte ...?

Im therapeutischen Bereich steht und fällt eine Symptomverschreibung immer mit der Begründung, mit der sie gegeben wird. Einem Patienten lediglich zu sagen: »Ihr Verhalten wird schon irgendeinen Sinn machen, deswegen machen Sie am besten noch mehr davon«, wird – bis auf einen Therapeutenwechsel – kaum irgendeine Veränderung bewirken. Gerade die Symptomverschreibung muß auf dem Boden des systemischen Verständnisses der Symptomatik stehen. Der Therapeut muß verstanden haben, wie die Dynamik in der Familie aussieht, in der sich die Mutter depressiv verhält. Im Interview muß also durch zirkuläre Fragen klargeworden sein, wie beispielsweise der Ehemann auf die Seufzer der Erschöpfung reagiert, was die Kinder machen, wenn die Mutter noch mittags im Bett liegt, was passieren würde, wenn die Mutter wieder gesund wäre usw. Mit diesen Informationen läßt sich dann eine ausgezeichnete Begründung geben, warum ein Verhalten *nicht* geändert, sondern im Gegenteil, bewußt fortgesetzt werden sollte. Dabei ist eine Begründung um so besser, je stärker sie die vorhandenen Informationen des Familienlebens berücksichtigt.

Zum Beispiel: Für die Patientin bedeutet ihre Depression, die ganze Aufmerksamkeit der Familie geschenkt zu bekommen, die sie sonst nie erhalten würde. Für den Mann bedeutet ihr Symptom die Sicherheit, daß seine Frau in dieser Situation sich nicht ebenfalls einen Liebhaber suchen wird. Solchermaßen ausgeführt wird eine Symptomverschreibung unmittelbar einleuchtend sein.

Eine andere Art der Begründung ist folgende: »In der kommenden Woche sollten Sie einmal nichts gegen Ihre Depression unternehmen, also auch nicht versuchen, dagegen anzukämpfen, damit wir einmal gemeinsam sehen können, wie schlimm es werden kann – sozusagen aus »diagnostischen Gründen«.[9]
Die Symptomverschreibung kennt eine Reihe von Varianten. Einige sollen, ohne Anspruch auf Vollständigkeit, aufgezählt werden.

2.2 Warnen vor der Veränderung

Bei Fragen nach den Folgen einer möglichen Besserung antworten fast alle Patienten zuerst: »Dann wäre alles besser, dann ginge es mir gut.« Wenn ein Therapeut dann nachfragt, wird er oft feststellen, daß neben einigen positiven Folgen auch durchaus negative Aspekte des Wandels zu erkennen sind. Gerade die negativen Folgen des Wandels dürften ein Grund für die Stabilität des Symptoms sein. Um dennoch dem Patienten einen Wandel zu ermöglichen, kann der Therapeut selbst nach Alternativen suchen oder die negativen Folgen des Wandels so hervorheben, daß der Patient von sich aus Alternativen entwickeln wird.

Ein 25 Jahre alter Student war in stationäre Behandlung gekommen, da er mit seinem Studium der Maschinenbautechnik nicht mehr zurechtkam. Immer, wenn er in einen Hörsaal sollte, überfiel ihn eine panische Angst. Er konnte die Ansammlung von zahlreichen Menschen nicht mehr ertragen, ohne Schweißausbrüche und Durchfall zu bekommen. Für ihn selbst waren die Gründe dafür vollständig rätselhaft. Die Beschwerden führten zu einer weitgehenden Lähmung seiner an sich guten Leistungsfähigkeit. Erschwerend kam hinzu, daß sich die Ängste nach einer Weile auch in seinem Zimmer in der Universitätsstadt einstellten. Einige Wochen später zog er schließlich zu den Eltern zurück, wo er sich fast beschwerdefrei fühlte. Zu Hause lebte er wieder das Leben des Kindes, zwar mit innerem Groll über die unerwachsene Situation, doch ohne die Kraft, etwas daran ändern zu können. Folgende Situation wurde durch zirkuläres Fragen deutlich: Der Vater war kurze Zeit zuvor aus dem Staatsdienst in den Ruhestand getreten. Die dominante Mutter war stets Hausfrau gewesen. Zwischen beiden Eltern hatte sich ein neues Gleichgewicht noch nicht eingestellt, vor allem hatte sich der Vater mit seiner Rolle als Pensionär noch nicht abgefunden. Er hatte

vorher einigen Einfluß im Berufsleben ausüben können und war durch die Untätigkeit unterfordert. In dieser Situation half der Sohn beiden Elternteilen, sich nicht mit der neuen Lebenslage auseinandersetzen zu müssen, sondern die Illusion aufrechtzuerhalten, es sei noch alles so wie früher. Der Sohn litt zwar unter der beschämenden Lage, doch hatte sie für ihn noch einen weiteren Aspekt. Mit dem kommenden Studienabschluß wäre er beruflich einen Schritt weiter als der Vater gegangen. Verbunden mit der Pensionierung hätte er den Vater quasi doppelt überrundet. Für ihn, der noch nie offen mit dem Vater rivalisiert hatte, war das eine gleichermaßen verführerische wie gefürchtete Aussicht. Die Ängste und der »erzwungene« Rückzug nach Hause waren also ein Ausweg, um vor der inneren Auseinandersetzung zu flüchten. Nachdem der Therapeut eine Reihe von Interventionen versucht hatte und stets auf die gleiche Reaktion (»Ich will ja, aber ich kann nicht«) gestoßen war, gab er sich geschlagen:
»Ich habe lange nicht verstanden, warum Sie zu Hause bleiben, obwohl Sie immer wieder betonen, wie sehr Sie von dort weg möchten. Mittlerweile sehe ich, wie das alles zusammenhängt und warum Sie jetzt nichts ändern möchten oder können. Im Gegenteil, eine Änderung hätte für Sie und Ihre Familie zahlreiche Nachteile. Für die Eltern würde es bedeuten, sie müßten sich mit der neuen Rolle des Altwerdens beschäftigen. Und Sie befürchten, die Eltern könnten dann vor einer großen Leere ihrer Beziehung stehen. Das verhindern Sie durch Ihre Anwesenheit zu Hause. Vor allem aber beenden Sie Ihr Studium nicht und brauchen deswegen auch nicht zu erleben, wie der Vater durch Ihre dann offenkundige geistige Potenz in Frage gestellt wird. Auch in dieser Beziehung sind Sie sehr rücksichtsvoll. Schließlich brauchen Sie sich in der jetzigen Situation nicht mit den ganzen Fragen des Berufslebens auseinanderzusetzen. Nach dem Studienende kommen ja sehr schwierige und unvertraute Dinge auf Sie zu wie Arbeitssuche, regelmäßige Arbeitszeiten, ermüdende Arbeitsverrichtungen usw. . . .«

Durch solche Interventionen wird bei den entsprechenden Patienten ein innerer Widerstand geweckt: »Will ich wirklich so viel für meine Eltern tun? Bin ich wirklich so schwach und rücksichtsvoll? Ist das Berufsleben wirklich so schrecklich?«
Von sich aus wird der Patient dann die andere Seite der Wirklichkeit erleben, die bewußt nicht angesprochen wurde: Seine Lust an dem erwachsenen Leben, seine Kraft, auch mit dem Vater zu rivalisieren, und die angenehmen Seiten des Geldverdienens.
Bei der Formulierung der Intervention darf selbstverständlich

kein Zynismus aufkommen, was manchmal bei niedergeschriebenen Interventionen so erscheinen mag. Die Intervention muß in Sprache und Ton sowohl zum Patienten als auch zur Person des Therapeuten passen.

2.3 Wandel verzögern

In einem ähnlichen Ansatz verbietet der Therapeut den Wandel nicht, sondern verzögert ihn lediglich. Gerade, wenn sich erste Fortschritte zeigen, wenn zum Beispiel der Student von zu Hause ausziehen will, empfiehlt es sich, nicht mit fliegenden Fahnen »überzulaufen« und ihn für den Fortschritt zu loben. Wesentlich konsistenter ist es hier, in der skeptischen Position zu bleiben und sich nur mühsam vom Patienten überzeugen zu lassen. Dabei kann der Therapeut alle Argumente vorbringen, die er in *der* Zeit vom Patienten gehört hatte, als der Therapeut noch versuchte, ihn zu »progressiven« Schritten zu ermutigen – nämlich zu studieren und eigenständig zu sein. Wenn ihn dann der Patient von der Notwendigkeit der Ablösung überzeugt hat, so willigt der Therapeut ein – allerdings nicht ohne Bedenken zu äußern, daß das alles viel zu schnell geht! Bei solch einem Tempo müsse man befürchten, daß es nur eine Seifenblase sei, die bald in sich zusammenfalle. Wie erwähnt, ist diese Technik bei Patienten indiziert, die tatsächlich in Opposition gehen, mit denen der Therapeut bereits die Erfahrung einer Auseinandersetzung gemacht hat.

2.4 Das Symptom als Absicherung

Zu den Varianten der Symptomverschreibung gehört auch die Umdeutung des Symptoms als Absicherung vor einer sonst unangenehmen Konfliktsituation. Gerade im Umgang mit psychosomatischen Patienten ist das eine einfache Technik.

Patienten mit Magenbeschwerden neigen häufig zur Vermeidung von Konflikten. Ihnen sind zwar die Magenbeschwerden eine Qual, aber noch schlimmer wären offene Streitigkeiten, die schon in der Vorstellung den Magen rebellieren lassen. Manche Patienten können das auch früh in der Therapie erkennen. Für

die, die Zusammenhänge zwischen ihren Beschwerden und der Vermeidung von Auseinandersetzungen relativ bewußtseinsnah erleben, kann folgende Intervention günstig sein:
»Ich kann sehen, wie sehr Sie unter den wirklich lästigen Magenbeschwerden leiden. Wer Magenschmerzen hat, der kann an nichts anderes mehr denken. Deswegen schätzc ich besonders, wie Sie die Zusammenhänge erkennen. Nun ist es aber so, daß Sie zwar die Schmerzen loswerden wollen, aber dann gleichzeitig damit rechnen müssen, in gewissen Situationen nicht mehr so freundlich und zurückhaltend zu sein. Ich vermute, Sie werden dann auch andere Seiten von sich zeigen. Wahrscheinlich wird es eine Weile dauern, bis Sie mit den neuen Seiten umgehen können, die Sie jetzt noch fürchten. So lange schützen Sie Ihre Beschwerden vor solchen Auseinandersetzungen. Es ist fast wie eine Absicherung gegen zu viel Streit, an der Sie erst dann langsam etwas ändern sollten, wenn Sie sich innerlich dazu bereit fühlen.«
In anderen Fällen kann es sinnvoll sein, dem Patienten die Empfehlung zu geben, er solle seinem Körper dankbar sein, wie sensibel er ihm beim Erreichen gewisser Ziele diene.

Eine 43 Jahre alte Hausfrau, Mutter von drei kleinen Kindern, kam in eine allgemeinärztliche Sprechstunde. Sie klagte über anhaltende Probleme mit dem Ischiasnerv. Immer wieder würde sie für Tage und Wochen von den Schmerzen im Bein geplagt. Die zahlreichen Behandlungen hätten nur unzureichend Erleichterung gebracht.
Die Patientin war eine überaus energische Person, die viel im Leben erreicht hatte, sich aber nie eine Ruhepause gönnte. Sie glich dem Esel, der immer der Karotte nachläuft, die ihm mit der Angel vor die Nase gehängt wird. – Ein Vergleich, den die Patientin lachend akzeptierte. Auf die Frage, welche anderen Möglichkeiten sie habe, um sich eine Ruhepause zu gönnen, antwortete sie nach einigem Nachdenken, da gäbe es nicht viel.
In der Intervention lobte ich daher augenzwinkernd den Ischiasnerv, der ihr immerhin ab und zu eine Ruhepause verschaffe. Wenn ich dem Ischias eine Empfehlung geben könnte, dann die, nicht mit den Beschwerden aufzuhören, bis sie andere Weisen gefunden habe, auf sich Rücksicht zu nehmen. Ohne die »Ischias-Bremse« hätte sie nämlich überhaupt keine Kontrolle mehr und würde sich noch stärker überfor-

dern. Dann würde sie sich möglicherweise andere, schlimmere Beschwerden zuziehen, die sie so vermeide.

Ausdrücke, die in scherzhafter Weise den Kern des Problems treffen, können besonders hilfreich sein, da sie durch humorvolle Übertreibung Distanz schaffen. So kann man Patienten freundlich auf Zusammenhänge hinweisen, die sonst nicht in der Klarheit gesagt werden könnten, ohne den Patienten zu verletzen.

2.5 Propagieren statt Verheimlichen

In manchen Lebenslagen führt der Versuch, ein Problem zu vermeiden, mit großer Sicherheit gerade zum befürchteten Ergebnis. Dies gilt besonders dann, wenn das angestrebte Ziel nur mit innerer Gelöstheit zu erreichen ist.

Jedermann kennt die Schwierigkeiten, die sich beim Halten von Reden ergeben. Falls der Redner ängstlich ist, wird es ihm schwerfallen, gelöst und überzeugend zu wirken. Je mehr er das bemerkt und sich daraufhin zu kontrollieren versucht, desto mehr wird er sich verspannen und nervöser werden.

Um das Problem zu lösen, kann er deshalb eine Technik anwenden, die Watzlawick[10] »Propagieren statt Verheimlichen« nennt. Der Redner wird also sagen: »Sie müssen entschuldigen, aber ich bin schrecklich aufgeregt, vor so vielen Menschen zu reden. Wahrscheinlich werde ich mich des öfteren verhaspeln . . .«

Eine Technik, die sich auf psychotherapeutischen Kongressen allergrößter Beliebtheit erfreut. Sie ist wieder eine Anwendung des »Sei-spontan«-Paradoxons. Ein spontanes Verhalten wird dadurch unmöglich, indem es angekündigt wird. Gleichzeitig stellen sich die Zuhörer auf den Redner ein, wobei sie ihm im allgemeinen Mut machen.

Eine 25 Jahre alte Versicherungsangestellte kam wegen einer Erythrophobie (Angst vor dem Erröten) in Behandlung. Sie schilderte, wie sie etwa zehnmal am Tag einen roten Kopf bekomme. Es begänne mit langsamem Kribbeln am Hals, dann steige es auf und breite sich über das Kinn aus, bis sich schließlich das ganze Gesicht und die Ohren glühend rot verfärben würden. Sie wisse dann vor lauter Peinlichkeit nicht, wohin sie schauen solle. Am schlimmsten sei es im Büro, wenn ihr

Chef in der Nähe sei. Mittlerweile trete es allerdings auch schon beim Telefonieren auf. – Ohne auf die Details dieser Problematik einzugehen, war die Intervention in etwa diese:
»Für die Zeit, bis Sie in vier Wochen wiederkommen, habe ich eine Aufgabe für Sie. Sie sollten erstens an der Häufigkeit des Errötens nichts ändern, solange wir noch nicht verstanden haben, wie alles zusammenhängt. Manchmal macht man nämlich die Dinge schlimmer, wenn man versucht, sie besser zu machen. Kämpfen Sie daher nicht gegen das Erröten an. Wie Sie wissen, hilft Ihnen das ja auch nicht. Zweitens möchte ich Sie bitten, in Phasen, wo Sie sich vollständig wohl fühlen, einmal ganz bewußt zu erröten. Nehmen Sie sich Zeit dazu und achten Sie ganz genau darauf, wie Sie das anstellen. Das heißt, an was Sie denken müssen, damit es schnell geht, an was Sie nicht denken dürfen usw. Drittens möchte ich Ihnen empfehlen, nach vierzehn Tagen der Beobachtung zusätzlich die Situationen zu notieren, in denen Sie errötet sind, ohne sich daran zu stören.«

Mit einer derartigen Intervention, die hier nur als ein Beispiel von vielen denkbaren angeführt ist, kann es gelingen, das eingefahrene Muster von Angst, Vermeidung und unbewußter körperlicher Reaktion aufzuweichen. Die Überzeugung »wenn mein Chef hereinkommt, dann erröte ich« kann zu einer »self fulfilling prophecy« werden, einer Voraussage, die sich selbst erfüllt. Besonders treffend charakterisiert das ein Witz:

Ein Mann läuft durch den Wald. Alle paar Schritte bleibt er stehen und klatscht laut in die Hände. Ein anderer, der ihn begleitet, fragt deshalb verwundert, warum er das tue. Der erste antwortet in selbstverständlicher Miene: »Um die Elefanten zu verscheuchen.« »Aber hier gibt es doch keine Elefanten«, entgegnet sein Begleiter. »Eben!« ist die Antwort, und der Mann klatscht weiter.

2.6 Übertreibung des Symptoms

Der Umgang mit hypochondrischen Beschwerden ist im allgemeinen schwierig. Der Therapeut kommt leicht in die Position, dem Patienten beweisen zu wollen, daß es so schlimm doch nicht sei. Dadurch geht der Angesprochene unweigerlich in eine entgegengesetzte Position, wodurch die hypochondrische Fehleinschätzung noch verstärkt wird. Eben dadurch wird er allerdings von der Umgebung verstärkt die Botschaft erhalten, es sei doch wirklich nicht so, was den Patienten weiter im Beharren auf seiner Position bestätigt. Ein Kreislauf, der sich selbst am Leben hält, wenn er einmal initiiert ist. Ähnliche Phänomene lassen sich auch zwischen Patienten mit paranoiden Tendenzen und deren Angehörigen oder Ärzten beobachten. Je mehr sich die Umgebung bemüht, einen Patienten zu überzeugen, desto mehr verharrt er in seiner Überzeugung, ja, desto klarer werden für ihn die unlauteren Absichten seiner Mitmenschen. Es ist eine Kommunikationsfalle, aus der schwer zu entrinnen ist. Wenn jemand einmal beschuldigt wurde, seine Großmutter heimtückisch mit Gift ermordet zu haben, so wird gerade die laute und ständige Beteuerung, er habe noch nie Gift angerührt und seine Großmutter auch keineswegs ermordet, einen Verdacht zurücklassen. Falls der Beschuldigte sich dann weiter gegen die Verdächtigungen wehrt, kann er leicht durch die Dementis den Verdacht verstärken, den er eigentlich entkräften wollte. Die Dynamik aus Dementis und Verdächtigungen verändert das Verhalten des Verdächtigten, was wiederum als Bestätigung der Verdachtsmomente gewertet werden kann – ein Teufelskreis!

Die oft bestätigte Erfahrung über die schwierige Behandlung von paranoiden Patienten, die jahrelang an ihrem Wahn festhalten, hat eine Wurzel in diesem Teufelskreis. Der Therapeut ist, ohne es zu wissen, eingebunden in das System des Patienten und bestätigt es, indem er es bekämpft.

Eine andere Vorgehensweise schilderte Blankenburg[11] in einem Vortrag: Ein hypochondrischer Patient war überzeugt, an einer schweren Krankheit zu leiden. Er fühlte sich dadurch in seiner Bewegungsfähigkeit eingeschränkt und demonstrierte sein Leid auch deutlich seiner Umgebung gegenüber. Nachdem die organischen Ursachen abgeklärt waren, versuchte man, den Patienten davon zu überzeugen, daß er »nichts habe«. Wie leicht vorstellbar, mit wenig Erfolg. Es wurde versucht, ihn zu aktivieren, aus dem Bett zu ziehen – alles blieb ohne Wirkung. Blankenburg praktizierte daraufhin auf seiner Station den umgekehrten Ansatz. Er akzeptierte die Sichtweise des Kranken und verschrieb ihm strikte Bettruhe. Krankenschwestern pflegten ihn wie einen Schwerkranken, mit allen Ritualen, die in einem Krankenhaus üblich sind. Wie nicht anders zu erwarten, genoß der Patient die ihm zukommende Pflege nur kurze Zeit. Danach drängte er aus dem Bett. Die Krankenhausärzte verblieben aber in der skeptischen Position, wollten nicht an die schnelle Genesung glauben und ließen sich nur mühsam zu kleinen Zugeständnissen bewegen. Falls die Beschwerden wieder schlimmer würden, so müsse er unbedingt wieder strikte Bettruhe einhalten... Auf diese Weise wurde der Patient »gezwungen«, die gesunden Anteile nach außen zu tragen, die anderen von seiner Genesung zu überzeugen, während er zuvor die Umgebung von seiner Krankheit überzeugen mußte. Ermöglicht wurde der Wandel, da der Patient den Krankheitsanteil bei den Ärzten aufgehoben wußte. Jetzt wurde er in die Lage versetzt, seine eigenen gesunden Anteile wahrzunehmen, die er zuvor ausgeblendet hatte.

Noch ein Fallbeispiel von demselben Autor: Er berichtete von einem Mann mit einer Schizophrenie, der seit langer Zeit in seiner Behandlung stand. Eines Tages spürte der Patient, es könne ein neuer Schub kommen. Im Gespräch entschlossen sich Arzt und Patient, der Patient solle den Schub nur spielen und seiner Umgebung vorspiegeln, er sei wieder erkrankt. Der Erfolg gab den Überlegungen recht. Nach kurzer Zeit war von einem drohenden Rückfall nicht mehr die Rede. Das Spiel hatte eine *double-bind*-Situation geschaffen, die den ursprünglich befürchteten Ablauf des Verhaltens unmöglich machte.

In ganz ähnlicher Weise läßt sich dieses Vorgehen in einer Vielzahl von Situationen anwenden: Bei einem chronisch streitenden Ehepaar kann der Therapeut die Verschreibung geben, den nächsten Streit genauso zu machen wie bisher. Nur solle der stets belehrende Mann bei seinen Vorhaltungen auf einen Stuhl steigen, während die Ehefrau, die unter ihrer Unterlegenheit litt, vor dem Stuhl in die Knie gehen sollte. Ein Setting, das einen Streit leicht in Heiterkeit auflöst. Solche und ähnliche Techniken müssen natürlich zu dem entsprechenden Patienten passen. Das letzte Beispiel ist sicherlich in den USA leichter anzuwenden als irgendwo im Schwabenland.

2.7 *Die offene Verschreibung*

Die Technik, Patienten in die Behandlung miteinzubeziehen, kann gerade in der systemischen Einzeltherapie äußerst erfolgreich sein. Dabei kommen besonders solche Patienten in Frage, bei denen weniger sie selbst ihr Verhalten ändern sollen als andere Personen, mit denen sie zusammenleben und die aus bestimmten Gründen nicht kommen können oder wollen. Der Patient wird in die Überlegungen des Therapeuten miteinbezogen. Die Intervention zielt auf einen nicht anwesenden Dritten. Man kann sie daher als offene Verschreibung bezeichnen.

Frau Heidi M., 39 Jahre, klagte in der Behandlung über folgendes Problem: Sie sei glücklich mit ihrem Mann verheiratet, die Kinder seien zwar anstrengend aber sehr gesund und vital, finanzielle Probleme gäbe es auch nicht. Schwierigkeiten habe sie nur mit den Schwiegereltern. Der Ehemann sei leider beruflich häufig lange abwesend, weswegen sich die gesamte Aufmerksamkeit der Schwiegereltern auf sie und ihre Kinder konzentrieren würde. Sie schätze es zwar, wenn ihr Hilfe angeboten werde, die jetzige Situation sei aber nicht mehr erträglich. Es vergehe kein Tag, an dem die Schwiegereltern nicht ein- oder zweimal vorbeischauen würden – ganz abgesehen von ungezählten Telefonanrufen. Sie fühle sich durch die Hilfsangebote in ihrer Selbständigkeit eingeschränkt und fange an, ihre Schwiegereltern zu hassen, könne sich aber nicht wehren. Sie habe schon einiges versucht, um sich zu wehren, könne aber gegen die Vitalität dieser Leute nicht an. Nachdem klar wurde, was alles schon versucht wurde – ein offenes Wort des Ehemanns, stillere Klagen von ihrer Seite, feindliches Schweigen – empfahl ich der Patientin folgendes. Dabei nützte ich die Beschreibung eines ähnlichen Falles von Milton Erickson.

»Ich möchte Ihnen raten, Ihr bisheriges Vorgehen, das ja nicht besonders erfolgreich war, einmal auf den Kopf zu stellen. Bitte machen Sie sich für die nächsten vier bis sechs Wochen einen genauen Plan. Sie sollten in der Zeit einmal den Spieß herumdrehen. *Sie* werden jetzt die Schwiegereltern mit Kontaktangeboten überhäufen und ihnen dadurch die Gelegenheit geben, sich einmal in Ihre Situation einfühlen zu können. Rufen Sie daher zweimal täglich ohne Grund dort an. Vereinbaren Sie für jeden Tag etwas mit Ihnen. Haben Sie keine Scheu, die Schwiegereltern als Babysitter zu gebrauchen und in der Zeit etwas Angenehmes für sich zu unternehmen. Falls sich, das ist vorhersehbar, die Schwiegereltern weniger häufig melden sollten, lassen Sie nicht nach. Rufen Sie ein wenig vorwurfsvoll und besorgt an, was denn mit

ihnen sei. Vor allen Dingen, geben Sie sich nicht mit ersten Erfolgen zufrieden, sondern halten Sie bis zu unserem nächsten Treffen in sechs Wochen durch.«
Als ich Heidi M. wieder traf, lachte sie mich an. Sie war hochzufrieden. Es sei am Anfang schwer gewesen, aber dann habe es ihr eine diebische Freude gemacht. Anfänglich hätten die Schwiegereltern sich gefreut, dann aber immer mehr zurückgezogen. Als Heidi M. sie aber weiterhin mit Kontakten überschüttete, luden sie die Patientin schließlich zu einem Gespräch ein. Ihr wurde erklärt, daß sie, die Schwiegereltern, nun auch nicht mehr die jüngsten seien und gemerkt hätten, sie wollten mehr Zeit für sich verbringen. Kinder und Enkel seien zwar eine Freude, sie wollten aber darüber hinaus mehr Zeit für die eigenen Freunde und Bekannte haben. Sie solle es ihnen nicht übel nehmen, wenn sie sich etwas mehr zurückziehen würden.
Die Patientin erzählte mir, sie habe das Angebot gerne angenommen, man habe sich sehr freundschaftlich geeinigt. Mittlerweile ist das Verhältnis der drei Generationen deutlich besser geworden.

Offene Verschreibungen können noch in einer anderen Weise angewendet werden. Bei kooperativen Patienten mache ich aus meiner Intention keinen Hehl. Die Verschreibung und das Ziel können dem Patienten zumindest in Teilen dargelegt werden.

Der 40jährige Heinrich O. litt seit Jahren unter einer merkwürdigen Symptomatik. In gewissen Situationen beginne sein Kopf feinschlägig zu wackeln, und manchmal zöge es den Kopf mit Macht zur Seite. Außerdem zitterten ihm manchmal heftig die Hände. Er habe das Gefühl, alle Welt schaue auf ihn, wenn sein Kopf so in Bewegung sei. Das Symptom würde nicht beständig auftreten, sondern lediglich in ganz typischen Situationen: Meist seien es die Gelegenheiten, wenn er mit mehreren Unbekannten zusammen an einem Tisch sitze und er sich innerlich unruhig und unsicher fühle. Heinrich war schon als Kind nervös gewesen. Ein leichtes Zittern der Hände hatte er auch schon früher festgestellt. In der letzten Zeit wurde aber sowohl das Wackeln des Kopfes als auch das Zittern der Hände so schlimm, daß er schließlich nacheinander in zwei neurologische Kliniken eingewiesen wurde. Trotz intensiver Diagnostik ergab sich kein organischer Befund. Auch entsprechende Medikamente waren erfolglos.
Als ich den Patienten in einer dritten Klinik sah, konnte er mir schnell berichten, daß die Beschwerden wesentlich schlimmer würden, je mehr er sich um ihre Kontrolle bemühen würde. Er gerate dann in immer stärkere Anspannung, habe Angst, die Umgebung werde auf ihn aufmerksam. Schließlich bekomme er bei den Versuchen, das Wackeln

und Zittern zu verhindern, noch Kopfschmerzen. Wenn er alleine sei, bekomme er die Beschwerden nicht. Bei der Intervention nutzte ich die Zusammenhänge: Ich erklärte dem Patienten den Teufelskreis von Anspannung und Muskelverspannung, wie die Agonisten und Antagonisten am Kopf ziehen, welche Schwerarbeit die Muskulatur leiste und daß es kein Wunder sei, wenn er schließlich davon Kopfschmerzen bekomme. Da alle Bemühungen, das Verhalten zu kontrollieren, bisher die Sache noch schlimmer gemacht haben, empfahl ich ihm, einmal den umgekehrten Versuch zu unternehmen. Beim nächsten Abendessen solle er während des Essens die Aufmerksamkeit aller anwesenden Mitpatienten auf sich ziehen. Statt das aber durch Sprechen zu erreichen, müsse er es durch immer stärker werdendes Zittern tun. Er solle das so lange fortsetzen, bis ihn schließlich jemand frage, was mit ihm los sei. Er solle die Zeit stoppen, die er dazu benötige, und sich auf keinen Fall schon am Ziel glauben, wenn die ersten Blicke auf ihn gerichtet seien. Das ganze solle er als sportliche Herausforderung ansehen. Hier in der Klinik könne man sich kaum lächerlich machen, schließlich seien genügend Patienten hier, die eine vergleichbare Symptomatik hätten.
Dann demonstrierte ich dem Patienten, wie er erst langsam zittern könne und in welcher Weise sich dann die Symptomatik steigern ließe. (Wie die Erbsen von der Gabel rollen, der Tee über den Rand schwappt ...) Heinrich O., der anfänglich blaß geworden war, lächelte angesichts meiner Demonstration. Er werde sein Bestes geben. Dann schaute er mich überrascht an: »Ich weiß ja gar nicht, ob die normalerweise mein Zittern bemerken. Sie meinen, ich soll also schauen, ob die überhaupt reagieren und, wenn ja, ab wann?«
Ich stimmte ihm zu.
Am nächsten Tag erzählte er von seinen Erfahrungen: Er habe sich tatsächlich sehr angestrengt und versucht, mit seinen übertrieben zitternden Händen die Aufmerksamkeit auf sich zu lenken. Zu seiner Überraschung sei das sehr schwierig gewesen. Er habe sich immer weiter steigern müssen, bis er schließlich bewußt den Tee über den Tassenrand auf die Tischdecke geschüttet habe. Dann endlich habe ihn einer der Tischnachbarn erstaunt gefragt, ob er denn gezittert habe und ob er ihm helfen solle. Die befürchtete Blamage aber war ausgeblieben.
Wir wendeten uns dann dem zweiten Problem des Patienten zu. Mehrfach am Tag zog es den Kopf nach einer Seite. Heinrich schaute dann nach hinten und oben, das Gesicht grimassierend vom Gesprächspartner weggewendet. Die neurologische Untersuchung hätte keinen Befund erbracht (kein Torticollis spasticus organischer Genese). Er könnte es einfach nicht kontrollieren. Ich erklärte dem Patienten wieder das

Problem der Anspannung in diesem Muskelgebiet und demonstrierte an einer Zeichnung die Kräfte, die auf den Kopf einwirken. Danach verschrieb ich, er solle bewußt den Kopf noch *weiter und stärker* in die Richtung bewegen, in die es den Kopf normalerweise alleine ziehe. Das solle er jedesmal wie eine gymnastische Übung durchführen, sobald er spüre, daß die Zwangsbewegung sich ankündige.
Das Ergebnis war für den Patienten überraschend: Schon am nächsten Tag berichtete er, daß er auf die Weise das Symptom beherrschen könne. Zwar komme der Bewegungsimpuls dann manchmal wieder, durch nochmalige kräftige Bewegung des Kopfes verschwinde der Zwang sofort.

Eine Variante der offenen Verschreibung erwähnen Paul Watzlawick, John Weakland und Richard Fisch als »Bellac-Technik«[12], nach dem Bühnenstück »Der Apollo von Bellac« von Jean Giraudoux. Sie schildern den Fall einer selbstbewußten Abteilungsleiterin, die in einen zunehmenden Konflikt mit einem Vorgesetzten kam, der genauso bestimmend wie sie selbst war. Er machte sie in Gegenwart Dritter klein, und sie reagierte mit ähnlichen Mitteln, um ihm das zurückzuzahlen. Die Situation eskalierte dementsprechend, und berufliche Konsequenzen waren zu befürchten. Der Therapeut empfahl daher der Patientin, dem Chef mit äußerster Verlegenheit bei der nächsten Gelegenheit alleine zu gestehen, daß es ihr sehr schwer zu sagen falle, aber sein Verhalten würde sie ungeheuer *erregen*. Es müsse wohl irgendwie mit ihrem Vater zusammenhängen. Mit diesen Worten solle sie fluchtartig das Büro verlassen.
Die Verhaltensempfehlung, die hier gegeben wurde, ist in bezug auf die Patientin selbst nicht »paradox«. Es ist vielmehr die Aufforderung an die Patientin, eine *bewußt* unterlegene Position einzunehmen, auf die Weise aus dem Machtkampf auszusteigen und letztendlich dennoch die Kontrolle zu behalten.

2.8 Das Eingeständnis der Hilflosigkeit

Manche Patienten sind bei Psychotherapeuten gefürchtet. Beispielsweise die entwertenden Patienten, die mit freundlicher, fast unterwürfiger Stimme immer wieder sagen: »Ich habe genau das gemacht, Herr Doktor, was Sie mir gesagt haben. Es hat aber leider nicht geholfen. Die Beschwerden sind immer noch da.« Wenn solche Patienten dann auch noch häufig von Arzt zu Arzt oder von Therapeut zu Therapeut wandern, ohne daß ihnen geholfen wird, spricht man gerne von einem »doctor-shopping«-Syndrom oder von Koryphäen-Killern (»Ich war auch schon bei Herrn Prof. Dr. Müller, den kennen Sie doch . . .«). Wenn also schon vieles versucht wurde und nichts geholfen hat, so liegt die Vermutung nahe, daß die Beschwerden so hartnäckig sind, weil sie in einem Machtkampf als Munition dienen. Je mehr der Therapeut sich bemüht, desto weniger zeichnet sich ein Erfolg ab.

Im medizinischen Bereich findet man solche verdeckten Machtkämpfe häufig. Anfänglich präsentiert der Patient ein harmloses Symptom, das jedoch eine bestimmte Funktion in seinem Leben einnimmt und auf das er nicht ohne weiteres verzichten kann. Der Arzt verschreibt sein gewohntes Präparat. Der Patient kommt wieder und berichtet, es habe nicht gewirkt. Der Arzt ist überrascht und verschreibt ein stärkeres Medikament. Das »Spiel« geht noch einige Male hin und her. Jedesmal dehnt der Arzt seine Maßnahmen aus, auf die der Patient nicht reagiert. Mittlerweile ist das Klima zwischen beiden belastet. In solchen Fällen wechselt entweder der Patient die Praxis, oder der Arzt entscheidet sich zu einer Radikalkur: »Jetzt wird operiert!« oder »Der muß zum Psychiater!« Viele sogenannte Operationskranke sind Täter und Opfer solch einer gegenseitigen Eskalation.

Der Machtkampf basiert also darauf, daß beide nach der Kontrolle des Verhaltens streben, wenn auch mit unterschiedlichen Zielsetzungen. Dabei, das sei betont, verlaufen diese Prozesse unbewußt. Beiden ist der Machtkampf verborgen. Erkennbar ist er höchstens in der emotionalen Beteiligung, die beide nach einer Weile entwickeln.

Ein *letzter* Ausweg aus dem Machtkampf kann folgender sein: Der Therapeut gesteht ein, daß eine Änderung leider unmöglich sei, er habe wirklich alles versucht, und vor ihm hätten sich ja auch schon viele Therapeuten erfolglos bemüht. Er habe aber nun einsehen müssen, daß trotz der Bemühungen von vielen kompetenten Menschen und trotz zahlreicher Anstrengungen des Patienten ein Wandel nicht zu erreichen sei. Eine Tatsache, die verwirrend sei, so ganz verstehe er es selbst nicht, aber die man wohl akzeptieren müsse. Er sei leider hilflos.

Das Eingeständnis der Hilflosigkeit ist ein Versuch, den Machtkampf zu beenden. Es ergibt keinen Sinn mehr, einen Kampf weiterzuführen, wenn sich ein Teilnehmer zurückzieht, ohne den anderen deswegen zu beschuldigen. Dadurch wird es dem Patienten auch eher möglich, den anderen Teil anzuerkennen: »Also, ganz so schlimm ist es doch nicht, manchmal ging es mir auch besser. Neulich hat mir auch das und das geholfen.«

Der Therapeut hat nun – es kann niemand mehr überraschen – die Möglichkeit, skeptisch zu bleiben, was ihm angesichts der Erfahrung mit dem Patienten sicher nicht schwerfallen wird. Dies ist eine letzte Möglichkeit, denn wird das Eingeständnis der Hilflosigkeit zu früh gegeben, stößt man den Patienten vor den Kopf. Sie eignet sich vor allem für die beschriebenen Machtkämpfe, d. h. für Patienten, die in Opposition gehen. In der Einzelsituation mag der Therapeut sich aber auch zu einer milderen Form der Aussage entschließen, bevor ein Machtkampf voll entbrannt ist.

»Ich weiß jetzt wirklich nicht, wie das weitergehen wird. Vor so einem schwierigen Problem habe ich lange nicht gestanden.«

»Ich weiß nicht, was ich Sie jetzt fragen soll. Was würden Sie wohl fragen, wenn Sie jetzt an meiner Stelle säßen?«

Durch solche Bemerkungen wird ein Machtkampf im Ansatz unterbrochen. Statt zu rivalisieren nimmt der Therapeut bewußt die unterlegene Position ein (im Englischen: one-down-position), die ihm letztlich die Kontrolle zurückgibt.

3 Die Verhaltensverschreibungen

Es gibt in der Literatur eine Unzahl von verschiedenen Verhaltensverschreibungen. Damit möchte ich recht pauschal alle Interventionen charakterisieren, die eine bestimmte, konkrete Aufgabe beinhalten und gleichzeitig keine Symptomverschreibung sind. In der Gruppe der Verhaltensverschreibungen kann man nach einzelnen Aufgaben unterscheiden, zum Beispiel Beobachtungsaufgaben, Rituale usw. Dies soll erneut anhand von Beispielen deutlich werden. Bei der Darstellung dieser Interventionsbeispiele möchte ich lieber nach der Konkretheit der Aussage gliedern, beginnend mit sehr allgemeinen Interventionen bis hin zu sehr spezifischen Empfehlungen. Wie bereits schon früher dargestellt, krankt diese Art von Präsentation an der Künstlichkeit, nicht immer ganze Fallgeschichten darstellen zu können, sondern sich in diesem Kapitel eben nur auf die Interventionen zu beschränken. Die Systemperspektive und Familienperspektive droht dadurch verlorenzugehen, und der Eindruck mag entstehen, es käme nur auf einige geschickte Formulierungen am Ende einer Stunde an. Ich hoffe, durch die Ausführungen an früherer Stelle deutlich gemacht zu haben, wie wenig das zutrifft. Die richtige Intervention an der falschen Stelle erzeugt entweder Unverständnis oder Ärger. Ich stelle dennoch eine Vielzahl von Interventionen vor, auch wenn sie manchmal etwas künstlich und aus dem Zusammenhang gerissen erscheinen mögen. Die Darstellung soll als Anregung dienen. Die Interventionen gehören jede für sich immer in den Gesamtkontext einer Therapie und des entsprechenden familiären Umfeldes eingebettet.

3.1 Etwas anders machen

Eine der allgemeinsten Verschreibungen, sie wurde im BFTC entwickelt, ist lediglich die Empfehlung, anders als bisher auf die gewohnte, konflikthafte Situation zu reagieren. Solch eine banale Empfehlung basiert auf der Überzeugung, daß jedes *andere* Verhalten auch bei dem Gegenüber *andere* Reaktionen hervorruft, was ein *anderes* Kommunikationsmuster bewirkt.

Es ist eine sehr einfache Verschreibung in Fällen, wo das Verhalten der Beteiligten in hohem Maße festgefahren und vor allem für alle *vorhersehbar* ist. Üblicherweise gibt man in Milwaukee die Intervention bei chronifizierten Erziehungsproblemen zwischen Eltern und Kindern, wenn sich ein immer gleiches Ritual von »Missetaten« und »Bestrafungen« eingespielt hat. Dann kann den Eltern, ohne die Anwesenheit der Kinder, folgender Ratschlag gegeben werden:

»Zwischen jetzt und der nächsten Sitzung möchten wir, daß Sie anders auf die übliche Streitsituation reagieren. Und zwar unabhängig davon wie außergewöhnlich oder merkwürdig das sein sollte. Entscheidend ist nur, daß es deutlich anders ist als üblicherweise.«

Manchmal wird den Eltern noch ein Hinweis gegeben, wie sich andere Eltern verhalten hätten. So hätte ein Vater auf die Wutanfälle des Sohnes unvermittelt die Bohrmaschine aus der Garage geholt und angefangen, Löcher zu bohren. Eine Mutter habe auf ein ähnliches Problem dem Kind einen Lutscher gegeben und beim nächsten Mal urplötzlich ein Indianergeheule angestimmt. Dem Einfallsreichtum seien hier keine Grenzen gesetzt. Beide Eltern sollten sich nur vorher ein Repertoire an Ideen zurechtlegen, so daß sie nicht unvorbereitet sind.

Viele Eltern reagieren auf solche Empfehlungen nach kurzem Nachdenken mit humorvollem Interesse. Kinder, so ist die Erfahrung, beenden meist total verblüfft ihr lange eingefahrenes Verhalten und beobachten gespannt, was die Eltern noch so alles vollführen.

Die Intervention »Mach etwas anders« läßt sich allerdings nicht nur in der Kinderstube nützen. Ein Patient, Johannes B., berichtete, er sei als 18jähriger Jugendlicher in eine schwierige Situation geraten. Aus Unvorsichtigkeit und Gedankenlosigkeit sei er an einem Sommerabend mit seiner Freundin in eine zwar schöne, aber leider von vielen Kriminellen frequentierte Discothek gegangen. Während das Paar tanzte, gruppierten sich am Ausgang sechs oder sieben junge Männer zusammen, die ganz offensichtlich eine Schlägerei mit Johannes suchten, der vermutlich durch sein Verhalten und Gebaren in der ihm unvertrauten Umgebung auffiel. Das Paar wurde von der Tanzfläche in eine Ecke abgedrängt, und die sie umringenden Männer begannen den Patienten unter ersten Boxhieben zu fragen, ob er wohl Streit suche. Wie Johannes dann berichtete, kam ihm zu seiner eigenen Überraschung der rettende Einfall. Unvermittelt wandte er sich in höflichstem Ton an den Wortführer und fragte ihn, was er wohl von der laufenden Musik halte. – Allerdings redete Johannes ihn in bestem *Kings English* an, das er sehr gut beherrschte. Einen Augenblick stutzte der Angeredete, dann verwandelte sich plötzlich die Lage. Innerhalb von Sekunden sah sich das Paar von einer Gruppe sehr freundlicher junger Leute umringt, die mit viel gutem Willen ihre Englischkenntnisse demonstrierten. Einer kannte auch ein Mädchen in London, ob die Johannes wohl auch kenne, wo er doch Engländer sei? Nachdem die freundliche Konversation eine Weile gedauert hatte, zog es Johannes vor, sich zu verabschieden. Zu Recht vermutete er, die neuen Freunde würden es ihm übel nehmen, wenn er seine wahre Identität zeigen würde.

Auch die folgende Notiz aus der *Frankfurter Rundschau* vom 16. 5. 87 mag den Leser zu weiteren Anwendungen anregen:

Kassel, 15. Mai (AP). Wer in einer Bank oder Sparkasse künftig lautes Pfeifen und Singen vernimmt oder die Angestellten beim Tanzen überrascht, ist nicht auf einem Betriebsfest gelandet, sondern bei einer Übung der Mitarbeiter für das Verhalten bei Banküberfällen. Wie dem Bundesberufsgruppentag Banken und Sparkassen der Deutschen Angestelltengewerkschaft in Kassel bekannt wurde, haben Verantwortliche verschiedener Geldinstitute in internen Rundschreiben über das Verhalten bei Raubüberfällen den Beschäftigten geraten, sich »im Ernstfall«, wie es hießt, »ungewöhnlich zu verhalten«. So wird vorgeschlagen, daß Mitarbeiter und Mitarbeiterinnen im Falle eines Überfalles singen oder pfeifen oder sogar tanzen sollten . . .

Bleibt nur anzumerken, daß im Falle weiterer Veröffentlichungen man sich neue »Interventionen« zum Thema Banküberfall einfallen lassen sollte!

3.2 Die Standardintervention der ersten Stunde[13]

Wie bereits im Kapitel über das BFTC ausgeführt wurde, neigt man in Milwaukee in gewissen Situationen zu einer Standardintervention (First Session Formula Task). Diese Art der Intervention wurde zufällig gefunden, erwies sich aber in vielen Fällen als anwendbar. Besonders, wenn ein Therapeut auf der Suche nach den Ressourcen im Leben eines Patienten nur sehr unklare

Antworten bekam, sich also weder in der Vergangenheit noch in der Gegenwart Hoffnungselemente finden ließen, dann gab man die Standardintervention. Sie lautet:
»Zwischen jetzt und der nächsten Stunde beobachten Sie bitte die Dinge, von denen Sie möchten, daß sie sich möglichst oft ereignen.«
Die sehr allgemein gehaltene Empfehlung hat verschiedene Ziele. Die Offenheit der Empfehlung soll dem Patienten alle Freiheit lassen, selbst zu bestimmen, was er darunter verstehen möchte. Die Aufmerksamkeit soll aber – vielleicht zum ersten Mal – nicht auf die Pathologie, sondern auf die Ziele und Lösungen gerichtet werden. Es ist somit eine überraschende Perspektive für Patienten, die erwarten, mehr über das Symptom und sein Auftauchen berichten zu sollen. Das Team des BFTC gab für einige Zeit regelmäßig diese Standardintervention und stellte dabei fest, daß in der nächsten Sitzung die überwiegende Mehrheit (fast 90%) eine oder zahlreiche Situationen während der zurückliegenden Woche entdeckten, die sie als besonders positiv erlebt hatten. Das war um so überraschender, als es auch auf Patienten zutraf, die in der ersten Sitzung besonders deprimiert und hoffnungslos erschienen. Wenn also nach der ersten Stunde die Standardintervention gegeben wurde, wird der Therapeut am Anfang der folgenden Sitzung nach den Beobachtungen fragen, die der Patient gemacht hat. Oft wird dieser nicht gleich mit einer Liste von Erfolgserlebnissen aufwarten, sondern manches Erfreuliche und Unerfreuliche über die vergangene Woche berichten. Der Therapeut wird dann aus der Erzählung diejenigen herausfiltern, die im Erleben des Patienten wünschenswert waren, und sie penibel auf ihre Begleitumstände untersuchen. (»Wie haben Sie das gemacht? Was hat Ihnen dabei geholfen? Wie können Sie das häufiger erleben?«) Die Details dieser Fragetechnik sind bereits in einem früheren Kapitel dargestellt (siehe S. 63ff.).
Für den Anfänger ist vielleicht der Hinweis bedeutsam, daß solche Standardinterventionen kein Allheilmittel sind. Sie richten die Aufmerksamkeit des Patienten neu aus, schaffen eine

andere Erwartungshaltung und helfen dabei, Ziele zu finden. In der Stunde nach der Intervention müssen dann die Perlen der Ressourcen aus dem Begleitmaterial herausgesucht werden. Dann zeigt sich, was für den weiteren Fortschritt nützbar ist.

3.3 Achten Sie darauf, wie Sie das Bedürfnis überwinden . . .

Das ist eine Variante der Standardintervention. Sie wird vor allem in den Fällen gegeben, wo Patienten angeben, das Symptom stünde nicht unter ihrer Kontrolle (z. B. Suchtkranke, Zwangskranke oder Phobiker). Wiederum zielt die Intervention auf die Momente, in denen ein Trinker nicht trinkt oder ein Phobiker einem Hund nicht ausweicht.

Folgerichtig wird der Therapeut die folgende Stunde mit den Worten eröffnen: »Was haben Sie denn die letzte Woche gemacht, als Sie das Bedürfnis überwunden haben?« (». . . als Sie nicht getrunken haben?«)

Der Therapeut wird auf diese Weise ein neues Bild vom Patienten erhalten. Der haltlose Alkoholiker trinkt dann überraschenderweise nicht den ganzen Tag, sofern er nicht schläft. Im Gegenteil, er überwindet manche Klippe ohne zu trinken. Einmal hat er sogar ein Bier abgelehnt. Jede Situation kann dann untersucht werden, wie er das geschafft hat, was die anderen dazu beigetragen haben usw. Während der Therapiestunde muß nicht notwendigerweise auf weitere Nutzbarkeit der positiven Verhaltensalternativen abgehoben werden. Allein das Aufzählen der positiven Ausnahmen impliziert die mögliche Verwendung bei ähnlichen Gelegenheiten.

3.4 Überraschen

Auch Überraschungen lassen sich therapeutisch nützen. Wiederum ist es eine Variante der Intervention »Mach etwas anders«. Sie besteht darin, jemanden aufzufordern, einen anderen mit etwas zu überraschen ohne zuzugeben, daß es eine Überraschung sei. Dabei ist der andere, dem die Überraschung gilt, bei der Intervention anwesend. Die Intervention richtet sich also meist

an Paare, womit für einen Moment das Thema »Einzeltherapie« verlassen werden soll. (Um eine Vorstellung von der Vielzahl von Interventionen zu geben, sollen im folgenden auch einige Interventionen erwähnt werden, die sich nicht nur an Individuen richten.) Einem Paar wird also gesagt:
»Ich hätte gerne, daß Sie in der kommenden Woche jeder den anderen täglich mit etwas überraschen. Dabei steht es völlig in Ihrer Wahl, wie Sie das tun. Ja, es sollte sogar möglichst so sein, daß der andere unsicher ist, ob er es erraten kann. Wenn der andere es dennoch erraten sollte, bestreiten Sie es!
In einer Woche besprechen wir, wer den anderen besser überraschen konnte.«
Die Intervention ist letztlich eine Anwendung der Binsenwahrheit: »Kleine Geschenke erhalten die Freundschaft.« Leider lassen sich viele Paarkonflikte nicht durch Binsenweisheiten lösen. Die Ratschläge müssen in einer Form präsentiert werden, die erfolgversprechend ist. Im obigen Fall werden also die Partner rätseln, womit der andere sie wohl heute überraschen wird. Sie beobachten sich gegenseitig. Diesmal allerdings nicht, um am Verhalten des anderen etwas Störendes zu finden, sondern, im Gegenteil, eine – wahrscheinlich angenehme – Überraschung. Gleichzeitig wird ein spielerisches Element eingeführt, ein Wettkampfgeist, der einen Teil der aggressiven Spannung aufnehmen und umformen helfen soll.
Auch bei Kindern kann man manchmal eine ähnliche Technik anwenden.
Ein Kind brachte die Eltern durch das tägliche Chaos im Kinderzimmer zur Verzweiflung. Viele Versuche waren fehlgeschlagen, es wenigstens hin und wieder zum selbständigen Aufräumen zu bringen. Da die Eltern noch einige weitere Erziehungsprobleme mit dem Kind hatten, suchte man den Psychotherapeuten auf. (Dieser Fall ereignete sich in den USA. In Deutschland ist der Weg zum Fachmann nicht so selbstverständlich.)
Der Therapeut, der ein gutes Verhältnis zum Kind bekam, gab ihm die Empfehlung, jeden Tag die Eltern dadurch zu überraschen, daß etwas mehr in seinem Zimmer aufgeräumt wäre. Es

solle anfänglich nur eine Kleinigkeit sein. Die Eltern sollten schauen, was es sei und ob sie es bemerken würden. Eine Art Wettstreit zwischen ihm und den Eltern sollte entstehen.[14]

3.5 Schätzen

Sehr häufig findet sich in der Psychotherapie eine Situation, in der ein bestimmtes Symptom scheinbar ohne Regel auftritt. Unbeeinflußbar vom Patienten treten Symptome auf und verschwinden wieder. Als *eine* Standardintervention für diese Fälle hat sich das Vorhersagen des Symptoms erwiesen. Der Patient erhält die Aufgabe, am Abend zu schätzen, ob es am nächsten Tag eintreten wird oder nicht.

- Ob also ein herzphobischer Anfall ihn in die kardiologische Notaufnahme bringen wird.
- Ob am folgenden Tag wieder ein Migräneanfall kommen wird.
- Ob das Bett trocken sein wird.
- Ob es zu einem Wutausbruch gegenüber der Ehefrau kommen wird usw.

Zu einem bestimmten Zeitpunkt am folgenden Tag soll der Patient dann feststellen, ob er am Abend richtig geraten hat oder nicht. Die Aufmerksamkeit liegt dabei vordergründig nicht auf der Kontrolle des Verhaltens, sondern auf der Richtigkeit der Vorhersage. Damit kann bereits eine gewisse Entlastung erreicht werden. Weiterhin wird auf diese Weise der Patient systematisch und ohne es auszusprechen auf die Randbedingungen des Verhaltens aufmerksam gemacht: »Was sind denn die Unterschiede, die entscheiden, ob der nächste Tag ein ›guter‹ oder ›schlechter‹ Tag werden wird? Wie verhalte ich mich jeweils? Was machen meine Kinder an den ›guten‹ Tagen? Warum verlaufen eigentlich die meisten Wochenenden so gut?«

Darüber hinaus impliziert das Schätzen eine zumindest gewisse Beeinflußbarkeit des Verhaltens. Letztendlich ist es also eine Methode, um Kontrolle über ein Verhalten zu gewinnen, das auf den ersten Blick nicht beeinflußbar erscheint.

3.6 Wetten

Ergänzt wird das Schätzen häufig durch das Wetten – eine Technik, die sicher sehr von der Person des Therapeuten abhängt. Nicht jeder Psychotherapeut möchte mit seinen Patienten Wetten eingehen. Für andere jedoch mag es eine gelegentliche, humorvolle Ergänzung der Therapie sein.

Falls ein Team hinter dem Spiegel vorhanden ist, wird eine Wette als Intervention so aussehen:

»Das Team hinter dem Spiegel ist sehr skeptisch. Es glaubt nicht, daß Mathias (das Kind) es schaffen kann, die Wutanfälle einfach aufzugeben. Ich dagegen glaube, daß es zwar schwer sein wird, keine Wutanfälle zu zeigen, halte es aber für möglich. Ich habe mich deshalb auf eine Wette mit dem Team eingelassen. Falls Mathias mehr als zwei Wutanfälle am Tag bekommt, gewinnt das Team, falls weniger, gewinne ich. (Zu Mathias) Ich bin übrigens bereit, meinen Gewinn zu teilen . . .« – Eine Intervention, die eine gute Beziehung zwischen Kind und Therapeut voraussetzt.

Falls kein Team vorhanden ist, kann der Therapeut auch direkt mit dem Patienten wetten. Dabei übernimmt er diesmal die skeptische Position:

»Sie meinen also, Sie haben eine gute Chance, die ganze nächste Woche keinen Eßanfall zu bekommen. Wollen wir wetten? Ich sehe zwar, daß Sie in letzter Zeit gewisse Fortschritte gemacht haben. Allerdings bin ich bezüglich einer ganzen Woche skeptisch. Ich wette mit Ihnen um 5 Mark, daß Sie mindestens einen größeren Eßanfall haben werden.«

Beide Varianten der Wette sind so angelegt, daß der Patient dann gewinnt, wenn er weniger Beschwerden hat. Falls der Patient gewinnt, wird der Therapeut ihm die Verantwortung für den Erfolg geben. Falls er allerdings verliert, sollte man sehen, inwieweit dennoch eine Kontrolle des Verhaltens vorhanden war. Wenn die Wette beispielsweise auf die Frequenz des Symptoms gerichtet ist, läßt sich im Falle einer unveränderten Frequenz das Ergebnis so interpretieren, daß es dem Patienten gelungen ist, das Symptom immer gleich zu halten. Letzteres kann als eine Form von Kontrolle angesehen werden. Solche Umdeutungen werden allerdings nicht immer praktikabel sein.

3.7 Zeitgebundene Verschreibungen[15]

Viele Symptome haben im Erscheinungsbild eine typische zeitliche Struktur. Bestimmte Beschwerden treten nur zu gewissen Tageszeiten auf, andere nur am Wochenende oder während der Arbeitszeit. Auch wenn eine bestimmte zeitliche Regelmäßigkeit erkennbar ist, empfinden die betroffenen Patienten ihre Hilflosigkeit gegenüber dem Verlauf der Beschwerden als sehr quälend. In solchen Fällen gibt es eine weitere Art, Kontrolle zu vermitteln. Zwar haben die Patienten schon unzählige Male erfolglos versucht, das Symptom zu vermeiden, doch besitzen sie die ungenützte Fähigkeit, das Symptom aktiv *hervorzurufen*. Diese Art der Kontrolle eines Symptoms erscheint auf den ersten Blick widersinnig. Doch verbessert sich die Chance der Vermeidung eines Symptoms, wenn es gelingt, das Symptom bewußt hervorzurufen.

Am bekanntesten ist die Anwendung bei der Behandlung der Depression:

Eine Witwe, Mitte sechzig, kam in Behandlung, da sie über Schlafstörungen und Antriebslosigkeit klagte. Es dauerte nur wenige Minuten, bis das Vollbild einer Depression deutlich wurde: Bauchschmerzen, Verstopfung, Sinnlosigkeitsgefühle, morgendliches Tief, verbunden mit der Empfindung, der Tag läge »wie ein Berg vor ihr«, Einsamkeit und Hoffnungslosigkeit. Die Beschwerden hatten begonnen, nachdem der 35jährige, einzige Sohn auf tragische Weise an einer Leukämie verstorben war. Er ließ eine junge Frau und einen vier Jahre alten Sohn zurück. In den letzten drei Jahren hatte die Patientin den Tod nicht überwinden können. Alle Hilfsangebote von Freunden oder der Schwiegertochter hatte sie resigniert zurückgewiesen.

Sie verbrachte deshalb die meiste Zeit zu Hause, wo sie besonders morgens Gedanken an den Verstorbenen nachhing. So verstrich der Morgen unendlich langsam, ohne daß sie sich aufraffen konnte, etwas zu unternehmen. Nachmittags wurde es meistens besser. Da ging sie einkaufen oder besuchte Bekannte.

Nachdem die Beschwerden in etwa deutlich geworden waren, gab der Therapeut folgende Intervention:

»Sie haben einen schweren Schicksalsschlag erlitten. Sie haben Ihren einzigen Sohn verloren, und sie haben zusätzlich bereits Ihren Mann verloren. Es ist deshalb nur zu verständlich, wenn Sie trauern. So verstehe ich Ihre Beschwerden als den Ausdruck eines schweren Schmerzes um den Verlust Ihrer geliebten Angehörigen. Gerade, wenn so wichtige Personen sterben, halten die Weiterlebenden sie in ihrem Innern am Leben, indem sie sich beständig mit ihnen beschäftigen und sich nur langsam neuen Dingen zuwenden.
Sie kommen nun zu mir, weil Sie unter verschiedenen Beschwerden leiden, die mit diesem Trauern und Lebendighalten der Erinnerung an die Toten zusammenhängen. Ich kann verstehen, wenn Sie sich von den Beschwerden befreien möchten, aber ich glaube nicht, daß Sie die ernsten Gedanken aufgeben können oder sollen. Die Trauer und die Erinnerung wird Sie sicherlich noch lange begleiten. Solch ein Ereignis kann man nicht vergessen, es kann nur langsam etwas weniger schmerzhaft werden. Ich möchte Ihnen aber dennoch eine Empfehlung geben. Zur Zeit überfallen Sie die traurigen Gedanken fast den ganzen Tag, besonders vormittags. Sie kämpfen zwar dagegen an, aber es scheint Ihnen noch nicht zu gelingen, sie zu beherrschen.
Mein Rat ist folgender: Räumen Sie sich jeden Morgen zwei Stunden Zeit ein, die Sie vollständig den Verstorbenen, besonders dem Sohn widmen. Nehmen Sie sich eine feste Zeit, in der Sie nichts anderes machen, als an den Sohn zu denken, wie die Zeit mit ihm war, was in Zukunft noch hätte werden können und die anderen Dinge, die Sie gut kennen. Machen Sie in dieser Zeit keine Hausarbeit. Gehen Sie nicht an die Haustüre. Reservieren Sie die zwei Stunden Besinnung für das eine Thema. Falls Ihnen andere Gedanken kommen sollten, verschieben Sie diese auf später. Umgekehrt sollten Sie die besinnlichen und ernsten Gedanken, die Ihnen während des Tages einfallen, sich für die morgendliche Phase der Einkehr aufsparen. Dort ist jetzt die Zeit und die Ruhe, darüber nachzudenken.«

Die Intervention folgt dem Muster: Erst etwas herbeiführen, um es dann zu kontrollieren. Im Fallbeispiel oben ist leicht ersichtlich, daß nach einiger Zeit die Patientin Mühe haben wird, zwei volle Stunden zu trauern. Dann wird der Therapeut, wie auch in den Beispielen zuvor, nur langsam die Zeit reduzieren und zumindest – auch bei weitgehendem Wohlbefinden – eine kurze »Meditationsphase« am Morgen belassen.
Bei allen Varianten der Verschreibung sollte der Therapeut darauf achten, das entsprechende Symptom *früher* oder *häufiger*

zu verschreiben, als es spontan auftritt. So gelingt es beispielsweise manchmal, einen lästigen Schluckauf zu unterbinden, indem man jemanden bittet, aktiv den Schluckauf zu demonstrieren, kurz *bevor* er spontan auftreten würde.
Eine andere derartige Erfahrung berichtete ein Ehepaar: Sie hätten sich in vielen Jahren des gemeinsamen Lebens oft und gern gestritten. Ihnen sei nur aufgefallen, daß die unerfreulichen Streitigkeiten sich meist abends nach 22 Uhr abgespielt hätten. Man habe sich daher auf die Spielregel geeinigt, spätestens bis 22 Uhr einen Streit zu beenden oder aber auf den nächsten Tag zu verschieben. Durch diese einfache Regel würden sie seitdem die zermürbenden Diskussionen bis drei Uhr morgens vermeiden. Am nächsten Morgen ließen sich die Probleme meist mit wenigen Worten lösen.
Derartige Erfahrungen, die Patienten berichten, lassen sich vom Therapeuten immer wieder bei passender Gelegenheit verwenden. Dabei muß er nicht notwendigerweise eine Verschreibung im engeren Sinne geben. Manchmal ist es angebrachter, nebenbei einige Beispiele von Erfahrungen anderer Patienten zu geben. So zum Beispiel die Erfahrung eines anderen Paares, das sich bei gewissen Streitigkeiten zu einer 24stündigen Pause entschließt.
Wie Streitigkeiten durch eine ritualisierte Intervention unterbrochen werden können, soll im nächsten Abschnitt dargestellt werden.

3.8 Der strukturierte Kampf[16]

Die Intervention richtet sich vor allem an Paare, die sich in endlose Streitereien verwickeln, in denen ein Wort das andere gibt und am Ende nichts herauskommt als gegenseitige Verletzung.
»Beim nächsten Streit empfehle ich Ihnen folgendes Vorgehen. Wenn Sie merken, der Streit dauert länger, unterbrechen Sie einen Moment. Dann werfen Sie eine Münze, wem zuerst das Wort erteilt werden soll. Der Gewinner des Münzwurfes erhält dann zehn Minuten Redezeit. Der andere gibt keine Kommen-

tare, sondern schweigt und hört sich alles absolut ruhig an. Dabei stoppt er genau die Zeit von 10 Minuten. Nach genau dieser Zeit – nicht früher, nicht später – erhält der zweite seine zehn Minuten und der erste hört schweigend zu. Es können beliebig viele Rederunden ausgetragen werden.«
Die Verschreibung ist also eine äußerst einfache Maßnahme. Sie besteht lediglich in einer zeitlichen Entzerrung des normalen Streits. Wie sich aber leicht denken läßt, erreicht auch das eingespielteste Streitpaar unter diesen Bedingungen kaum die dritte Runde.

3.9 Ortsgebundene Verschreibungen

Eine Variante der zeitgebundenen ist die ortsgebundene Verschreibung. Hier gilt analog, was oben ausgeführt wurde. Sie wird vor allem bei Symptomen angewandt, die an bestimmten Orten ausschließlich oder gehäuft vorkommen. Durch eine Verschreibung eines Ortswechsels oder die Begrenzung auf einen bestimmten Ort wird das Gesamtmuster des Verhaltens so verändert, daß ein neues Verhalten resultiert.
Aus der Verhaltenstherapie ist folgende Form des Nichtrauchertrainings bekannt: Einem Raucher wird nicht das Rauchen verboten. Das ist schon oft versucht worden. Er darf lediglich an bestimmten Orten nicht mehr rauchen. Zuerst fällt sein Lieblingssessel im Wohnzimmer weg. Dann wird das Wohnzimmer selbst tabu. Langsam engen sich die erlaubten Aufenthaltsorte immer weiter ein, bis nur noch der Geräteschuppen oder ähnliches ausgespart ist. Ein entsprechendes Vorgehen läßt sich selbstverständlich auch weniger mechanisch durchführen und mit spezifischeren Vorstellungen kombinieren. – Das Beispiel von der Verschiebung des Streites ins Schlafzimmer wurde bereits erwähnt (siehe S. 53).

3.10 Münzwurf

Münzen lassen sich in der Psychotherapie sehr vorteilhaft einsetzen. So wie im obigen Beispiel der Münzwurf genutzt wurde, um denjenigen zu bestimmen, der mit der Streitrede beginnen darf, so kann man in unterschiedlichen Entscheidungskonflikten den Münzwurf einsetzen. Geradezu prädestiniert für solches Vorgehen sind streitende Eltern. In Erziehungskonflikten, bei denen es immer wieder um die Frage geht, welcher Elternteil nun recht hat, kann man per Münzwurf entscheiden lassen, welcher Teil sich durchsetzen darf. Der andere übernimmt dann die Aufgabe des Protokollführers, der beobachten soll, was am Vorgehen des Partners lobenswert ist. Die Anwendungsgebiete sind fast unbeschränkt. Der Therapeut bezieht keine Stellung, sondern überläßt es den Eltern herauszufinden, was ihnen am besten hilft.

Besonders geeignet für den Münzwurf sind die Ambivalenzkonflikte. Nach meiner Beobachtung werden sie meist durch die permanente, *gleichzeitige* Vorstellung von Verhaltens*alternativen* aufrechterhalten. Eine Entscheidung wird erschwert, da sich der Betroffene nicht mit einer Möglichkeit konfrontieren kann, ohne *gleichzeitig* dabei an die Alternative zu denken. Der Münzwurf zur individuellen Entscheidungsfindung ist daher eine tatsächliche Hilfe, weil für einen Moment die permanente Ambivalenz aufgehoben wird und eine der beiden Varianten in ihrer Gesamtheit wahrgenommen werden kann. Die Reaktion mag denn sein: »Jetzt merke ich, das will ich wirklich nicht.« Eine Gefühlsreaktion, die vorher nicht so deutlich werden konnte, da die beiden Elemente nicht getrennt erlebt werden konnten.

Bei Ambivalenzkonflikten kann also folgende Verschreibung gegeben werden: »Werfen Sie jeden Morgen eine Münze, wie Sie sich verhalten sollen. Bei ›Kopf‹ bemühen Sie sich, so freundlich und angepaßt zu sein, wie es Ihnen möglich ist. Bei ›Zahl‹ zeigen Sie die ganze Palette Ihrer ruppigen und unfreundlichen Seiten. Am Sonntag werfen Sie keine Münze, sondern verhalten sich gerade, wie Ihnen in den Sinn kommt.«

Viele Varianten sind hier denkbar, die alle darauf abzielen, *ein* Element der Ambivalenz leben zu lassen, um damit die Wahrnehmung des Patienten für die Konsequenzen zu schärfen.

3.11 Gerade und ungerade Tage[17]

Das Mailänder Team setzt, ähnlich dem Münzwurf, das Ritual von den geraden und ungeraden Tagen ein. Statt den Konflikt täglich aufleben zu lassen, wird er zeitlich gestreckt, und beide Seiten bekommen die Gelegenheit, ihre jeweiligen Vorstellungen zu realisieren. Das Prinzip dieser Intervention ist, daß jeweils ein Partner an den geraden, der andere Partner an den ungeraden Tagen des Monats seine Erziehungsvorstellungen (oder auch andere Ziele) realisieren darf. Der jeweils inaktive Partner übernimmt dabei die Rolle des Beobachters.

Auf Seite 48 wurde dieses Vorgehen bereits eingehend dargestellt. Es sei hier nur der Vollständigkeit halber noch einmal aufgezählt.

3.12 Schreiben, Lesen, Verbrennen[18]

Das folgende Ritual stammt aus Milwaukee. Es folgt einem ähnlichen Muster wie der strukturierte Kampf oder der Münzwurf.[19] Angewendet wird die Intervention bei hochgradig festgelegten Symptomen wie Zwangsgedanken oder bestimmten, eingefahrenen Ängsten, die scheinbar unbeeinflußbar immer wieder auftauchen. Hier lautet die Verschreibung folgendermaßen:

1. Der Patient soll sich eine Stunde am Tag reservieren. In dieser Zeit soll er sicher sein, ungestört und konzentriert arbeiten zu können. Dies sollte möglichst an einem Ort sein, an dem er sich wohlfühlen kann.
2. An den geraden Tagen des Monats soll er während dieser Stunde seine Befürchtungen und Ängste penibel genau aufschreiben. Falls das Material nicht ausreichen sollte, empfiehlt der Therapeut, nicht vor Wiederholungen zurückzuschrekken – auch wenn er denselben Satz immer wieder schreiben müßte.
3. An den ungeraden Tagen des Monats werden die Notizen erst sorgfältig gelesen und am Ende der Zeit verbrannt.
4. Am folgenden Tag beginnt dann das Schreiben wieder und so weiter.

5. Die Gedanken, die nicht zu der bedrückten Stimmungslage der täglichen Übung passen, werden auf einen späteren Zeitpunkt des Tages verlegt.

Die Erfahrung zeigt, daß es sehr schwer ist, mehr als einige Runden des Rituals durchzuhalten. Es ist schon schwer, eine Stunde konzentriert depressive und ängstliche Gedanken aufzuschreiben, da durch die Distanz des Schreibens nach einer Weile eine kritische Wertung beginnt. (»Sind die Dinge denn wirklich so schlimm?«) Das depressive Werk am nächsten Tag dann wieder lesen zu müssen, gerät so zu einer Zumutung, die das Verbrennen als Befreiung erleben läßt. In der Wiederholung des täglichen Aufschreibens und Lesens werden auch die stereotype Wiederholung und die depressiven Befürchtungen karikiert. Das Konzentrieren auf einen Zeitpunkt am Tag erleichtert so eine Distanzierung von den problematischen Gedanken.

3.13 Wohlwollende Sabotage[20]

Diese Intervention bezieht sich vorwiegend auf Erziehungsprobleme, bei denen Eltern von heranwachsenden Kindern in einen hoffnungslosen Machtkampf mit den Kindern verstrickt und gleichzeitig hilflos unterlegen sind. Zu oft schon sind Bitten und auch Drohungen von den Eltern ausgesprochen worden. Sie blieben ohne jede Wirkung. Die Intervention der »wohlwollenden Sabotage« wird besonders den Familien gegeben werden, wo die Eltern nur mit Mühe tatsächliche Autorität ausüben können. Zwar sprechen die Eltern Verbote aus – allerdings ohne Konsequenzen. Häufig sind das Familien, in denen die Jugendlichen zu früh erwachsen sein müssen, da die Eltern wenig Grenzen setzten. Aufreibende und gleichzeitig ergebnislose Machtkämpfe sind die Folge. Wenn also andere Mittel versagt haben, empfiehlt der Therapeut den Eltern, bewußt in die unterlegene Position zu gehen. Anstatt sich weiter mit dem Sohn zu streiten, weil er spät nachts nach Hause kommt und sich nicht an die vereinbarte Zeit hält, zeigen die Eltern eine resignierte Einstellung.

»Wir wissen, wir können dich nicht hindern, so spät nach Hause zu kommen und dann morgens in der Schule müde zu sein.«

Damit weichen sie dem Kampf aus. Auf der anderen Seite gleichen die Eltern die »Konten« auf andere Weise aus. Nach einer weiteren Nacht, in der sie umsonst auf den Sohn gewartet haben, beschließt die Mutter, am nächsten Morgen zu früher Stunde ausgiebig den Flur vor dem Zimmer des Sohnes mit dem Staubsauger zu bearbeiten. Dem Vater fällt wieder ein, daß er ja schon seit Monaten einige Dübel anbringen wollte – im Zimmer nebenan. Auch hatte er seiner Frau versprochen, er würde ihr helfen, einen schweren Teppich zu klopfen, wozu sich eine Stelle im Garten unterhalb des Zimmers des Sohnes besonders eignet. Falls der Sohn sich über den gestörten Schlaf beschweren sollte, entschuldigen sich die Eltern für ihre »Achtlosigkeit«. Sie hätten einfach vergessen, daß er noch schlafe. Falls der Sohn erneut so spät nach Hause kommt, spielt sich dann Vergleichbares ab. Die Eltern vermeiden jedoch, die Aktion als Strafe darzustellen. Damit geben sie keine Angriffsfläche für zermürbende Streitereien, da sie keinen offenen Widerstand gegen die Beschwerden des Sohnes leisten. Bald wird sich der Sohn überlegen, wie man sich bezüglich des Ausgehens einigen könnte.
Die Intervention verlangt Fingerspitzengefühl, um sie nicht zu einer reinen Machtstrategie und heimlichen Koalition zwischen Therapeut und Eltern werden zu lassen. Doch kann es auch einen eingefahrenen Konflikt entschärfen, da die Eltern zum ersten Mal lustvoll »Rache« nehmen dürfen, ohne es als Bestrafung deklarieren zu müssen und dadurch neuen Widerstand hervorzurufen. Erfinder dieser Intervention sind im übrigen nicht Psychotherapeuten gewesen. Im Alltag kann man oft Phänomene beobachten,wo »versehentlich« Dinge geschehen, die – bewußt ausgeführt – eine Ungeheuerlichkeit wären. So fallen »versehentlich« Tassen herunter, »versehentlich« verspricht man sich, aus »Vergeßlichkeit« denkt man nicht an Verabredungen oder Geburtstage, aus »Unachtsamkeit« übersieht man jemanden. Bei diesen Gelegenheiten scheint keine bewußte Aggressivität vorhanden zu sein. Der Betroffene kann sich deswegen auch nur schlecht wehren, obwohl er real brüskiert wurde. Manche Menschen – besonders depressiv strukturierte – sind wahre Meister solcher

Kommunikation. Sie benützen die Macht der Machtlosigkeit und die Stärke der Schwäche zur Durchsetzung der eigenen Wünsche.

3.14 Fehlerverschreibung

Lernprobleme und Examensängste haben häufig Menschen, die entweder zu faul oder zu fleißig sind. Die Faulen kommen selten zum Therapeuten, es sei denn, sie brauchen ein Attest. Häufiger sieht man die Fleißigen. Gemeint sind die Perfektionisten, die aus angespannter Überängstlichkeit ihr Lernpensum zu weit spannen und durch eine enorme Anspruchshaltung unfähig werden, Neues aufzunehmen. Sie geraten in das »Sei-spontan«-Dilemma, da Lernen ein gewisses Maß von Freiwilligkeit beinhaltet und deswegen nur schlecht erzwungen werden kann[21].

Eva, eine intelligente Studentin der Geographie, begab sich in gruppenpsychotherapeutische Behandlung wegen einer Phobie. Nach zwei erfolgreichen Semestern, in denen sie sich sehr wohlgefühlt hatte, überfiel sie plötzlich in einem vollen Hörsaal eine panische, ihr unerklärliche Angst. Sie verließ den Hörsaal sofort und beruhigte sich erst einige Stunden später. Als sie eine Woche später beklommen wieder in dieselbe Vorlesung ging, geschah das Unvermeidliche: Kaum hatte der Dozent eine Weile gesprochen – es war absolute Ruhe unter den Studenten eingekehrt – stieg die Angst erneut in ihr hoch. Sie mußte sich mühsam durch die Reihen hindurchdrängen, alle Augen waren auf sie gerichtet, bis sie den rettenden Ausgang erreichte. Von da ab konnte sie, trotz mehrerer Versuche, keine Vorlesung mehr besuchen. Alle Hilfen waren umsonst gewesen. Sie setzte daher für fast ein Jahr ihr Studium aus und begab sich in Psychotherapie.

Wie sich in der Therapie herausstellte, waren die Ursachen der Angst vielschichtiger Art. Sie sollen hier nicht alle dargestellt werden. Einen wesentlichen Anteil hatte die eigene Anspruchshaltung der Patientin, da sie aus bestimmten biographischen Gründen stets die Beste sein mußte. In der Schulzeit war ihr dies auch noch gelungen. Nun aber, im Studium, sah sie sich zahllosen, ebenfalls zielstrebigen und intelligenten Konkurrenten gegenübergestellt. Für die kommenden Prüfungen befürchtete sie nun die Erniedrigung, schlechter zu sein als die anderen. Da sie bisher immer nur die besten Zensuren hatte, fehlte ihr plötzlich das Gefühl, unterscheiden zu können, was »ausgezeichnet«, was noch »durchschnittlich« und was »schlecht« war.

Nach einiger Zeit der Behandlung ging es Eva so gut, daß sie angstfrei

ihr Studium erneut aufnehmen konnte. Als jedoch das Examen nahte, überkamen sie die alten Ängste.
Der Therapeut arbeitete aus diesem Grund in seiner Intervention folgenden Zusammenhang heraus: »In der vergangenen Zeit haben Sie alle Prüfungen stets mit den besten Noten bestanden. Das ist auf der einen Seite ein hervorragendes Ergebnis. Auf der anderen Seite ist damit ein nicht zu unterschätzendes Problem verbunden. Durch die hervorragenden Noten haben Sie keinerlei Gefühl dafür entwickeln können, was eigentlich realistische Anforderungen von Prüfungen sind. Sie haben somit keine Kontrolle über ihre Leistung, da Ihnen die Abstufungsmöglichkeiten fehlen. Erst dadurch gewinnt man Kontrolle über eine Situation, indem man die unterschiedlichen Auswirkungen, die verschiedenen eigenen Handlungsmöglichkeiten austestet. Zwar werden Sie nach menschlichem Ermessen das Examen wieder mit sehr guten Noten bestehen, doch haben Sie eigentlich dabei nichts gewonnen. Eine Lösung Ihrer Ängste wird sich erst dann abzeichnen, wenn sie mehr Kontrolle über Ihre Handlungsmöglichkeiten haben. Meiner Meinung nach ist das kommende Examen nur dann ein Erfolg, wenn Sie sich um ein abgestuftes Ergebnis bemühen. Ich schlage vor, daß Sie in einem der Fächer ein sehr gutes Ergebnis erzielen, in einem ein ziemlich gutes, in einem weiteren ein gerade durchschnittliches und in einem Fach sollten Sie richtig versagen. (Dadurch würde Eva nicht durchfallen.) Dazu müssen Sie also bewußt in einigen Fächern Fehler einstreuen, was sicherlich für Sie eine außergewöhnliche Herausforderung ist. Ich bin mir nicht sicher, ob Sie der Aufgabe gewachsen sind!«
In der nächsten Stunde erzählte Eva mit Belustigung von dem Examen, das ohne Schwierigkeiten abgelaufen sei. Auch habe Sie bewußt »dumme« Antworten gegeben. Zu ihrer maßlosen Überraschung habe dies der Professor nicht einmal bemerkt, was sie erst erheitert habe, später jedoch nachdenklich werden ließ.

Zum Thema »Lernen« möchte ich gerne etwas hinzufügen, was die Bezeichnung »Intervention« kaum verdient. Es gibt aber kleinere Probleme, die komplizierte Lösungen nicht verlangen.
Die meisten Schüler und Studenten lernen nach dem Motto: je mehr, desto besser! Eine Aussage, die psychologisch gesehen höchstens antiquarischen Wert besitzt. Wesentlich erfolgversprechender ist eine Einstellung, die dem Lernen eine Obergrenze setzt: Ich lerne höchstens fünf Stunden am Tag! Mit dieser kleinen Änderung ändert sich das Lernverhalten. Ohne zeitliche

Begrenzung dösen Studenten oft ungezählte Minuten gedankenverloren vor sich hin, oder sie pendeln zwischen Kühlschrank und Schreibtisch hin und her, während die Zeit nicht fortschreiten will.
Beim Setzen von zeitlichen Obergrenzen besteht dagegen eher die Befürchtung, nicht alles in der festgesetzten Zeit (beispielsweise fünf Stunden) unterzubringen, bevor die Lernperiode schon wieder abgelaufen ist.
Nach dieser Zeit am Schreibtisch ist der Student frei, ohne Schuldgefühle Dinge zu unternehmen, die ihm Abwechslung bringen und ihn dadurch wieder aufnahmebereit für den nächsten Tag werden lassen.

Über den Umgang mit der folgenden Stunde

Interventionen sind nicht abgeschlossen, nachdem sie gegeben wurden (Motto: *hit and run*). Viel hängt davon ab, wie man in der nächsten Stunde mit der Reaktion des Patienten auf die Intervention umgeht. Es lassen sich dazu Regeln aufstellen, die dem Ungeübten Enttäuschungen ersparen.
Wenn also eine spezifische Intervention gegeben wurde, so sollte der Therapeut zu Beginn der folgenden Stunde nach dem möglichen Ergebnis fragen.
»Ich habe Sie die letzte Stunde gebeten, einmal die Momente am Tag zu notieren, in denen Sie sich ausgesprochen wohl gefühlt haben. Wie war das in der vergangenen Woche? Was für positive Momente haben Sie erlebt?«
Viele Patienten führen zwar aus, was ihnen aufgetragen wurde, sprechen es aber von sich aus nicht spontan an. Um eine Verschreibung korrekt ansprechen zu können, sollte der Therapeut sich die Verschreibung notiert haben. Selbst wenn er sich sonst nichts aus der Stunde aufgeschrieben hat, ist die Lektüre der Verschreibung meist behilflich, ein zuverlässiges Bild der Stunde zu bekommen, da in ihr nochmals das Wichtigste der Stunde verdichtet dargestellt ist.

Falls ein Patient die Aufgabe nicht durchgeführt hat, so wird der Therapeut kurz nachfragen, ohne aber auf einer Antwort zu bestehen.[22] Meist berichtet der Patient auch da von einigen guten und einigen schlechten Dingen. Wie schon früher ausgeführt, arbeitet der Therapeut dann erneut die genauen Bedingungen der »guten« Momente heraus, um die eigenen Anteile des Patienten an der Besserung zu verdeutlichen.

Patient: »Die Woche war schrecklich. Ich habe zwar darauf geachtet, was besser war, aber da war eigentlich nichts.« Das ist eine Situation, die einen Therapeuten verzweifeln läßt, der sich von einer Intervention viel erhofft hat. Er sollte dann aber nachfragen.

Therapeut: »Es war also durchgehend schlecht?«

Patient: »Ja, fast durchgehend.«

Therapeut: »Wieso fast?«

Patient: »Ja, am Samstag, da ging es etwas besser, aber auch nicht sehr lange.«

Therapeut: »Erzählen Sie mir, was da anders war.«

Das Prinzip bleibt also das gleiche. Die Ausnahmen sollen nutzbar gemacht werden. Auch wenn die Fortschritte nur klein sind, so können sie doch Hinweiszeichen für die Möglichkeiten eines Patienten sein, wie er sich selbst aus einer schwierigen Lage befreien kann. *Jede* Ausnahme sollte daher auf ihre Veränderungspotenz untersucht werden. Wenn Patienten nun über erfreuliche Veränderungen berichten, so läßt der Therapeut den Erfolg stets beim Patienten. Der Patient ist für die Besserung der Depression verantwortlich und nicht der Therapeut mit seiner klugen Therapie. So trägt der Therapeut zu der Autonomie bei. Er wird vielleicht neugierig fragen:

»Die Veränderung ist aber sehr erfreulich. Wie haben Sie das denn gemacht? Nachdem, was Sie mir in der letzten Stunde erzählt haben, bin ich ganz überrascht, wie das so gut gegangen ist.«

Umgekehrt kann der Therapeut Verantwortung für Mißerfolge übernehmen:

»Das habe ich offenbar das letzte Mal nicht richtig eingeschätzt.

Eine so kurzfristige Veränderung wäre sicher nicht günstig gewesen ...«

Eine weitere Möglichkeit, mit Erfolgen umzugehen, ist die Warnung vor dem Rückschlag. In vielen Fällen ist der Erfolg ja zu Beginn keineswegs sicher, und sowohl Patient als auch Arzt fürchten sich vor einem möglichen Rückschlag. Um dem Rückschlag seinen bedrohlichen Charakter zu nehmen, kann man in dieser Situation auf verschiedene Art vorgehen.

Wenn etwa ein Jugendlicher stolz von den ersten Ablösungsschritten erzählt, so wird der Therapeut wissen, daß es auch wieder andere Zeiten geben wird, in denen der jugendliche Patient gelähmt zu Hause sitzt und mit seiner gewonnenen Autonomie nicht mehr zurechtkommt. In solchen Fällen kann der Therapeut den *Rückschlag voraussehen* und ihm dadurch einen Teil des entmutigenden Charakters nehmen. So werden erneut die autonomen Kräfte gestärkt.

»Sie haben in der letzten Woche wirklich große Fortschritte in Richtung auf ein eigenes selbständiges Leben erzielt. Nun ist es aber so, daß Sie nicht nur eine ›progressive‹ Seite haben. Wie alle Menschen haben auch Sie eine ›konservative‹ Seite. Es gibt in Ihnen eben *auch* den Wunsch, die Verbindung zu den Eltern fest und dauernd aufrechtzuerhalten und beispielsweise noch *nicht* auszuziehen. Gerade in der Anfangszeit der Ablösung sind die meisten Jugendlichen nach meiner Erfahrung hin und her gerissen, was sie eigentlich möchten. Ich vermute deswegen, daß aus Gründen der Ausgewogenheit in der nächsten Woche – wenigstens für einige Momente – diese Seite zu ihrem Recht kommen wird. Ich möchte Sie deshalb vor folgendem warnen: In der nächsten Woche werden Sie – auch wenn das für Sie jetzt nicht vorstellbar ist – an Ihren jetzigen Entschlüssen zweifeln und überlegen, ob es nicht besser ist, für die nächsten Jahre bei den Eltern zu bleiben.«

Wenn die befürchteten Möglichkeiten so vom Therapeuten formuliert wurden, kann der Patient damit leichter umgehen. Seine Loyalitätsgefühle den Eltern gegenüber sind dann nicht mehr notwendigerweise ein Scheitern der Ablösung, sondern ein vorhersehbares Geschehen im Rahmen eines natürlichen Prozesses. Wenn ein bestimmtes Symptom nicht mehr auftritt, kann der Therapeut auch voraussagen, daß es in der kommenden Woche wahrscheinlich doppelt so oft auftreten wird.

»Ihre Migräneanfälle haben sich wirklich erstaunlich gebessert. Während Sie früher mindestens drei schwere Anfälle hatten, war es nun kein einziger. Nach all dem, was Sie mir erzählt haben, möchte ich Sie für die kommende Woche vor Migräneanfällen warnen. Vermutlich werden Sie die Anfälle »nachholen«. Sie müssen sich deshalb auf sechs Anfälle einstellen.«

Treten die vorhergesagten Anfälle nicht oder nicht so häufig auf, wird sich der Therapeut erklären lassen, warum das wohl nicht so war und was der Patient dazu beigetragen hat.

Wenn jedoch die Anfälle tatsächlich in der beschriebenen Frequenz aufgetreten sind, hat sie der Therapeut zumindest richtig vorausgesagt und kann dann wie folgt fortfahren:

»Für eine Veränderung, wie Sie es in der vorletzten Woche erlebt haben, ist es einfach noch zu früh. Noch sollten Sie Ihre Belastungen nicht aufgeben. Man kann zum jetzigen Zeitpunkt einfach noch nicht vorhersehen, welche negativen Folgen eine Veränderung mit sich bringen kann.«

Der Therapeut folgt also allen Entwicklungen des Patienten und vermeidet jede Kritik. Bei Fortschritten freut er sich und verbleibt dennoch skeptisch, bei Nichtveränderung oder Rückschritten übernimmt er, wenn es stimmig ist, die Verantwortung. Er vermutet, daß eine Veränderung aus guten Gründen so noch nicht eingetreten ist. Im Gegenteil, eine vorschnelle Veränderung hätte vielleicht sogar negative Konsequenzen.[23]

Eine weitere Variante der Rückfallverschreibung will ich noch einmal erwähnen.

In manchen Fällen reicht es, wenn die Patienten den Rückfall *spielen* (siehe S. 134). Dies gilt vor allem dann, wenn das Symptom starke Signalwirkung auf die Umgebung hat. Dem kommunikativen Aspekt der Symptomatik soll also unter der schützenden Distanz des Spieles entsprochen werden.

Wenn beispielsweise ein Jugendlicher einen Rückfall in die

Abhängigkeit *spielt,* dann werden die Eltern mit verwöhnender Zuwendung reagieren. Sowohl das Kind als auch die Eltern können dieses Bedürfnis nach gegenseitiger Nähe befriedigen. Da es aber eben nur ein Spiel ist, entsteht für den Jugendlichen keine Niederlage daraus. Er ist nicht wieder »schwach« geworden, sondern er hat es eben nur »gespielt«. So ein Spiel kann durchaus offen allen Beteiligten erklärt werden, sofern eine stichhaltige Begründung gegeben wird.

Anwendung: Das systemische Verständnis des Übergewichtes oder von der Lust der Last

Hermann J., ein 30 Jahre alter, großer und attraktiver Programmierer, litt unter einem Problem: Er machte sich Sorgen über sein Übergewicht von circa 15 Kilogramm. Aus ihm unverständlichen Gründen gab es eine magische Gewichtsgrenze, die er nicht unterschreiten konnte, so sehr er sich auch anstrengte.

Der junge Mann teilt das Schicksal mit vielen, die versuchen abzunehmen. Nach einigen Kilo Gewichtsabnahme, die sauer erkämpft werden, folgt ein kontinuierlicher und kaum merklicher Gewichtsanstieg bis auf das ursprüngliche Ausgangsgewicht zurück. Es scheint, als ob hier ein geheimer Mechanismus am Werk ist, der in unerschütterlichem Gleichmut ein vorher eingestelltes Sollgewicht immer wieder herstellt.

Wie läßt sich sonst erklären, daß so zahlreiche Diätvorschläge regelmäßig ohne Erfolg bleiben? Warum leben die Illustrierten davon, jede Woche einen neuen Diätvorschlag anzupreisen, der Hoffnungen wecken soll, die regelmäßig enttäuscht werden, wie bei den vielen Versuchen zuvor?

Die gängigen Erklärungsversuche richten sich auf eingefahrene Ernährungsgewohnheiten, auf ein kalorisches Mißverhältnis zwischen verbrauchten und angebotenen Kalorien, auf die menschliche Schwäche, sich nicht beherrschen zu können, auf die Verführung durch die Umgebung und anderes mehr. An diesen Begründungen mag vieles wahr sein. Meines Erachtens treffen sie jedoch nicht das Zentrum des Problems. Ich möchte daher in einigen Beispielen zeigen, wie sich mir die Problematik des Übergewichts darstellt.

Hermann führte ein Erstgespräch mit einem Therapeuten[1], der ihm eine Reihe von zirkulären Fragen zur Lebenssituation stellte.

Hermann war seit sechs Jahren verheiratet. Die Beziehung hatte sich für beide Partner gut entwickelt. Sie hatten ähnliche Interessen und empfanden ihre Partnerschaft als befriedigend, lediglich die sexuelle Aktivität hatte von der anfänglichen Intensität etwas eingebüßt.

In der Therapiesitzung wurde ein Zusammenhang zwischen der Partnerschaft und dem Übergewicht deutlich: Beide empfanden sich in der gemeinsamen Beziehung als etwa gleich stark, wobei das Körpergewicht eine sehr spezifische Rolle spielte. Hermann sah sich in seinem Aussehen seiner hübschen, schlanken Frau unterlegen. Diese Gefühle wurden aber durch seine Überlegenheitsgefühle auf intellektuellem Gebiet kompensiert. Dadurch befand sich das Paar insgesamt in einem wohlausgewogenen Gleichgewichtszustand.

Durch den Wunsch abzunehmen bedrohte Hermann unbewußt dieses Gleichgewicht, da so seine, von ihm selbst angenommene intellektuelle Überlegenheit, ja nicht mehr durch den Gewichtsvorteil seiner Frau aufgewogen wäre.

Auf die Frage des Therapeuten nach den möglichen Veränderungen in seinem Leben nach einem Gewichtsverlust, d. h. mit einem schönen Körper, lachte Hermann plötzlich laut auf. Er hatte anfänglich nur positive Folgen für sein Leben phantasiert. Nun kam ihm ein Gedanke, den er fast nicht aussprechen wollte. Endlich sagte er: »Na ja, wenn ich mir so vorstelle, ich habe einen schlanken, muskulösen Körper und laufe so durch die Einkaufszone und sehe die ganzen hübschen Mädchen in ihren dünnen Blusen – da würde ich doch für meine Treue keinen Pfifferling mehr geben!«

Hermann war selbst sehr überrascht von dem inneren Zusammenhang zwischen seinem Übergewicht und seinen Ausbruchstendenzen.

Der Therapeut riet ihm deshalb, *vorerst* an seinem Gewicht nichts zu verändern, da er offenbar sonst die Beziehung zu seiner Frau gefährden würde, was Hermann nicht wollte.

Übergewicht als Schutz vor etwas Bedrohlichem ist meiner Beobachtung nach überraschend häufig feststellbar. Dem offen geäußerten Wunsch nach mehr Attraktivität entspricht eine mindestens ebenso große Angst davor. Meist ist diese Angst deutlich größer. Weiterhin spielt das chronisch schlechte Gewissen des Übergewichtigen im allgemeinen eine große Rolle. Er wird durch den erkennbaren Makel immer wieder an seine eigene Unfähigkeit erinnert. Das führt zu einer Situation, in der er sich dann häufig sagt: »Ich muß erst einmal abnehmen, bevor ich sonst etwas an meinem Leben ändere«, oder »So wie ich jetzt bin, nimmt mich ja sowieso keiner an«.

Übergewicht erweist sich also oft als Schutzschild für die eigenen Veränderungsbestrebungen, beziehungsweise als Ballast, der den großen Flug in die Unabhängigkeit verhindern hilft.

Dieses Bild vom Ballast und dem entgegengesetzten Wunsch nach Befreiung ist eine meiner Lieblingsmetaphern, um im Kontakt mit übergewichtigen Patienten ihren Konflikt zu beschreiben. Ich sage zu ihnen also etwa folgendes:

»Wissen Sie, ich sehe, es gibt in Ihrem Leben zweierlei Tendenzen: Auf der einen Seite haben Sie den geheimen Wunsch nach Weite, nach Veränderung und persönlicher Entwicklung. Auf der anderen Seite hat Ihr Leben viel Bewahrenswertes und Wertvolles, einfach Dinge, für die sich zu leben lohnt.

Nun entsteht aus diesen beiden Tendenzen ein Konflikt, da sich die zwei Seiten unversöhnlich gegenüberstehen. Ähnlich einem Freiluftballon gibt es die eine Seite, die nach oben will, ins Freie hinaus, ganz egal, was es kostet. Dem steht zum Glück die andere Seite gegenüber, der Ballast, der den Ballon erst steuerfähig macht. Ihnen erscheint es offenbar so, als ob Ihr Gewicht nur störend und überflüssig sei, ohne zu erkennen, wie gefährlich eine Reise ohne Ballast werden könnte. Ich muß Sie daher warnen, den Ballast einfach so wegzuwerfen. Sie riskieren dadurch, in einen Konflikt zu geraten, den Sie im Augenblick ja ausgezeichnet gelöst haben. Ihr Gewicht hat Ihnen im Augenblick geholfen, gefährliche neue Kontakte zu vermeiden. So ersparen Sie sich Unsicherheitsgefühle und Ärger. Ich möchte

Ihnen daher empfehlen, Ihr Gewicht noch einige Zeit zu halten, ja vielleicht sogar eher zuzunehmen, wenn Sie sich unzufrieden fühlen. Auf keinen Fall sollten Sie abnehmen, bis Sie nicht ganz sicher sind, daß Ihnen Ihre eigene Attraktivität nicht gefährlich werden kann.«

Hier ein weiteres Beispiel für dieses Dilemma:

Eine 32jährige Patientin, Marianne G., befand sich seit längerer Zeit wegen verschiedenartiger Probleme in meiner Behandlung. Vor allem jedoch hatte sie Schwierigkeiten, eine längerfristige Beziehung zu einem Mann aufzunehmen. In einer Sitzung sagte sie mir, sie wolle einmal über ihr Gewicht sprechen. Sie habe schon seit Jahren das Gefühl, viel zu viel zu wiegen, aber alle Abmagerungskuren seien erfolglos geblieben. Letztendlich esse sie wohl zu viel und zu gerne. Da ich Marianne schon lange kannte, war mir folgender Hintergrund vertraut: Sie war die älteste von sechs Kindern, die früh im Haushalt herangezogen wurde und die kleineren Geschwister mitversorgen mußte. Ein Erlebnis, erzählte sie mir, erschien ihr stellvertretend für die damalige Situation: Sie müsse mit der kleinen Schwester, die noch im Kinderwagen saß, einkaufen gehen und fühle sich damit total überfordert und verlassen. Sie habe es damals aber nie zugeben wollen, sondern sich in die trotzige Haltung »Ich zeige keinem, wie schlecht es mir geht« geflüchtet. Dabei aß sie dann eine riesige Tüte mit Keksen auf.

Mittlerweile war aus dem trotzigen Kind eine beruflich sehr erfolgreiche Frau geworden, die es in gleicher Weise wie damals vermied zu zeigen, wie ihr innerlich wirklich zumute war.

Ich stellte der Patientin eine Reihe von zirkulären Fragen zu den Konsequenzen einer möglichen Gewichtsabnahme, vor allem was für Folgen das für ihr Verhalten haben würde. Schnell zeigte sich, daß sich die größte Veränderung in der Beziehung zu ihrer Mutter ergeben würde. Auf die Frage, was sich denn daran verändern könnte, sagte Marianne auf einmal voller Wut und Erschütterung: »Ich würde einen wahnsinnigen Krach mit meiner Mutter kriegen.«

Marianne hatte seit ihrer Kindheit eine sehr ambivalente und hintergründig aggressive Beziehung zu ihrer Mutter. Nach wie vor hatte sie intensiven Kontakt zu ihr. Es war ihr aber nie möglich gewesen, gegenüber der Mutter aggressiv zu sein und ihr damit auch Grenzen zu zeigen. Das Übergewicht hatte für Marianne die Folge, mit einem chronisch schlechten Gewissen belastet zu sein, das ihr dauernd sagte (so Marianne wörtlich): »Wer so fett ist, soll erst einmal abnehmen, bevor er die Klappe aufreißt!«

Für Marianne war die Erkenntnis über den Zusammenhang zwischen Gewicht und Schuldgefühlen und besonders zwischen Gewicht und Auseinandersetzung mit der Mutter so überraschend, daß sich jede weitere Deutung erübrigte.

Bleibt noch anzumerken, daß die Patientin tatsächlich nach einiger Zeit sich von der Mutter abgrenzen konnte und parallel dazu auch an Gewicht verlor, wenn auch nicht bis zu dem Grad, den sie sich erhofft hatte.

Während meiner Arbeit in einer medizinischen Allgemeinpraxis kam die 40jährige Corinna C. Sie klagte über diffuse Bauchbeschwerden, Blähungen und Übergewicht. Sie verspürte die Beschwerden seit geraumer Zeit und hatte sich jetzt entschlossen, etwas dagegen zu tun. Corinna lebte in folgender Situation: Sie hatte früh geheiratet. Zwei fast erwachsene Kinder waren dabei, sich abzunabeln. Ein 12jähriger Sohn lebte noch zu Hause. Ihr Mann war sehr beschäftigt und kam abends erst spät zurück. Corinna versorgte den Haushalt, wobei die älteren Kinder weitgehend von irgendwelchen Verpflichtungen ausgenommen waren. Das Hauptproblem in der Familie war jedoch eine Erkrankung des 12jährigen Sohnes. Schon in früher Kindheit war seine Hämophilie (Bluterkrankung) entdeckt worden, was enorme Konsequenzen für die Familie hatte. Die Eltern paßten ständig auf, daß sich das Kind keine Verletzungen zuzog, und waren so andauernd in der Position des »Nein-Sagens«. Außerdem waren sie von regelmäßigen und sehr teuren Injektionen abhängig, die sie an spezielle Zentren banden. Daher konnte die Familie nicht gemeinsam in Urlaub fahren. Dauernd drohte die Gefahr, der Junge könne sich verletzen und dann schnell lebensgefährlich

bluten. Darüber hinaus konnten selbst harmlose Bewegungen zu Gelenkblutungen führen, die zwar nach einiger Zeit wieder abheilten, auf die Dauer aber zu vollständiger Versteifung der Gelenke führen könnten. Zum Glück, und nicht zuletzt wegen der guten Versorgung, war das bei dem Jungen bisher nicht eingetreten. Das Familienleben hatte sich also gezwungenermaßen der Erkrankung angepaßt, wobei die Mutter den größten Teil der Betreuung auf sich genommen hatte. Dabei lastete noch ein anderer Druck auf ihr: Es war für den Jungen ausgeschlossen, später einmal eine körperliche Tätigkeit ausüben zu können. So fühlte sich Corinna dafür verantwortlich, ihm zu einer guten Schulausbildung zu verhelfen, die ihn später unabhängig von seiner Behinderung machen sollte. Deswegen überwachte sie täglich seine Hausaufgaben oder hörte ihn die Vokabeln ab.
Trotz der Belastungen, trotz fehlendem Urlaub über mehr als zehn Jahre, war Corinna nie depressiv oder wütend geworden, hatte keine Krankheiten bekommen und auch keine heimlichen Pläne geschmiedet abzuhauen. Lediglich eines war zu beobachten: Über eine gewisse Zeit hatte sie angefangen, tagsüber hin und wieder einen Cognac oder ein Glas Wein zu trinken, und das steigerte sich langsam. Als ihr das zunehmend bewußt wurde, unterbrach sie es abrupt und verbot sich jeden Alkohol. Ab dieser Zeit zeigte sie dann allerdings eine Vorliebe für alle Formen von Süßigkeiten, die sie im Laufe des Tages während der Hausarbeit aß. Über die Jahre führte das zu einem beträchtlichen Übergewicht, das kurzzeitigen Abmagerungskuren hartnäckig widerstand.
Als Corinna nun mit den erwähnten Beschwerden in Behandlung kam, wurde erneut mit ihr eine Diät vereinbart, die auch den Verzicht auf Süßigkeiten umfaßte. In den ersten Wochen der Behandlung blühte sie auf, da ihre verschiedenen Beschwerden durch die spezielle Diät schnell besser wurden und sie voller Stolz einen beträchtlichen Gewichtsverlust berichten konnte. In dieser Zeit kam sie etwa zweimal pro Woche in die Praxis, was sie als sehr unterstützend für ihre Bemühungen erlebte.
Dann kam die Sommerpause, und Corinna stellte sich darauf ein,

weiter alleine für sich die vereinbarte Diät zu befolgen. In den folgenden zwei Wochen fühlte sie sich wohl, dann aber wurde ihre Stimmung immer bedrückter. Die Familie wunderte sich über ihre Freudlosigkeit und den fehlenden Schwung, den sie sonst bei ihr gewohnt war. Nach anfänglicher Unterstützung der Diät durch den Mann schlug dieser nun vor, doch endlich wieder zuzunehmen. Sie sei früher doch viel ausgeglichener gewesen. Auch die Kinder brachten wie zufällig Pralinen mit und ermunterten sie, bei Tisch doch zuzugreifen.

Bei der Wiedereröffnung der Praxis war Corinna eine der ersten, die morgens im Wartezimmer saß. Sie klagte über Schlaflosigkeit, morgendliche Antriebsstörung, allgemeine Lustlosigkeit, leichte Erschöpfbarkeit, also über eine sogenannte larvierte Depression. Nach einigen Fragen zu diesen depressiven Erscheinungen zeigte sich der Zusammenhang zwischen der Gewichtsabnahme und der dauernden Überlastung, die Corinna bisher nie empfunden hatte. Hypothetische Fragen nach der Zukunft offenbarten folgendes: Corinna befürchtete, sie könne zum ersten Mal in einen Streik treten, wenn sie auch weiterhin auf Süßigkeiten verzichtete. Dann würde sie nicht mehr ohne weiteres die Arbeit für die großen Kinder mitübernehmen und den Mann von allen Belastungen abschirmen. Ich warnte die Patientin daraufhin vor einer weiteren Diät, da mir die Konsequenzen für den Augenblick zu gefährlich erschienen. Ich zählte ihr (mit einem kleinen humorvollen Augenzwinkern) auf, was die Kinder, ihr Mann und die Umgebung alles an ihr bemängeln würden, wenn sie nicht perfekt funktionieren würde. Es sei zwar bedauerlich, wenn ihre alten Beschwerden wiederkämen, aber sie müsse sich dann einfach sagen: »Ich kann das meiner Familie nicht zumuten. Ich muß auf sie Rücksicht nehmen.« Das sei gewiß ein Opfer, aber vielleicht müsse sie die Schmerzen des lieben Friedens willen auf sich nehmen.

Corinna war über meinen Vorschlag erbost. Mit düsterer Miene verließ sie die Praxis und kam auch nicht zum nächsten vereinbarten Termin. Eine Woche später erschien sie verschmitzt lächelnd wieder bei mir und erzählte: Ihre Stimmung sei wieder glänzend, obwohl sie sehr mit mir gehadert habe. Nach einigen Tagen habe sie sich aber gedacht: »Nein, so nicht!«

An einem Sonntag habe sie dann den Familienrat einberufen und erklärt, daß es so nicht weitergehe. Sie habe eingesehen, sie arbeite zu viel für die Familie und werde in Zukunft einige Arbeiten abgeben. Hier sei eine Liste mit den regelmäßigen Notwendigkeiten, die alle nicht viel Zeit in Anspruch nehmen würden. Jeder solle sich davon eine aussuchen und diese unaufgefordert erledigen. Die Familie solle sich ihren Vorschlag bis zum nächsten Wochenende überlegen und ihr das Ergebnis mitteilen.

Nach dieser Erzählung schaute mich die Patientin voll heimlichen Stolzes an: »Ich muß gestehen, ich habe auch ein bißchen gedroht. Falls meine Familie nämlich nichts macht, habe ich gesagt, würde ich überraschend für einige Wochen in Kur gehen.«

In der folgenden Woche kam Corinna wieder. Die Familie habe sich entschieden, die verschiedenen Aufgaben zu übernehmen und zu ihrer großen Überraschung ohne Murren. Es gehe jetzt zu Hause viel besser, und sie würde sich seit langem nicht mehr so wohlfühlen. In der folgenden Zeit warnte ich vor Rückschlägen, da ich vermutete, Corinna könne aus schlechtem Gewissen oder aus Gewohnheit die neu erworbene Freiheit wieder aufgeben. Daher zählte ich ihr bei jeder ihrer Praxisbesuche gute Gründe für ein Wiederaufnehmen ihrer alten häuslichen Pflichten auf. In den Kontakten entstand jetzt ein scherzhaftes Spiel zwischen uns, in dem Corinna mir die Vorteile der neuen Situation beschrieb und ich, dies zwar anerkennend, ihr meine bedenkliche Skepsis zurückgab. Als dann tatsächlich ein kleiner Rückschlag kam, konnte ich ohne Mühe an meine Skepsis anschließen: Es sei doch einfach doch zu früh für eine solch einschneidende Veränderung bei ihr gewesen. Es mache ihr einfach zu viel schlechtes Gewissen und überlaste die Familie. Außerdem würde so gründlich wie sie schließlich keiner die Aufgaben erledigen ...

Corinna lehnte sich in der folgenden Zeit gegen meine skeptische Einschätzung auf. Nach zwei Wochen hatte sie wieder in ein neues Gleichgewicht gefunden. Alle Familienmitglieder teilten sich erneut die Hausarbeit, wodurch sie mehr Zeit für sich gewann.

Süßigkeiten und übermäßiges Essen können wie andere Suchtmittel dazu dienen, Systeme zu stabilisieren. Diese Funktion ist dem Betroffenen verborgen. Er erlebt sein Verhalten lediglich als Unfähigkeit, zum Beispiel bezüglich seines angestrebten Zielgewichts zu versagen. Diese Unfähigkeitsgefühle belassen die Perspektive auf das Individuum gerichtet. Sie verhindern eher die Einsicht, daß Gewicht und Eßverhalten auch eine interaktive Bedeutung haben. Damit stabilisiert sich aber eine gegebene Situation. Wenn das Übergewicht einmal solch eine Funktion eingenommen hat, ist es nur schwer zu ändern, da letztendlich alle Mitglieder eines Systems ein ihnen unbewußtes Interesse an der Beibehaltung dieses Gewichtes haben.

Ein stabiles Übergewicht kann das Zeichen für eine stabile Kompromißbildung in einem Familiensystem sein, in dem bestimmte Aufgaben ungleich verteilt sind und durch das Übergewicht eines Mitgliedes stabilisiert werden. Eine Gewichtszunahme wäre dann als Hinweis für ein entstehendes Ungleichgewicht zu werten, indem bisherige Kompensationsmechanismen versagt haben. Nach dem Muster »mehr desselben« wird durch Gewichtszunahme ein erneuter stabiler Zustand auf höherem Gewichtsniveau erreicht. Vermehrte Schuldgefühle und geringere Attraktivität stehen wieder im Gleichgewicht mit den stärker gewordenen Bedürfnissen nach Freiheit und Unabhängigkeit.

Nachwort

Der Leser ist nun also – fast – am Ende meiner Ausführungen angekommen. Meine Absicht war, neugierig zu machen und einen Teil der Faszination zu vermitteln, die die Thematik auf mich selbst ausübt.
Ich halte es allerdings auch für möglich, daß manch ein Leser sich in einem Zustand der Verwirrung befindet (Verwirrung ist stets der Beginn des kreativen Wandels!), besonders, wenn das Gelesene sehr von seinem bisher praktizierten Stil abweicht. Ebenso werden einige Leser vielleicht denken, daß so einfach das alles nicht sein kann!
Solche Gedanken sind normal, wenn zwei neue Denkgebäude aufeinanderstoßen. Skepsis, Verwirrung und Interesse stellten sich auch bei mir ein, als ich die ersten Begegnungen mit der systemischen Sichtweise machte. Es mischten sich bei mir die Eindrücke von überzeugender Logik und eigentümlicher Fremdheit.
Aus diesem Grund noch einige Anmerkungen:
1. Was ist nun das »Systemische« an der systemischen Therapie? »Systemisch« – das weiß der Leser mittlerweile – ist die Betrachtungsweise eines Problems, die Art und Weise, wie der Betrachter sein Bild von der Wirklichkeit »konstruiert«[1]. Nicht das Objekt der Betrachtung ist entscheidend, sondern die Prozesse, die im Betrachter zu dem führen, was er für »wahr« hält. Je nachdem, was der Betrachter als zu beschreibendes »System« wählt, kann sowohl die Brutpflege der Ameisen als auch die Bewegung der Planeten in systemischen Begriffen erfaßt werden. Insofern ist die systemische Einzeltherapie nur eine der unzähligen denkbaren Anwendungen der systemischen Theorie. In der Psychotherapie wurde zuerst das System »Familie« untersucht. Aus diesem Grund haben viele Psychotherapeuten systemische Therapie stets mit Familientherapie gleichgesetzt.

Auch in diesem Buch wird meistens auf die Familie als das relevante System eingegangen. Dies geschieht, da die nahestehenden, lebensbeeinflussenden Personen meist Partner oder Familienangehörige sind. Es kann jedoch in gewissen Fällen sinnvoll sein, ein anderes System zu wählen: Arbeitskollegen, der Chef oder Freunde können weitere oder ausschließliche Elemente des Systems sein. Am therapeutischen Vorgehen ändert sich dabei nur wenig.

Ich empfehle dem Leser, von Zeit zu Zeit unterschiedliche Systeme zu beobachten, denen er im Alltag begegnet. Beispielsweise das System, in dem er arbeitet. Welche Kräfte und Koalitionen gibt es dort? Welche progressiven und konservativen Fraktionen sind erkennbar? Wo steht der Chef in der Ansicht der verschiedenen Mitarbeiter?

Viele Betriebe – besonders ab einer bestimmten Größe – haben ein sehr stabiles Eigenleben. Das macht sich besonders beim Wechsel von Mitarbeitern bemerkbar. Der naive Betrachter würde vermuten, es käme zu einem Wandel, wenn endlich der »sture Bock« aus einem Mitarbeiterstab pensioniert wird. Überraschenderweise bleibt der Wandel aber häufig aus, da entweder der »Neue« die Rolle des »Alten« übernimmt oder das Gesamtsystem sich so umarrangiert, daß doch wieder alles stabil bleibt.

2. Für jemanden, der sich erst kurz mit der vorgestellten Technik und Theorie beschäftigt, mag das Krankheitskonzept oberflächlich und manche Interventionen mögen ironisch oder gar zynisch erscheinen. Vermutlich sind für diese Auffassung zwei Dinge verantwortlich: (1) Wenn Interventionen beschrieben werden, so geschieht das häufig ohne die Miteinbeziehung des gesamten therapeutischen Kontextes. Gerade überraschende und ungewöhnliche Interventionen werden sehr stark durch die Person des Therapeuten und seine Art der Vermittlung geprägt. Was dem Außenstehenden paradox erscheint, wird bei entsprechender Vermittlung dem Patienten unmittelbar einfühlsam sein. (2) Interventionen stehen nicht allein, sondern sind nur auf dem Boden der systemischen Sichtweise zu verstehen. Mit einer anderen Epistemologie muß es zwangsläufig zu einem Mißverständnis

kommen. Ein Therapeut behandelt beispielsweise einen depressiven Patienten. Innerlich hat er ein Defizit-Modell der Depression vor Augen (fehlende Mutterliebe in der frühen Kindheit). Unter *solch* einer Modellvorstellung muß es unverständlich oder zynisch erscheinen, dem Patienten *mehr* depressives Verhalten zu verschreiben. Erst unter einer systemischen Perspektive wird die gleiche Verschreibung unmittelbar verständlich sein.
3. Was kann nun derjenige tun, der am beschriebenen Vorgehen interessiert ist und es anwenden will?
Meine Empfehlung ist, kleine Schritte zu machen. Der Interessierte mag in seiner täglichen Arbeit zuerst nur gezielt einzelne Fragen einstreuen, wie er sie in diesem Buch aufgeführt findet. Also Fragen nach Ressourcen, eine »Wunder-Frage« oder die Frage, wie ein Patient am schnellsten die Beschwerden herbeiführen könnte. Danach mag er eine oder zwei zirkuläre Fragen stellen und sich schließlich mit dem Gedanken anfreunden, daß das Symptom kein Defizit darstellt, sondern in gewisser Weise auch ein »kreativer« Akt ist.
Formalisierte Ausbildungen werden von verschiedenen Ausbildungsinstituten angeboten. Der Schwerpunkt der Ausbildung liegt dabei meist auf der Familie. Neben der Vermittlung von systemischer Theorie und Technik scheint mir allerdings jede therapeutische Vorbildung wertvoll, besonders wenn sie mit einer Selbsterfahrung verbunden ist. Die Kenntnis der eigenen Person ist eine wichtige Voraussetzung für jede therapeutische Tätigkeit. Je mehr Erfahrung ein Therapeut im Umgang mit Menschen und mit sich selbst hat, desto besser wird er die in diesem Buch vorgestellten Gedanken nützen und in eine ihm entsprechende Form kleiden können.
Ohne solch eine persönliche Einbettung der Therapie und lediglich als Technik angewendet, wird systemische Arbeit wirkungslos bleiben und bei Patienten Unverständnis oder Verärgerung hervorrufen.
4. Im Anschluß werde ich noch zwei längere Therapiesequenzen darstellen, um einen zusammenhängenden Eindruck zu ermöglichen. Im ersten Beispiel wird mehr Wert auf die Ressourcen

gelegt, im zweiten liegt der Schwerpunkt auf dem familiären Kontext. Diese Beispiele wollen keine vorbildhaften Muster sein. Jede Therapie hat ihr eigenes, individuelles Erscheinungsbild.

5. Meine letzte Anmerkung sei eine Warnung:

Falls der Leser neugierig geworden ist, vielleicht sogar entschlossen sein sollte, mit einzelnen Elementen der Technik zu experimentieren oder gar sich auf eine systemische Sichtweise probeweise einzulassen, so fühle ich mich verpflichtet, ihn auch auf die Gefahren eines solchen Entschlusses hinzuweisen. Er wird nämlich eine Erschütterung seiner vertrauten Denkweisen erleben. Schwierige Probleme werden ihm plötzlich mysteriös einfach erscheinen. Falls er psychotherapeutisch tätig ist, werden seine Patienten unerklärliche Besserungen zeigen und möglicherweise nach wenigen Stunden behaupten, sie fühlten sich gesund. Solch eine Therapie wird den Therapeuten schnell überflüssig machen und ist darüber hinaus natürlich finanziell ruinös. Jeder, der sich darauf einlassen will, sollte sich gut überlegen, ob er sich so eine billige Methode leisten kann.

Nachtrag zur Taschenbuchausgabe

In der Zeit zwischen der Erstausgabe 1988 und der vorliegenden Taschenbuchausgabe liegen nur drei Jahre. In dieser Zeit waren drei Auflagen notwendig. Für uns, als Autoren, war dies sehr überraschend und erfreulich. Auch nach drei Jahren ist das Buch unverändert aktuell. Es muß nichts korrigiert oder zurückgenommen werden. Trotzdem möchten wir die Gelegenheit der Ausgabe als Taschenbuch nützen, um auf einige der Fragen einzugehen, die uns von Lesern und Seminarteilnehmern häufig gestellt worden sind.

Wir haben uns fast ausschließlich auf technische und praktische Bemerkungen beschränkt. Wir tun dies sehr bewußt. Die meisten Kollegen haben ein recht gutes theoretisches Wissen. Ihr Bedürfnis ist es, mehr über das »Handwerkszeug« des Therapeuten zu erfahren. Auf dieses Bedürfnis wollen wir in den folgenden Seiten hauptsächlich eingehen.

Für alle Leserinnen und Leser, die keine Psychotherapeuten im engeren Sinne sind, ist auf diese Weise vielleicht ein tieferer Blick »hinter die Kulissen« möglich.

Was hat sich mittlerweile theoretisch verändert?

In der theoretischen Diskussion gab es eine ganze Reihe von neuen Aspekten. Aus Ihnen möchten wir nur zwei Elemente herausgreifen.

In der Diskussion über die »Objektivität« bzw. »Neutralität« des Therapeuten wird heute bezweifelt, ob es eine »Objektivität« überhaupt geben kann. Das gilt für viele Teilbereiche, besonders für die männliche bzw. weibliche Perspektive in der Gesprächssituation. Eine Frau nimmt andere Teile der Wirklichkeit wahr als

ein Mann. Sie stellt andere Fragen an Patientinnen und Patienten und diese reagieren anders auf sie. Es entsteht eine andere Dynamik und ein anderer Teil der Wirklichkeit wird dadurch sichtbar. Dabei geht es selbstverständlich nicht um ein »besser« oder »schlechter« bzw. »richtig« oder »falsch«.
Ein weiterer Aspekt betrifft die Haltung zum Patienten. Es gibt Situationen, Konflikte und Krankheiten, da verbietet es sich, diese als »funktional« für den Patienten zu interpretieren. Etwa bei bedrohlichen Krankheiten. Hier wird die Stellung des Therapeuten eher neben dem Patienten sein als ihm gegenüber. Er wird dann vor allem an der Verbesserung im Detail arbeiten: »Wie können Sie in dieser wirklich schwierigen Situation am besten handeln...?«

Was hat sich am Stil geändert?

Es hat sich in unserem Stil einiges verändert, was sich nur schwer beschreiben läßt, da es sehr subjektiv ist. Jeder Therapeut entwikkelt im Laufe seines Lebens einen unverwechselbaren Stil. Wir bemerken jedoch aneinander eine ähnliche Tendenz. Nach wie vor verfolgen wir während der Gespräche eine äußerst klare Linie, von der wir uns nicht so leicht abbringen lassen. Das tun wir vor allem durch viele Fragen. Wir stellen sie allerdings immer freundlicher, gelöster und persönlicher. Die Therapien werden so entspannter, häufig heiter. »Gesprächstechnik« und »persönliche Atmosphäre« stehen nicht im Widerspruch zu einander. Je sicherer eine Technik beherrscht wird, desto weniger ist sie spürbar. Durch eine klare innere Strukturierung der Gesprächsführung (eine genaue Landkarte) gewinnen wir viel Gestaltungsfreiheit in dessen äußerer Form. Wir gestatten uns heute sehr viel mehr Varianten in der Ausgestaltung, da wir wissen, an welcher Stelle wir uns gerade im Gespräch befinden.
Wir beobachten weiter bei uns selbst, daß wir die Patienten ernster nehmen. Die leider sehr verbreitete Abwertung von Patienten (»Der blockt ja so..., ...ist so blind für seine eigenen Pro-

bleme ...«) geschehen uns auch im privaten Gespräch immer seltener. Dies ist nicht Folge einer besser entwickelten Moral, sondern Folge eines klareren Verständnisses der Systemzusammenhänge.

Was ist das Ziel in der Therapie?

Ziele sind gleichzeitig eines der wichtigsten und gefährlichsten Elemente der Psychotherapie. Wir bemühen uns, die Ziele der Therapie möglichst klar zusammen mit dem Patienten zu bestimmen. Das bedeutet, der Patient soll festlegen, was er möchte (z. B. »Woran würden Sie merken, daß Sie nicht mehr hierherkommen möchten?«). Dabei akzeptieren wir im Prinzip jedes Ziel, das an dieser Stelle genannt wird. Wir tun dies, selbst wenn wir uns denken, daß das genannte Ziel möglicherweise erst ein kleiner Schritt in der gesamten Entwicklung darstellt. Vielleicht ist das genannte Ziel nach *unserer* Meinung ein Umweg oder kein adäquates Ziel in *unserer* Denkvorstellung.

An diesem Punkt bemühen wir uns, den Patienten da »abzuholen«, wo er gerade steht. Möglicherweise stimmt es, wenn wir vermuten, das genannte Ziel sei nur ein erster Schritt. Wir vertrauen, daß der Patient dann von sich aus den nächsten Schritt machen wird.

Diese Geduld ist notwendig: Auch in der Psychotherapie gilt, daß ein Schritt auf den anderen folgen muß. Wenn der dritte Schritt vor dem ersten gemacht wird, gerät der Patient ins Stolpern. Mit kleinen Schritten führt die Therapie daher meist schneller zum Ziel.

Das bedeutet nicht, daß wir alle Ziele fraglos hinnehmen. Durch einige Fragen kann das Ziel präzisiert und abgegrenzt werden: »Wäre dieses oder jenes auch ein Ziel für Sie? Gesetzt der Fall, Sie haben das Ziel erreicht, was wäre dann in Ihrem Leben alles anders?«

Grenzen findet die Akzeptanz bei Zielen, die wir aus moralischen Gründen ablehnen (z. B. bei physischer Gewalt). Doch erwähnen wir dies nur der Vollständigkeit halber, es kommt in der Praxis praktisch nicht vor.

Gefährlich sind Ziele vor allem, wenn sie nicht ausgesprochen sind. Sehr häufig verfolgen Therapeuten Ziele, von denen sie nur vermuten, daß der Patient sie ebenfalls anstrebt. Meist sind sich beide Beteiligten über die unausgesprochenen Ziele nicht klar und es entwickelt sich ein zäher Kampf um diese heimlichen Vorhaben. Solche Ziele können etwa sein: größere innere Reife, Ablösung von den Eltern, größere Autonomie, Symptomfreiheit usw. Jeder Therapeut hat hier andere Vorstellungen, wie er dies versteht und wie dies zu erreichen ist. Nun versucht er den Patienten in diesem Sinn auf den rechten Weg zu bringen.
Ein sicheres Zeichen für ungeklärte oder divergente Ziele ist es, wenn eine Atmosphäre des »Fingerhakelns« in der Therapie aufkommt. Therapeuten versuchen in solchen Gesprächen dann dem Patienten mit guten Worten oder mit List, Meinungen und Bewertungen zu unterschieben, gegen die der Patient sich dann wehrt. Solche Sequenzen sind für beide Teile gleichermaßen unerfreulich und enden oft in gegenseitiger Abwertung. Um das zu vermeiden, empfiehlt es sich, eine Haltung der Offenheit und der zugewandten Neugierde zu entwickeln. Uns ist es lieber, eine »dumme« Frage zu stellen, als den Patienten damit zu überraschen, was wir alles über sein Innenleben bereits erraten haben. Nur so gelingt es, ermüdenden Kämpfen zu entgehen, die durch ungeklärte Zielvorstellungen entstehen.
Dasselbe gilt für die Rahmenbedingungen einer Therapie:

Eine 24jährige Germanistikstudentin wurde von einem Kollegen zur Therapie überwiesen, dem systemisches Arbeiten vertraut ist. Sie hatte ihn wegen einer bulimischen Symptomatik aufgesucht. Im ersten Gespräch besprach ich (Th. W.) die Ziele der Therapie und den Therapierahmen. Für *mich* erschien die Symptomatik nicht allzu gravierend. Die Patientin hatte nur zwei bis drei Eßanfälle pro Woche. Einige Wochen waren bereits ganz ohne Eßattacken verlaufen. Ich konnte gegenwärtig keine Faktoren entdecken, die auf eine lange Therapie hindeuteten. Ich kalkulierte daher innerlich mit acht, höchstens zehn Therapiesitzungen.
Nur um ganz sicher zu gehen, fragte ich die Patientin, wie lange ihrer Meinung nach eine Therapie dauern würde. Sie antwortete: »Ich bin der gleichen Meinung wie mein Hausarzt. Der sagt, eine Bulimie geht so langsam wie sie gekommen ist. Das sind jetzt fünf Jahre.« An dieser Stelle war ich

bereits ziemlich überrascht. Noch verdutzter wurde ich, als die Patientin erklärte, sie denke an eine Therapie von zwei Stunden pro Woche über den gesamten Zeitraum.
Die tatsächliche Therapiedauer lag dann im Rahmen, den ich angenommen hatte. Damit aber solch eine kurze Therapie möglich wurde, war es notwendig, die Vorstellungen der Patientin über die Therapiedauer zu berücksichtigen und positiv zu konnotieren.

Gibt es ein besonders wichtiges Element im Gespräch?

An erster Stelle muß die Aufwertung des Patienten stehen. Ohne Selbstachtung gibt es keine Veränderung! In vielen kleinen Schritten (z. B. Umdeutungen im Gespräch, positive Konnotierung, Anerkennung des Geleisteten) versuchen wir, eine andere emotionale Färbung der geschilderten Fakten zu erreichen. Wenn uns dies gelingt, haben wir viel geleistet. Patienten sagen dann oft spontan: »Von *der* Seite haben wir das noch gar nicht betrachtet, aber *so* kann man es auch sehen...« und sind erleichtert. Diese Entlastung von Schuld oder Scham ist häufig der erste und wichtigste Schritt, um Veränderung möglich zu machen.

Was ist für den Therapeuten/die Therapeutin am wichtigsten?

Aus unserer Erfahrung mit Kolleginnen und Kollegen scheint die größte Gefahr zu sein, als Therapeut zu stark die Sichtweise der Patienten anzunehmen. Jeder Patient kommt mit einer inneren Landkarte von seinem Problem in die Therapie. Er wird versuchen, diese Landkarte vor dem Therapeuten auszubreiten und ihm zu erklären, wie *seine* Sichtweise aussieht, also die Perspektive, mit der *er* gescheitert ist.
Der Therapeut muß von *seiner* Seite her sich teilweise auf die Wahrnehmung des Patienten einstellen und gleichzeitig eine *neue* Außenperspektive entwickeln. Mit einem Bein steht er gleichsam in der Realität des Patienten, mit dem anderen in seiner eigenen Sicht der Dinge.

Dabei ergeben sich zwei Extrempositionen:
Therapeuten, die sich total in Patienten einfühlen, werden diese zwar total verstehen, und der Patient wird das schätzen. Leider befinden sie sich dann in der gleichen Denkfalle wie der Patient und können meist nichts mehr verändern.
Das andere Extrem stellen Therapeuten dar, die überlegen von oben herab auf den Patienten blicken und dessen hilflose Bemühungen, aus dem emotionalen Labyrinth zu entfliehen, sofort durchschauen. Sie haben zwar den richtigen Überblick, es fehlt jedoch am notwendigen Kontakt, um überhaupt in Verbindung zu treten.
Praktisch alle Kollegen, mit denen wir zu tun haben, waren in der Gefahr, sich zu sehr in die Sichtweise des Patienten einzudenken und sich damit nach einiger Zeit genauso hilflos zu fühlen wie dieser.
Hier muß Gesprächstechnik helfen, dies zu vermeiden.
Zu Beginn eines Erstgespräches ist es sicherlich wichtig zu begreifen, wie der Patient seine Beschwerden sieht. Es ist günstig dem Patienten einige Zeit zu geben, um Dinge vorzubringen, die er auf dem Herzen hat. So kann der Therapeut an der inneren Sichtweise des Patienten »andocken«.
Dann aber muß der Therapeut bereits beginnen, nach einer neuen Realität zu suchen, indem er Fragen stellt, die das Problem neu beleuchten. Dies mag technisch klingen, ist aber notwendig, da von der Perspektive des Patienten ein geradezu hypnotischer Sog ausgeht. Schließlich hatten die meisten Patienten auch genügend Zeit, sich die Dinge überzeugend zurechtzulegen. Im Zweifelsfall empfehlen wir, eher früher als später mit eigenen Fragen zu beginnen.
Eine Hilfe können Notizen sein, die sich der Therapeut während des Gespräches macht. Dabei haben wir uns angewöhnt, äußerst selektiv zu notieren. Wir schreiben uns nur die Elemente auf, von denen wir glauben, sie für die Konstruktion einer neuen Wirklichkeit gebrauchen zu können. Hier schreiben wir uns bereits erste Ideen für Anerkennungen oder Umdeutungen auf. Gleichzeitig kann das Schreiben auch eine Möglichkeit sein, einmal bewußt

»wegzuhören«, um Abstand zu gewinnen und neue Fragen zu finden.
Eine weitere Möglichkeit, Abstand zu gewinnen, sind Pausen im Gespräch. Sie sind nicht nur einmal am Ende denkbar, sondern auch in allen Situationen, in denen der Therapeut sich festgefahren fühlt.

Ist ein Team hinter der Einwegscheibe notwendig?

Ein Team ist kein Selbstzweck, sondern eine weitere Möglichkeit, Abstand vom Problem zu gewinnen.
Dementsprechend ist ein Team um so notwendiger, je weniger ein Therapeut Abstand von dem Patienten, der Familie oder dem Problem hat.
Die meisten Therapeuten, mit denen wir zusammengearbeitet haben, benützen das Instrument »Team« nicht in der täglichen Routinepraxis. Das ist auch nicht unbedingt nötig. Es gibt viele Formen, wie Abstand und Anregung von außen in die Sitzung mit hineinkommen kann. Manche Kollegen, die in Institutionen arbeiten, treffen sich z. B. in der Gesprächspause mit einem anderen Kollegen, ohne daß dieser die Therapie selbst beobachtet hätte. Durch einen kurzen Meinungsaustausch können neue Ideen auftauchen, die sonst verborgen geblieben wären. Wir selbst arbeiten ebenfalls nur in Ausnahmefällen mit einem Team hinter der Scheibe. Es ist für die tägliche Arbeit entbehrlich. In schwierigen Situationen haben wir uns angewöhnt, miteinander zu telefonieren. Besonders in Situationen, in denen wir uns festgefahren fühlen, schätzen wir dieses Vorgehen. Die Meinung des anderen ist zwar meist nicht die gesuchte Lösung, doch setzt der Austausch einen Assoziationsprozess in Gang, der eine neue Sichtweise erschließt.

Wie soll man mit langen Schweigepausen im Gespräch umgehen?

Schweigepausen kommen in jeder Therapie vor. Sie können viele positive Effekte haben. In dieser vorgestellten Art der Kurztherapie können solche Pausen auch problematische Aspekte haben. Wenn etwa gegen Ende der Sitzung eine Pause auftritt, so harren wir nicht aus, bis die vorgesehene Zeit abgelaufen ist. Wir fragen dann meist, ob wir im Gespräch etwas wichtiges ausgelassen hätten und unterbrechen das Gespräch, um die Intervention vorzubereiten.

Dies tun wir nicht, weil uns Pausen unangenehm wären oder wir nicht schweigen können. Pausen haben eine eigene Dynamik in der Therapie. Durch Pausen werden Patienten wieder in ihre eigene Realität zurückversetzt. Sie denken in dieser Zeit in den Dimensionen der Landkarte, mit der sie nicht weiter gekommen sind. In diesem Denkmuster werden sie sich selbst eher abwerten oder nach einigem Nachdenken noch weitere Schwierigkeiten und Probleme entdecken. Selten oder nie kommt es daher vor, daß ein Patient langes Schweigen mit interessanten Lösungsmöglichkeiten unterbricht.

Wir vermeiden es dementsprechend. Als Konsequenz sind unsere Therapien auch selten exakt 50 Minuten oder eine andere vorgegebene Zeit.

Besonders wenn Patienten in einer Therapie rasche Fortschritte machen, werden die Therapiesitzungen meist kürzer. Das meiste ist dann bereits besprochen. Wir vermeiden es, lediglich deshalb andere Probleme aufzugreifen, weil noch Zeit vorhanden ist. Solch eine Erweiterung der Ziele verhindert eine schnelle Entwicklung. Viele Patienten sind in der Lage, beliebig viele neue Probleme zu präsentieren und so den Therapeuten immer endlos zu beschäftigen.

Sind Pausen und Interventionen notwendig?

Durch gutes Fragen lassen sich viele neue Gedanken in eine Therapie einbringen. Eine Intervention ist nur noch einmal die Verdichtung der durch Fragen entwickelten Lösungsmöglichkeiten.
Der größte Vorteil der Intervention besteht in der Vermeidung eines frustrierenden Rituals: Bei der Beobachtung von vielen Therapiesequenzen konnten wir immer wieder die gleiche Feststellung machen: Der Patient berichtet über ein Problem. Der Therapeut stellt eine kurze Frage und macht dann einen Vorschlag. Der Patient lehnt ab, das habe er schon versucht, es habe nicht geholfen. Der Therapeut stellt wieder eine kurze Frage, macht einen neuen Vorschlag. Der Patient weist das erneut zurück, das habe bereits der letzte – erfolglose – Therapeut vorgeschlagen usw.
Mit Lösungsvorschlägen sollte man tunlichst sparsam umgehen!
Wir beschränken uns daher in der Phase des Gespräches lediglich auf Fragen zum Problem. Falls wir Gedanken über mögliche Lösungen haben, so äußern wir sie nur in hypothetischer Form: »Gesetzt der Fall, Sie würden sich Ihrer Frau gegenüber in Zukunft so und so verhalten, was wäre dann anders?« Oder: »Wenn Sie in Zukunft sich etwas mehr Zeit für Bewegung nehmen würden, wäre das eher ungünstig oder eher günstig für das geschilderte Problem?«
Dieser kleine Unterschied in der Formulierung macht einen großen Unterschied in der Wirkung.

- Der Therapeut schlägt nichts vor, sondern fragt lediglich nach den möglichen Auswirkungen. Wir fragen selbst dann, wenn wir uns sehr sicher über die Konsequenzen sind. Es ist nämlich völlig unmöglich, ein (Familien-)System ganz zu verstehen und in seinen Reaktionen vorauszuberechnen. Was auf den ersten Blick als Vorteil erscheint, mag in den Sekundäreffekten negativ sein.
- Der Patient denkt über eine Frage anders nach als über einen Vorschlag. Eine Frage gibt mehr Freiheit. Er kann er erwägen, für gut oder schlecht befinden oder bestimmte Varianten anfügen.

- Der Therapeut erleidet mit einer Frage keinen Mißerfolg. Er bekommt eine neue Information. Darauf kann er sich einstellen und möglicherweise eine neue hypothetische Frage entwickeln. (»Gesetzt der Fall, das, was Sie eben eingewandt haben, wäre gelöst, wäre dann mehr Bewegung eher günstig?«)
  Statt also Lösungsvorschläge in kleiner Münze bereits im Gespräch auszugeben, bereiten wir die denkbaren Lösungen während der ersten Therapiesequenz lediglich detailliert vor. Am Ende des Gespräches sind wir dann – nach der Untersuchung – in der Lage, einen abgerundeten Vorschlag zu machen, der bereits sämtliche Einwände und Randbedingungen berücksichtigt. Die Akzeptanz dieses Vorschlages wird bereits durch die Gesprächsunterbrechung gefördert. Die Pause macht neugierig, was der Therapeut wohl zu sagen hat.

Gilt das Gesagte nur für systemische Einzeltherapie?

Nein, im wesentlichen ist alles auch auf die Paar- und Familientherapie bzw. die Arbeit mit anderen Systemen anwendbar. Dabei gelten selbstverständlich noch zusätzliche bzw. ergänzende Regeln. Die systemische Einzeltherapie ist meist ein leichterer Anfang, da es weniger Angst macht, lediglich einem Patienten gegenüberzusitzen.
Die Grenzen zwischen Einzel- und Familientherapie sind für uns fließend, da wir häufig innerhalb der Therapie wechseln: anfänglich kommt die Ehefrau in Behandlung, später bringt sie ihren Mann mit und schließlich endet die Therapie mit einigen Sitzungen für den Mann alleine.

Kann man so auch mit Unterschichtpatienten arbeiten?

Vielen Lesern werden die Fragen manchmal kompliziert vorkommen. Vor allem hypothetische oder zirkuläre Fragen setzen einen gewissen Denkaufwand voraus. Allerdings läßt sich auch mit Men-

schen ohne entsprechende Vorbildung hervorragend arbeiten, wenn der Therapeut auf die Wortwahl achtet. Statt im Konjunktiv zu sagen: »Gesetzt der Fall, ich würde Ihre Frau fragen, was sie zu dem Problem meinte«, wählt er besser den Indikativ: »Was meint denn Ihre Frau zu dem Problem.«
Dabei kommt der Methode eine Eigenart der Unterschichtsprache entgegen. Sie ist im allgemeinen eine Sprache in Rede und Gegenrede (»Er hat gesagt, dann habe ich gesagt, dann hat er gesagt...«) An diese Sprachgewohnheit können die Fragen anschließen.

Was mache ich, wenn die Patientin nicht so antwortet, wie ich will?

Auf zirkuläre Fragen (»Was denkt Ihr Mann, warum Sie hier sind?«) bekommt der Therapeut gelegentlich keine direkte Antwort. (»Weiß ich nicht! Ich habe meinem Mann nicht erzählt, daß ich hierher gehe!«) Bei solchen ausweichenden Antworten legen wir eine ganze Menge Hartnäckigkeit an den Tag, um dennoch eine Klärung zu erreichen. Dabei wollen wir nicht in erster Linie unsere Neugier befriedigen. Es geht um die Erkenntnis, die der Patient durch seine Antwort für sich selbst gewinnt (»Was denkt denn eigentlich mein Mann? Schätzt er das? Findet er mich krank oder aufsässig? Denkt er, ich will mich von ihm trennen oder mit ihm zusammenbleiben?«). Wenn solche Sätze ausgesprochen und beantwortet sind – selbst wenn es nur vorläufige Antworten sind –, gewinnen sie eine neue Bedeutung.
Wir fragen dann nach: »Na, Sic kennen Ihren Mann doch schon eine ganze Weile, was glaubt er wohl?« Falls dann die Antwort immer noch ein Achselzucken ist, formulieren wir Alternativen: »Schätzt er es eher, wenn Sie hierherkommen oder ist er eher dagegen? Raten Sie einmal!« Manche Patienten bleiben dann immer noch abwartend: »Mein Mann redet nur wenig, da weiß man nicht, was er denkt.« In solchen Fällen fragen wir dann z. B.: »Und wenn ich seine Gedanken lesen könnte, was würde ich dann sehen?«

In anderen Fällen lassen wir das Thema ruhen und kommen später nochmals darauf zurück, wenn es uns wichtig erscheint.
Falls wir in solchen Fragen ausformulierte Vorgaben machen, legen wir Wert auf das Wörtchen »eher« oder eine vergleichbare Formulierung. »Möchten Sie eher dieses oder eher jenes.« Diese Abschwächung gibt dem Patienten erneut mehr Freiraum und schwächt die Dichotomie ab.

Was mache ich, wenn ein Patient die gestellte Aufgabe nicht erfüllt?

Zuerst: das ist normal. Als wir am Anfang unserer systemischen Arbeit standen, waren wir enttäuscht, wenn Patienten unsere sorgfältig ausgearbeiteten Aufgaben nicht durchführten. Wir lernten dann im Laufe der Zeit, daß nur ein kleiner Teil der Patienten Aufgaben wortwörtlich genau ausführt. Die meisten variieren sie oder erledigen nur einen Teil davon. Manche Patienten verstehen die Interventionen auch völlig anders, als sie vom Therapeuten gestellt wurden.
Der Hintergrund dürfte folgender sein: Auch nach den intensivsten zirkulären Fragen bleibt das Wissen um ein System in allen seinen Verästelungen in der Therapie notgedrungen begrenzt. Die Auswirkungen einer Intervention können daher nie wirklich vollständig vorhergesehen werden. Daher wirken Interventionen meist auch etwas anders als intendiert war bzw. müssen vom Patienten variiert werden, um die gewünschte Wirkung zu erzielen.
Eine weitere Ursache für fehlende »Mitarbeit« ist meist die Ungeduld des Therapeuten, der zu komplizierte oder zu folgenreiche Aufgaben zu früh gibt (langsam geht schneller!).
In den meisten Fällen ist es nicht wichtig, ob der Patient die Aufgabe tatsächlich gemacht hat oder nicht. Allein deren Existenz, das Gefühl sich mit etwas beschäftigen zu müssen, schafft eine Atmosphäre der Selbstbeobachtung, die verändernd wirkt.
Falls also die Aufgaben nicht oder nur teilweise gemacht wurden, fragen wir ohne jeden Vorwurf: »Was wäre anders gewesen, wenn

Sie die Aufgabe gemacht hätten? Wie hätte Ihre Umgebung reagiert? Hätten Sie sich anders gefühlt?« So erhalten wir weiteres Wissen über das System, mit dem wir es zu tun haben.
Wir vermeiden bereits bei der Formulierung unserer Vorschläge jede Assoziation mit Schulaufgaben: »Ich hätte eine Idee, was Sie bis zum nächsten Gespräch machen können. Ich überlasse es allerdings Ihnen, ob Sie das wirklich machen möchten ...«

Wie lange dauern die Sitzungen? Aus wie vielen Sitzungen besteht eine Therapie?

Wir führen unterschiedliche Arten von Therapien durch. Es sind zum einen die üblichen Sitzungen von 50–60 Minuten Dauer. Zum anderen führt einer von uns (Th. W.) im Rahmen seiner Arztpraxis, in der er auch organische Medizin praktiziert, zahlreiche kürzere Gespräche von etwa 15–20 Minuten durch. Die Sitzungszahl schwankt naturgemäß, doch liegt das Mittel etwa bei 5–8 Sitzungen. Einige Therapien sind kürzer, anderen können auch länger sein. Zwanzig oder mehr Sitzungen sind die extreme Ausnahme.
Trotz weniger Gespräche erstreckt sich die Therapie über einen größeren Zeitraum. Der häufigste Gesprächsabstand sind vier Wochen. Gegen Ende der Behandlung führen wir dann noch ein oder zwei Sitzungen in einem noch größeren Intervall.

Wenn man so viele Fragen stellt, ist das nicht zu direkt, zu kalt, zu technisch, zu wenig einfühlsam?

Diese Frage gehört zu denen, die am häufigsten in Seminaren gestellt werden. Wir beantworten sie meist mit einer Übung, in der die Fragen an einem eigenen, kleinen Problem angewandt werden. Dabei fällt den Seminarteilnehmern dann auf, wie intensiv sie durch die Fragen zum Nachdenken gezwungen werden. Die meisten haben das Gefühl, in kurzer Zeit einen wesentlichen Teil der eigenen Person und Geschichte zu reflektieren und dabei neue Erkenntnisse zu gewinnen. Die Technik wird dabei kaum wahrgenommen.

Ist diese Therapie anstrengend?

Ja! Besonders am Anfang ist sie für Therapeut und Patient gleichermaßen anstrengend. Später dann, mit zunehmender Erfahrung, nimmt die Belastung für den Therapeuten deutlich ab.
Durch die zahlreichen Fragen wird in den Sitzungen ein Prozess ausgelöst, der weit über die eigentliche Therapiedauer hinausreicht. Eine Patientin formulierte es so: »Die Antworten, die ich Ihnen in der letzten Therapie gegeben habe, waren fast alle falsch. In den letzten Wochen sind mir die Fragen immer wieder durch den Kopf gegangen. Ich habe ganz andere Antworten gefunden.« – Fragen sind dauerhafter als Antworten. Gerade diese innere Beschäftigung mit den Fragen sind vermutlich das Geheimnis für die Kürze der Therapien.

Gibt es einen »Fahrplan« für die Therapiesitzung?

Am besten läßt sich der Ablauf der ersten Sitzung beschreiben. Hier verfolgen wir im allgemeinen ein relativ klares Schema, wobei wir im Einzelfall selbstverständlich einiges kürzen und andere Bereiche ausführlicher untersuchen. Da für diese Therapierichtung Fragen das wesentliche Strukturierungselement sind, möchten wir noch eine Palette von denkbaren Fragen anführen, die zur weiteren Anregung dienen sollen.
Wir beginnen mit Fragen nach dem Kontext, dem Rahmen, in dem die Behandlung stattfindet.

»Wie kamen Sie dazu, sich an mich zu wenden?«
»Angenommen, Frau Dr. Meier wäre jetzt hier, was würde Sie wohl sagen, was in Ihrem Leben anders wäre, wenn unsere Gespräche erfolgreich wären?«

»Was hat Ihnen denn Frau Dr. Meier von meiner Behandlungsweise erzählt?«
»Was denkt Frau Dr. Meier, was das Problem ist?«
»Wo, glaubt Frau Dr. Meier, liegt das Problem eher? Bei Ihnen oder bei der Familie?«
»Wie groß ist nach ihrer Einschätzung die Chance einer Besserung?«
»Wie lang wird das nach ihrer Meinung wohl dauern?«
»Wenn Frau Dr. Meier jetzt da wäre, was würde sie mir wohl als sinnvolle Therapie empfehlen?«
»Wie lange müßte wohl Ihrer Meinung nach eine Therapie dauern, um Aussicht auf Erfolg zu haben?«
»Was denkt wohl Frau Dr. Meier über eine Behandlung hier?«
»Was haben Sie schon alles versucht?«
»Was hat am ehesten geholfen?«
»Wie hat Frau Dr. Meier bereits versucht, Ihnen zu helfen?«
»Wie könnte ich – nach Ihrer bisherigen Erfahrung – am schnellsten erreichen, daß sich hier keine Veränderung ergeben würde?«
»Was müßte ich tun – theoretisch! –, damit Sie die Behandlung hier abbrechen?«

Wenn der Therapierahmen auf diese Weise klarer wurde, wechseln wir den Schwerpunkt und untersuchen die Ressourcen, die ein Patient hat. Das heißt, wir suchen unter anderem nach den Ausnahmen, bei denen das Problem nicht besteht.

»Wann haben Sie das Problem nicht/weniger?«
»Was ist der Unterschied zwischen den Situationen, in denen das Problem existiert, zu denen, in denen es nicht existiert?«
»Was müßte geschehen, damit die Ausnahmen häufiger vorkommen?«
»Wer, außer Ihnen, kann wohl am ehesten dazu beitragen, daß das Problem weniger vorkommt?«
»Woran würden Sie merken, daß das Problem gelöst ist?«
»Wie werden die anderen merken, daß das Problem gelöst ist?«
»Stellen Sie sich vor, heute nacht würde sich ein Wunder ereignen und morgen gäbe es das Problem nicht mehr. Was wäre dann anders in Ihrem Leben?«
»Gibt es schon Zeiten oder Momente, wo es das bereits gibt?«
»Was ist da anders«
»Was müßten Sie (andere) unternehmen, damit dies häufiger vorkommt?«
»Wie haben Sie es geschafft, daß Sie diese Situation so lange bewältigt haben? Warum ist es nicht noch schlimmer?«

»Wie haben Sie (andere) es erreicht, daß es nicht schlimmer wurde?«
»Wie haben Sie es geschafft, trotz der Beschwerden überhaupt zu mir zu kommen?«

Durch solche – und weitere – Fragen findet eine erste Öffnung statt. Das präsentierte Problem wird in einen anderen Rahmen gestellt und gewinnt dadurch eine neue Dimension.
Wir wechseln dann erneut die Perspektive und versuchen nun zu verstehen, in welchem Netzwerk von Beziehungen sich der Patient bewegt.

»Wenn Ihre Frau hier anwesend wäre, wie würde sie mir das Problem schildern?«
»Wie würde Ihre Tochter über den Ablauf der Ereignisse berichten?«
»Sieht das Ihr Sohn, Schwiegermutter, Arbeitskollege genauso oder anders?«
»Wie erklärt sich wohl Ihr Mann, warum Sie das Problem haben?«
»Wie kommt es denn zu den Unterschieden zwischen Ihrer Sicht und der Ihres Mannes?«
»Was würde wohl Ihre Chefin sagen, wenn sie wüßte, daß Sie hierher zu mir kommen?«
»Wenn Ihr kranker Magen sprechen könnte, was würde er Ihnen wohl empfehlen, wie Sie sich verhalten sollten?«
»Wenn Ihr verstorbener Vater noch am Leben wäre, was würde er Ihnen raten?«
»Wie werden es wohl Ihre Kinder einmal beurteilen, wenn sie älter sind?«

Auch das Verständnis der Einbindung im System schafft eine weitere Öffnung des Verstehens. Dabei nützen wir innerhalb beider Fragetypen die Möglichkeit zu skalieren. Sprache ist leider in ihrer Differenzierungsfähigkeit sehr begrenzt. Wir sind uns sehr nahe oder ziemlich oder auch überhaupt nicht. Eine Skala mit zehn Stufen zwischen 0 und 10 könnte dies klarer beschreiben.

»Stellen Sie sich eine Skala von 0–10 vor.
›0‹ wäre die schlechteste Situation, die Sie bisher erlebt haben, ›10‹ wäre die beste Situation, die Sie bisher kennengelernt haben.
Wo stehen Sie heute?
Wie war es davor?
Wie kommt es, daß es Ihnen heute (gestern) besser geht?

Was müßten Sie tun, damit es Ihnen eine Stufe schlechter geht? Was wäre dann anders?
Was müßten Sie tun, damit es Ihnen eine Stufe besser geht. Können Sie mir das beschreiben?
Welche Stufe war die schlechteste, was Sie bisher erlebt haben?
Wann war das?
Was war das beste, was Sie in letzter Zeit erlebt haben? Beschreiben Sie einmal, wie die Stufe ›10‹ aussähe?
Ab welcher Stufe wären Sie zufrieden? Muß es immer ›10‹ sein oder genügt schon weniger?
Was ist der Unterschied zwischen jetzt und der Stufe, bei der Sie zufrieden sind?
Was glauben Sie, wird wohl der erste Schritt in die richtige Richtung sein?«

Schließlich bereiten wir die Lösungen – wie beschrieben – durch hypothetisches Fragen vor.

»Gesetzt der Fall, Sie würden sich nicht vor Ihrem Kind streiten, sondern würden sich mit Ihrem Partner vorher absprechen, was wäre dann anders?«
»Wie könnten Sie das am ehesten erreichen?«
»Gab es das schon einmal?«
»Wenn Sie es versuchen würden, wie könnten Sie Ihren Partner am ehesten dazu überreden?«
»Gesetzt der Fall, Sie würden sich entschließen, mit dem Rauchen aufzuhören, was hätte das für eine Auswirkung auf Ihre Partnerschaft?«

Danach schließt sich eine Pause an, in der wir Interventionen entwerfen.

Gibt es noch mehr Interventionen als die bisher erwähnten?

Die Zahl der denkbaren Interventionen sind unbegrenzt. Wir denken uns immer wieder neue Varianten aus, wozu uns bestimmte Patienten anregen. Besonders beschäftigt uns in letzter Zeit die Mischung verschiedener Elemente. Wenn etwa ein Problem nicht nur die seelische Seite betrifft, so bietet es sich an, weitere Ebenen miteinzubeziehen.

Ein Beispiel ist das Thema »Bulimie«. Neben den verschiedenen innerseelischen und familiären Aspekten gibt es bei diesem Problem stets auch eine körperliche Seite. Durch das häufige Essen und Erbrechen stellen sich körperliche Beschwerden ein. Meist bestehen sie aus einer Reizung des oberen Verdauungstraktes. Ursächlich ist neben dem Essen/Erbrechen auch die Art der konsumierten Nahrung: meist Hochkalorisches, Süßes, »Junk-Food«. Die ungesunde Nahrung vermehrt das Bedürfnis zu erbrechen, da sie gleichzeitig Übelkeit und schlechtes Gewissen erzeugt.
Dieser Teilaspekt der Bulimie kann therapeutisch genützt werden: Wir empfehlen den Betroffenen daher, in einem Teil der Intervention den Magen-Darm-Trakt zu schonen. Dazu geben wir ihnen einen ausgearbeiteten Plan zur Nahrungsumstellung mit, der sowohl zur Abheilung des gereizten Verdauungskanals führt als auch frei von Süßem und Hochkalorischem ist. Wenn Patienten dem Plan folgen, fühlen sie sich nach kurzer Zeit körperlich wohler und – was noch wichtiger ist – haben nach dem Essen kein schlechtes Gewissen mehr. Eine Patientin bemerkte dazu: »Also früher habe ich das süße Zeug einfach herausbrechen müssen. Aber jetzt, mit den Gemüsen und Salaten, das tut mir viel zu leid um die gesunden Sachen.«
Schlechtes Gewissen ist ein wesentlicher Teil des bulimischen Verhaltensmusters. Ohne Schuldgefühle gibt es meist kein Erbrechen und damit keine weiteren Skrupel – die Dynamik ist damit unterbrochen.

Soweit unsere technischen Anmerkungen zum gegenwärtigen Zeitpunkt. Falls Sie als Leserin und Leser nun versucht sein sollten, alle alten und neuen Aspekte beachten zu wollen, möchten wir Ihnen heftig abraten. Haben Sie Mut, sich das herauszusuchen, was zu Ihrem Stil paßt. Gehen Sie Ihren eigenen Weg und halten Sie es – wie wir – mit Bertolt Brecht:
»Woran arbeiten Sie« wurde Herr K. gefragt. Herr K. antwortete: »Ich habe viel Mühe, ich bereite meinen nächsten Irrtum vor.«

Therapieprotokolle

Paartherapie mit einem Partner[1]

Die 35 Jahre alte Mary kommt nach Voranmeldung. Sie wirkt sehr zurückhaltend, ist konservativ mit einem grauen Kostüm bekleidet, die Haare sind kurz, die Beine im Gespräch korrekt übereinandergeschlagen. Erst nach einer Weile ändert sie die Sitzposition und löst sich etwas. Sie ist seit zwölf Jahren verheiratet, hat einen 8jährigen Sohn und eine 10jährige Tochter. Nach der Schule gehen die Kinder zu einem Babysitter, da beide Eltern arbeiten. Sie selbst arbeitet in einem medizinischen Assistenzberuf, und ihr Mann ist Arbeiter. Obwohl schlechter ausgebildet als sie, verdient er deutlich mehr. (Diese Daten werden in einer ersten, etwa drei Minuten langen Phase erhoben.)

Therapeut: »Was führt Sie hierher?«
Mary: »Oh je, das ist so eine Sache. Die Angelegenheit ist nie ganz abgeschlossen worden. Ungefähr vor einem Jahr ist mein Mann durch eine Alkoholentziehungsbehandlung gegangen. Es war eine Gerichtsauflage . . .
Es war nicht ganz so schlimm mit dem Trinken, aber er hat die Kinder abends nicht vom Babysitter abgeholt, sagte mir nicht Bescheid, wo er war und so. Er hat mich nie geschlagen, ging mir nur furchtbar auf die Nerven. Er hat überhaupt keine Verantwortung übernommen, ich mußte alles allein machen.
Als er nun zur Therapie überwiesen wurde, war der Anlaß gewesen, daß er wegen ungebührlichen Verhaltens mitten in der Nacht verhaftet worden war. Ich dachte lange, er hätte einen Streit gehabt und wäre deswegen über Nacht festgenommen worden.«
Mary beschreibt dann die intensive Alkoholentzugsbehandlung, die ihr Mann absolviert hat.
Mary: »Es ging ziemlich gut, die Wandlung war erstaunlich. Seit dieser Zeit trinkt er überhaupt nicht mehr.«
Therapeut: »Was glauben Sie, hat diesen Wandel ermöglicht?« *(Damit wird auf die positiven Ansätze gezielt)*
Mary: »Teilweise, weil er gezwungen wurde. Und weil er sonst mehr Schwierigkeiten bekommen hätte.

Er hat dabei eingesehen, daß er einfach nicht aufhören konnte, wenn er einmal angefangen hatte...

Eines Abends, als die Kinder zu Bett gegangen waren, habe ich ihn nochmals gefragt, was eigentlich vorgefallen war, damals, als er verhaftet worden war. Da brach es aus ihm heraus: Er sei nicht wegen »ungebührlichen Verhaltens« verhaftet worden, sondern weil er eine Nutte aufgabeln wollte. Unnötig zu sagen, daß ich an dem Abend einen Schock hatte, ich weiß überhaupt nicht mehr, was ich alles gesagt habe, da ich so durcheinander war...

Er meinte dann, wir müßten durch einige Beratungsgespräche gehen, durch Familientherapie. Wir hatten nie eine spritzige Ehe, aber da war nie etwas falsch dran. Dann kam das raus, und ich war völlig fertig.«

Therapeut: »Wann war das?«

Mary: »Das war März letzten Jahres. Wir haben dann die Paartherapie gemacht. Ich war immer noch sehr unglücklich mit dem, was er gemacht hat. Meine Moral akzeptiert das einfach nicht. Aber ich habe wirklich versucht ... den Kindern zuliebe, wissen Sie.

Nach drei, vier Stunden wurde ich zu einer Gruppe von Angehörigen von Alkoholikern überwiesen. Dort habe ich 15 Stunden gemacht – so ähnlich wie ALANON. Das Thema aber, das mich betraf, wurde nie erwähnt, und ich wollte das auch nicht ansprechen...

So ging es dann mehr um sein als um mein Problem.«

Unterbrechung durch das Team hinter dem Spiegel, Therapeut geht zum Telefon und hört dort folgendes: »Wir haben überhaupt keine Ahnung, warum diese Frau jetzt eigentlich kommt.« – Der Therapeut wollte besseren Kontakt zur Patientin bekommen und strukturierte deswegen anfänglich weniger.

Therapeut: »Meine Kollegen weisen mich gerade darauf hin, daß Sie eine wirklich gute Erfahrung mit den bisherigen Therapien gemacht haben, deswegen würde es sie interessieren, was das Problem jetzt ist. Aber ich glaube, das wollten Sie mir gerade erzählen.«

Mary: »Ja, nach den Beratungsgesprächen sind wir nochmals zur Paartherapie gegangen. Das war notwendig, da man nicht gleichzeitig zwei Therapien machen konnte.

Von Juli bis Oktober machten wir dann noch alle 14 Tage Sitzungen. Irgendwie ging das aber nicht gut, es wurde langsam teuer, und außerdem hat Bob das Interesse an dieser ganzen Therapie verloren.

Eines Tages sagte die Therapeutin einen Termin ab, und danach sind wir nicht mehr hin, da sich nichts mehr getan hat.

Um die Weihnachtszeit herum wurde ich unheimlich brummig. Da kam die alte Sache wieder hoch. Ich war sehr zurückgezogen, was ein Hauptproblem von uns ist, wir reden sehr wenig. Es war wirklich sehr

viel Streß zu Hause. Ich sitze in einem Zimmer und er im anderen, wir sehen uns wirklich kaum. Wir wirken nicht mehr als Paar.
In der Zwischenzeit habe ich herausgefunden, daß der Kontakt mit der Prostituierten nicht nur einmal gewesen ist sondern mehrmals.«
Therapeut: »Meinen Sie über Jahre?«
(Übertreibt die wahrscheinliche Dauer)
Mary: »Er hat es eigentlich nie gesagt.«
Therapeut: »Was vermuten Sie?«
Mary: »Ich weiß nicht. Ich würde schätzen, nicht sehr häufig, vielleicht vier oder fünf Mal.
Er hatte auch keinen richtigen Verkehr mit ihnen, ging nicht ins Bett mit denen, sondern hatte nur oralen Sex. Für mich ist das kein Unterschied. Es war einfach eine lausige Situation ...
Ich hoffte, daß die Zeit mir helfen würde, über die Situation zu kommen, aber es geht nicht vorbei.
Ich schlafe nachts nicht mehr, mir ist schlecht, ich habe Magenschmerzen, ich bin sehr irritierbar, und wir haben überhaupt keine sexuelle Beziehung mehr. Ich habe abends immer Angst, er kommt im Bett zu mir rüber. Das letzte Mal habe ich ihm gesagt, ›es geht nicht‹, da hat er sich wieder herumgedreht und nichts mehr gesagt.
Ich kann einfach nicht vergessen, was er getan hat. Ich bin jetzt an einem Wendepunkt in meinem Leben, obwohl wir zwölf Jahre verheiratet sind, fühle ich mich nicht mehr verheiratet.
Ich glaube eigentlich, lebenslang geheiratet zu haben und fühle mich nicht mehr so.«
Pause, sie geht noch auf andere Themen ein und kommt dann zum Thema »Alkohol« zurück.
Mary: »Alkohol ist kein Problem mehr – das ist sehr gut geworden, er hat viele positive Wandlungen gemacht.«
Therapeut: »Ach, erzählen Sie mir davon.«
(Wieder geht der Therapeut auf die Ressourcen ein)
Mary: »Er holt die Kinder ab, hat vorher schon eingekauft, kocht. Bis ich nach Hause komme, ist das Essen fertig, und ich muß mich nur hinsetzen. – Das war vorher nie so.«
Therapeut: »Sie haben jetzt also mittlerweile in der Beziehung einen vorbildlichen Gatten« *(lächelt dabei).*
Mary: »Ja, ich wollte das immer so, aber jetzt, wo ich es habe, bin ich nicht zufrieden. Ich kann nicht vergeben.«
Therapeut: »Glauben Sie, Sie könnten sich scheiden lassen?«
(Therapeut will die Grenzen des Konfliktes erkennen)
Mary: »Ich hasse das Wort, aber das ist meine größte Angst. Ich habe da Angst, auch vor meinen Eltern, die mir vorwerfen, ich hätte versagt. Die schauen auf Geschiedene herab. – Und außerdem die Kinder ...

Trotzdem kann ich die Ehe nicht mehr reparieren.«
Therapeut: »O.K., das ist jetzt klar. Sagen Sie, wie würden Sie eigentlich realisieren, daß die Dinge wieder besser gehen? Wie würde sich der erste Fortschritt äußern?«
(Wieder eine Frage nach Ressourcen, aber in einer möglichst konkreten Form)
Patientin: »Ich weiß nicht, das ist wirklich schwer zu sagen. Im Sommer war es zeitweise besser. Da haben wir geredet.«
Therapeut: »Was hat dazu beigetragen?«
Mary: »Änderungen zu sehen, die ich gut fand. Er hat sich verändert.«
Therapeut: »Was für Veränderungen?«
Mary: »Das, was ich erzählt habe. Er hat sich um die Kinder gekümmert ... Hat mir Verantwortung abgenommen.«
Therapeut: »So hat die Paartherapie Ihnen geholfen?«
Mary: »Ja.«
(Der Therapeut hätte hier auch noch stärker darauf eingehen können, daß Sie im Sommer mehr miteinander geredet hatten.)
Therapeut: »Wenn ich Bob fragen würde, wie es Ihnen geht, was würde er sagen?«
(Zirkuläre Frage, die gleichzeitig auf das mögliche Verständnis des Partners für Mary zielt)
Mary: »Wahrscheinlich, daß ich verletzt bin.«
Therapeut: »Was will er wohl selbst verändern?«
Mary: »Er will wahrscheinlich, daß wir offener miteinander reden, wir verschließen uns beide immer so. Das ist eine schlechte Kombination.«
Therapeut: »Gibt es das manchmal, daß Sie beide miteinander reden?«
(Ausnahme)
Mary: »Sehr selten.«
Therapeut: »Können Sie mir ein Beispiel geben?«
(Therapeut bleibt bei der Frage, auch wenn die Patientin erst nicht darauf eingeht)
Mary: »Wenn wir ›sichere‹ Themen besprechen. Zum Beispiel über das Kino ...«
Therapeut: »Wie ist das dann?«
Mary: »Sehr schön. Aber das Eigentliche haben wir ja nicht besprochen.«
Therapeut: »Können Sie mir noch ein Beispiel geben?«
Mary: »Wenn wir über die Kinder sprechen.«
Therapeut: »Da stimmen Sie überein?«
Mary: »Da stellen wir die Kinder einfach über uns. Er spielt auch toll mit

den Kindern. Darüber habe ich jetzt gar nicht so nachgedacht . . . Da sind wir uns sehr ähnlich. Auch jetzt, am Wochenende.«

Therapeut: »Sie sagten vorher, Ihre Ehe sei in Gefahr. Wenn die Dinge so bleiben, wie sie sind, zu wieviel Prozent Wahrscheinlichkeit werden Sie sich trennen?«

(Skalen oder Prozentsätze bringen mehr Information)

Mary: »Hoher Prozentsatz – vielleicht 80 bis 90 Prozent.«

Therapeut: »Wieviel Zeit meinen Sie, können Sie sich für die Entscheidung lassen.«

(Frage nach dem Therapierahmen, wieviel Zeit hat die Therapie?)

Mary: »Das hat Zeit, es dauert auch schon eine Weile.«

Therapeut: »Wie groß sind denn die Chancen, daß Sie sich verändern?«

Mary: »Geringer Prozentsatz. Ich kann einfach nicht vergessen.«

Therapeut: »Angenommen, es gibt einen Wandel in die Richtung, die Sie wünschen, wie könnte Bob das feststellen. Ich meine, wenn Sie es ihm nicht sagen, sondern durch die Beobachtung.«

(Konkretisierung des Therapiezieles)

Mary: »Vermutlich wäre ich nicht mehr so irritierbar. Ich würde sicherlich besser schlafen.«

Therapeut: »Gibt es das zur Zeit auch mal, daß Sie besser schlafen?«

(Die wünschenswerte Entwicklung der Zukunft wird mit der Gegenwart verbunden)

Mary: »Ja, einige Tage schon . . .«

Therapeut: »Was ist an den Tagen anders?«

(Konkretisierung)

Mary: »Ich bin einfach so müde.«

Therapeut: »Hilft Ihnen noch anderes?«

Mary: »Wenn wir mit den Kindern abends gespielt haben oder bei den Hausaufgaben geholfen haben.«

Therapeut: »Angenommen, Sie werden sich nicht trennen, es geht besser, und jemand dreht in einem Jahr einen Film über Sie. Wie wird dann das Familienleben aussehen?«

(Variante der »Wunderfrage«)

Mary: »Wir würden Dinge gemeinsam machen, nicht jeder für sich.«

Therapeut: »So wie jetzt schon teilweise?«

(Wieder: Gegenwartsbezug)

Mary: »Ja, aber mehr davon. Das hält uns vermutlich zusammen, daß wir das gut können.«

Therapeut: »Gibt es dann noch andere Dinge?«

Mary: »Wir wären einander näher. Könnten Sachen besprechen. Weniger gespannt und offener miteinander. Auch mehr Zärtlichkeit.«

Therapeut: »So wie besprochen, machen wir jetzt eine Pause von etwa zehn Minuten, und in der Zeit bespreche ich mich mit meinem Team.«
Mary: »Gut.«
Therapeut: »Wir haben doch etwas länger gebraucht, da wir eine Menge nachdenken mußten und vieles diskutiert haben.
Zuerst hat mich das Team gebeten, Ihnen zu sagen, wie sehr man schätzt und anerkennt, was Sie bisher alles schon geleistet haben. Dennoch hat das Team das Gefühl, es fehlt noch etwas ...
Es ist schon außergewöhnlich, was Bob und Sie gemeinsam hinter sich gebracht haben. – Es ist ja leider sehr selten, daß jemand ein Abhängigkeitsproblem so schnell und leicht überwindet. Dazu haben Sie, wie wir gesehen haben, viel beigetragen.
Wir wissen auch, daß die Zeit vorher nicht leicht war. Für zwei Kinder verantwortlich zu sein, wenn ein Partner trinkt, ist keine Kleinigkeit. Aber Sie sind beide über diese eine Klippe erfolgreich hinweggekommen.
Die andere Sache, die ich vom Team ausrichten soll, ist folgende: es fiel dem Team auf, wie offen und klar Sie über das Problem reden konnten, so ohne Hemmungen, obwohl es Ihnen bestimmt nicht leicht gefallen ist.«
Mary stimmt lachend zu: »Im Gegenteil! Kaum jemand weiß davon.«
Therapeut: »Da gibt es noch ein paar Sachen, die uns aufgefallen sind: Ihr ausgeprägtes Gerechtigkeitsgefühl und Ihr Verantwortungsgefühl den Kindern gegenüber. Letztendlich haben Sie beide viel für die Kinder gemeinsam getan, so daß die sich ungestört entwickeln konnten. – Das haben Sie gut gemacht.
Nun zu dem Problem das Sie hierher gebracht hat.
Wir sehen das so: Ihre Ehe ist aus dem Gleichgewicht geraten. Zuerst gab es das Problem mit dem Trinken. Es ist Ihnen beiden gelungen, das Problem zu überwinden und in dieser Beziehung ein Gleichgewicht zu finden.
Aber dann gibt es noch die andere Seite mit der Prostituierten, und in dieser Beziehung ist Ihre Ehe noch nicht im Lot. Wir vermuten, daß nicht nur Sie das so sehen, sondern auch Bob.
Aus unserer Erfahrung glauben wir, daß Bob große Schuldgefühle hat. Es mag für Sie etwas merkwürdig klingen, aber in gewisser Weise helfen Sie ihm durch Ihr Verhalten, mit den Schuldgefühlen umzugehen.
Wenn Sie sich anders verhalten würden, könnte er seine Schuldgefühle nicht überwinden.
Wir haben nun eine Aufgabe für Sie.
Bitte achten Sie darauf, welche Zeichen ein Hinweis dafür wären, daß

Ihre Ehe wieder ins Gleichgewicht gerät und für einen Neubeginn offen wird.
Im Moment können wir Ihnen logischerweise nicht empfehlen, Ihr Verhalten zu verändern.
(Pause)
Nächste Woche gleiche Zeit?«
Mary: »Einverstanden«
In der Intervention werden erst systematisch die Ressourcen herausgearbeitet und gelobt. Besonders wird auf das schon Erreichte eingegangen. Dann folgt eine erste Umdeutung: »Die Ehe ist aus dem Gleichgewicht geraten«. Marys Verhalten, ihre fehlende Bereitschaft zum Vergeben, wird nicht in Frage gestellt, sondern im Gegenteil für sehr sinnvoll erklärt. Dabei wird ihr Verhalten allerdings nicht als »Rache« bezeichnet, das würde sie nicht annehmen, sondern umgekehrt: Erst durch ihr Verhalten ermöglicht sie ihrem Mann, sich von seinen Schuldgefühlen zu befreien.
Die Aufgabe für die Woche ist eher vorsichtig: Sie soll nichts verändern, auch nicht erste kleine Schritte machen. Sie soll lediglich auf die Zeichen für eine noch kommende Veränderung achten.

Zweite Stunde

Zur zweiten Stunde erscheint die Patientin pünktlich. Sie wirkt diesmal weniger zurückhaltend.
Therapeut: »Ich habe Ihnen das letzte Mal eine Aufgabe gegeben.«
Mary: »Stimmt, haben Sie, ich sollte doch aufschreiben, welche Dinge ich ändern soll, damit es besser wird?«
Therapeut: »Habe ich das gesagt? Nicht ganz! *(lächelt)*
Aber erzählen Sie mir, was Sie aufgeschrieben haben.«
(Therapeut stellt sich auf die Situation ein, ohne sich mit Mary über die tatsächlich gestellte Aufgabe auseinanderzusetzen)
Mary lacht, wird dann ernster: ». . . da gibt es so eine Sache . . . immer wenn ich Musik höre, werde ich so melancholisch, da denke ich an die Zeiten, wo er zum Trinken wegging und ich unglücklich wurde. Das war früher besonders schlimm.«
(Sie beginnt mit einer Beschreibung der schlechten Zeiten)
Therapeut: »Das hat sich geändert?«
Mary: »Also, das kommt und geht so. Zeitweise stört es mich nicht so besonders, aber zeitweise ist es auch schlimm.«
Therapeut: »Zu welchen Zeiten stört Sie das nicht?«
(Geht nicht auf die Beschwerden ein, sondern auf die Zeiten in denen es besser ist)

Mary *seufzend:* »Wenn ich sehr beschäftigt bin. Oder wenn ich nicht direkt auf die Worte der Musik höre. Oder wenn ich nicht so sanfte Musik höre.«

Therapeut: »Was haben Sie noch beobachtet?«

Mary: »Ja, was richtig Besonderes habe ich diese Woche gesehen: Ich habe kein Vertrauen in ihn. Wenn er etwa in die Stadt geht und jemand trifft, dann habe ich kein Vertrauen. Da gab es zum Beispiel einen Vorfall – das war wirklich dumm von mir – da hatte ich etwas zu Hause vergessen und bin deswegen in der Mittagspause nach Hause gefahren. Auf dem ganzen Weg nach Hause dachte ich, er könnte da sein, mit jemand zusammen. Ich hatte wirklich keinen Grund dazu, aber ich dachte es die ganze Zeit.

Das passiert nicht gerade oft, aber doch manchmal, und da sehe ich einfach: Ich habe kein Vertrauen.«

(Sie betont wieder die Beschwerden)

Therapeut: »Ist das eigentlich immer so, daß Sie kein Vertrauen haben?«

(Übertreibt und provoziert, um die andere Seite der Beziehung zu sehen)

Mary: »Nicht immer – aber meistens«.

Therapeut: »Und das ist die wesentliche Frage für Sie, mehr Vertrauen zu haben?«

(Versucht ein Therapieziel für den Moment zu konkretisieren)

Mary: »Oh ja, aber das hängt damit zusammen, daß er mit diesen Frauen zusammen war. Ich kann das nicht akzeptieren.«

Therapeut: »Also, wenn Sie mehr Vertrauen haben würden, dann ginge es Ihnen besser?«

Mary: »Ja.«

Therapeut: »Lassen Sie uns einen Augenblick überlegen: Gibt es Momente in denen Sie Vertrauen empfinden? Wo Sie sich auf Ihn verlassen können?«

(Konzentration auf die Ausnahmen, in denen das Ziel bereits erreicht ist. Danach bleibt der Therapeut bei diesen Ausnahmen und versucht, sie möglichst exakt herauszuarbeiten)

Mary: »Wenn er mit den Kindern zusammen ist. Ich weiß, er liebt sie und sorgt sich wirklich gut um sie.«

Therapeut: »Wieso können Sie da so sicher sein?«

Mary: »Meine Tochter ist eine Klatschbase, sie erzählt alles.«

(Lacht)

Therapeut *(lacht ebenfalls):* »Vertrauen hat man ja immer im voraus, das heißt, schon bevor man etwas genau weiß. Haben Sie schon Vertrauen in ihn, wenn Sie es noch nicht genau von Ihrer Tochter wissen?«

Mary: »Ja, habe ich«.
Therapeut: »Wie kommt das, abgesehen davon, daß Ihre Tochter Sie informiert?«
Mary: »Ich glaube, ich weiß es einfach.«
Therapeut: »Gibt es andere Situationen, wo Sie sich verlassen können?«
Mary: »Seit einem Jahr kann ich mich verlassen, daß er die Kinder abholen wird. Er hört mit seiner Arbeit eher auf als ich. Früher ist er mit seinen Freunden Trinken gegangen. Wenn ich dann nach Hause kam, war niemand da, und ich mußte wieder zurück und die Kinder abholen . . .
Heute holt er sie immer ab, oder er ruft mich an. Am Anfang habe ich immer beim Babysitter angerufen, ob er sie denn abgeholt hat oder nicht. Anfänglich war das jeden Tag. Heute denke ich noch nicht einmal daran. Ich weiß es einfach.«
Therapeut: »Wie kam das denn genau, dieses Vertrauen, diese Sicherheit?«
Mary: »Ich glaube einfach die Durchgängigkeit seines Verhaltens. Er hat es halt immer gemacht.«
Therapeut: »Wie lange hat es gedauert, bis Sie sich entschlossen haben, nicht mehr anzurufen und es langsam zu vergessen.«
Mary: »Hm, einen Monat, drei Wochen. Danach habe ich noch ein, zwei Mal angerufen, dann nicht mehr. Da war er einfach sehr gut.«
Therapeut: »Gibt es noch andere Dinge, auf die Sie sich verlassen können?«
Mary: »Ja, finanziell kann ich mich total auf ihn verlassen. Das ist sehr wichtig, wir bekommen viele Rechnungen, die müssen alle bezahlt werden. Da kümmert er sich drum.
Ich kümmere mich da überhaupt nicht drum, er sorgt auch für mein Konto. Da nimmt er mir alles ab. Ich weiß einfach, daß Strom und Gas uns nicht abgestellt werden, weil er sich darum kümmert.
Ich gebe ihm einfach meinen Gehaltsscheck, und er macht das schon. Er wird auch keinc krummen Dinge machen oder Geld leihen.«
Therapeut: »Sie können das ohne Kontrolle einfach glauben?«
Mary: »Ja! Er macht das schon so lange.«
Therapeut: »Dann gibt es eigentlich doch eine Menge Vertrauen in Ihrer Beziehung. Es scheint so zu sein, als ob das Mißtrauen nur in Beziehung auf andere Frauen besteht. Stimmt das so?«
Mary: »Hm, ja.«
Therapeut: »Was wäre wohl das erste Zeichen, das Ihnen zeigen wird, daß Sie wieder Vertrauen in ihn bekommen?«
(Hier wird nun der Ablauf einer möglichen Problemlösung phantasierend vorweggenommen.)

Mary: »Schwer zu sagen. Wenn ich das so aufzähle, dann sehe ich, daß ich doch in vielen Dingen Vertrauen habe. Ich weiß nicht, im Augenblick muß ich mich einfach auf sein Wort verlassen. Schwer zu sagen, woran ich es zuerst merken würde. Vielleicht ein Gefühl tief im Inneren, das ›ja‹ sagt.

Wenn es anders wäre, würde ich nicht mehr so paranoid reagieren, wenn er sagt, er würde mit Freunden ausgehen oder jemand hat Geburtstag.«

Therapeut: »Würde er – im Falle es ist besser, irgendeinen Unterschied in Ihrem Verhalten feststellen? Wenn Sie mehr Vertrauen hätten?«
(Das Szenarium der Besserung wird weiter ausgemalt)

Mary: »Ich wäre wahrscheinlich glücklicher, nicht mehr so brummig. Ich würde mich nicht mehr so schnell zurückziehen. Er zieht sich auch schnell zurück, und dann ziehe ich mich noch mehr zurück und dann geht es rund!« *(lacht)*

Therapeut: »Gibt es Situationen, wo Sie sich nicht so zurückziehen?«
(Verbindung des Zieles mit der Gegenwart)

Mary: »Wenn wir krank sind. – Oder wenn wir mit Freunden zusammen sind.

Es ist ziemlich schizophren, aber zu Hause bin ich ziemlich ruhig, während ich bei der Arbeit oder mit Leuten sehr lebendig bin.«

Therapeut: »Was ermöglicht Ihnen, so lebendig zu sein?«

Mary: »Die anderen Menschen, die Kommunikation. Mit Freunden habe ich viel bessere Stimmung.«

Therapeut: »Wenn Sie sich eine Skala vorstellen, auf der ›10‹ die schlimmste Stufe ist und ›1‹ die beste, wo würden Sie sich einstufen zu dem Zeitpunkt, als Sie von der Sache mit den Frauen gehört haben, während der Weihnachtszeit und heute.«

Mary: »Damals ›9,5‹ – ich war nicht suizidal, aber das war auch das einzig Gute! Dann im Sommer war es besser, vielleicht ›4‹. Während der Weihnachtszeit war es dann ›8‹. Heute nicht so schlecht: ›6,5‹.«

Therapeut: »Wie kommt der letzte Unterschied zustande?«
(Therapeut fragt wieder nach den Gründen für die Verbesserung)

Mary: »Ich glaube, es war der Entschluß, es nicht mehr so weitergehen zu lassen und etwas zu unternehmen. Hierher zu kommen und aktiv zu werden. Da ist mir etwas von den Schultern genommen worden.«

Therapeut: »Gibt es noch andere Unterschiede?«

Mary: »Ich habe mit einigen Freunden gesprochen, nicht vielen, aber es hilft doch.«

Therapeut: »Was hat es im Sommer so gut gemacht?«

Mary: »Ein Sommer ist einfach besser, da kann ich raus. Wenn ich mich bewege, geht es mir besser. Dann – die Gruppe hat mir geholfen.«

Therapeut: »Wir hatten diese Skala über sehr große Zufriedenheit ›1‹

und sehr große Unzufriedenheit ›10‹. Wenn Sie sich jetzt eine Situation mit Ihrem Mann vorstellen, mit der Sie ziemlich zufrieden sind, die Sie anstreben, was für eine Note hätte die?«
Mary: »Das ist ja wie bei den olympischen Spielen. *(lacht)* Sicherlich will ich eine ›1‹, aber um einen Kompromiß zu schließen, das ist nicht einfach, ich glaube ich suche eine ›1‹ bis ›2‹, aber schon eine ›3‹ wäre ein großer Fortschritt.«
Therapeut: »Was ist dann der Unterschied zur Situation jetzt, wenn Sie der Situation eine ›3‹ geben?«
Mary: »Ich würde die Vergangenheit akzeptieren, oder zumindest könnte ich damit umgehen. Unsere Kommunikation würde besser werden.«
Therapeut: »Wie?«
Mary: »Wir würden mehr reden. So wie im Sommer, letztes Jahr.«
Therapeut: »Gesetzt den Fall, Sie sind bereit, mit Ihrem Mann zu reden, woran würde er das merken?«
(Das Therapieziel wird immer weiter konkretisiert, bis zu einem Punkt, den Mary auch tatsächlich demnächst umsetzen kann)
Mary: »Ich würde einfach plötzlich anfangen. Wahrscheinlich mit etwas ganz Positivem, Freudigem.«
Therapeut: »Wenn Sie also eines Tages Ihren Mann mit einer freudigen Nachricht begrüßen, das kann der Beginn einer Veränderung sein?«
Mary: »Ja.«
Therapeut: »Noch andere Dinge, an denen er eine Veränderung erkennen könnte?«
Mary: »Vermutlich, daß ich nicht mehr so gespannt bin in körperlicher Hinsicht wenn er mir näher kommt. Ich meine sexuell ...«
Therapeut: »Nun wird sich die Veränderung nicht schnell ergeben. Was könnte das erste Anzeichen für Ihren Mann sein, daß Sie da aufgeschlossener sind?«
Mary: »Wenn er mich in den Arm nehmen würde oder er mir einen Gutenachtkuß geben könnte, ohne daß ich abwehre – nichts Großes ... Ich müßte sicher sein.«
Therapeut: »Gibt es eine Möglichkeit, wie Sie ihm zeigen könnten, daß er solche zärtlichen Dinge nicht mißversteht und Sie nicht zu befürchten brauchen, er nimmt die ganze Hand, wenn Sie ihm nur einen Finger geben wollen?«
Mary: »Ich könnte es ihm sagen.«
Therapeut: »Würde das reichen?«
Mary: »Ja«.
Therapeut: »So wie angekündigt, werden wir jetzt einmal eine Pause machen, und ich werde mit dem Team sprechen.«

Therapeut: »Also, ich habe mit dem Team gesprochen. Wir möchten zwei Dinge sagen:
1. Nach der schwierigen Zeit durch die Sie gegangen sind (mit dem Alkohol usw.), ist es sehr schwer, Vertrauen wieder aufzubauen. Deswegen ist es um so bemerkenswerter, in wie vielen Bereichen Ihrer Beziehung es Vertrauen gibt. Denn Vertrauen ist ja etwas, das nicht einfach so entsteht, sondern ein aktiver Prozeß in einer Beziehung, und Sie beide haben das in bezug auf die Kinder, die Alltagseinteilung, die Finanzen usw. aufgebaut.
Nun haben wir eben überlegt, was die Lösung Ihres Problems sein wird, und wir meinen folgendes:
2. Um die Beziehung zu retten müssen Sie die Beziehung wieder völlig neu bauen, so wie eine ganz neue Beziehung. So, wie man bei der Konstruktion eines Hauses nicht mit dem Dach anfangen kann, so muß man auch bei der Konstruktion einer Beziehung erst einmal damit anfangen, sich zu treffen und umeinander zu werben. Man muß sich sozusagen gegenseitig den Hof machen. So wie sich Teenager auch langsamer näherkommen. – Das klingt lustig, weil Sie schon so lange verheiratet sind, aber für uns ist das eine neue Beziehung. Wie gesagt, das scheint uns die Lösung für das Problem zu sein. Allerdings – *Pause* – wir glauben, es ist noch nicht der richtige Zeitpunkt. Das wird wahrscheinlich noch dauern.
Deswegen hätten wir gerne, daß Sie einmal auf Zeichen achten, die anzeigen könnten, daß dieser Zeitpunkt für erste vorsichtige Annäherung gekommen ist. Aber bitte! Eile schadet!«
Mary *(stimmt zu):* »Ja, man kann da nichts überstürzen, das habe ich auch schon bemerkt.«
Die Intervention spricht im wesentlichen für sich selbst. Es wird versucht, den mißtrauischen und vorsichtigen Seiten von Mary gerecht zu werden.
Die Therapie ging noch über einige weitere Stunden, die hier nicht weiter dargestellt werden sollen. Tatsächlich näherte sich das Paar langsam aneinander an und fing an, miteinander auszugehen. Von Trennung war keine Rede mehr.

Eßprobleme

Nicole, eine hübsche, etwas scheu wirkende, 18 Jahre alte Patientin, wird von einem Psychiater wegen Eßstörungen überwiesen. Sie ist geschmackvoll aber auffallend weit gekleidet.
Therapeutin: »Wie kamen Sie denn hierher?«
Nicole: »Ich esse schon seit Jahren ziemlich komisch. Ich esse alles mögliche in mich hinein und dann wieder gar nichts. Bei mir wechseln dauernd Diäten mit sehr viel Essen. Mal bin ich dick, mal nehm ich ab. Ich habe es jetzt auch am Magen bekommen. Eine Zeitlang habe ich dann Tabletten eingenommen. Die helfen aber nicht mehr. Schließlich bin ich zum Nervenarzt, und der hat mich hierher geschickt.«
Therapeutin: »Wie lange essen Sie so unregelmäßig?«
(Neutrale Formulierung)
Nicole: »Ach, schon total lange. Schon als Kind habe ich, wenn ich schon satt war, mir noch Kartoffeln reingeschoben. Ohne zu wissen, warum. Aber ab 13 hat sich Diät und Essen dann richtig abgewechselt.«
Therapeutin: »Ah ja, wie alt sind Sie jetzt?«
Nicole: »18.«
Therapeutin: »Erbrechen Sie das Essen auch?«
Nicole: »Ich habe das vor einem Jahr ein paarmal probiert. Es ging aber nicht. Dann habe ich es gelassen, weil es weh getan hat.«
Therapeutin: »Gibt es Zeiten, wo Sie essen, wie jeder andere auch?«
(Frage nach Ausnahme)
Nicole: »Ich kann das höchstens fünf Tage schaffen, dann . . .«
Therapeutin: »Ah *(anerkennend)*, fünf Tage! Wann war das zuletzt, als Sie das geschafft haben?«
Nicole: »Ich weiß nicht genau, vor zwei Wochen. Ich probiere es andauernd.«
Therapeutin: »Was ist da anders, wenn Sie eine Phase haben, wo Sie normal essen?«
(Genaue Bedingungen der Ausnahmen)
Nicole: »Ich denke dann nicht immer ans Essen. Ich denke nicht dauernd an meine Figur.«
Therapeutin: »An was denken Sie denn in den fünf Tagen, wo es Ihnen besser geht?«
Nicole: »Ich denke an das, was ich gerade mache, an die Schule, an das Privatleben.«
Therapeutin: »Wie kommt es, daß Sie wechseln können, von unregelmäßig essen auf regelmäßig essen?«
(Hier wird der Gedanke der Kontrolle *unterstellt und gleichzeitig die Ausnahme weiter geklärt)*

Nicole: »Ich stopfe erst alles in mich hinein, dann kontrolliere ich mich.«
Therapeutin: »Das heißt aber, an fünf Tagen schaffen Sie es, regelmäßig zu essen?«
Nicole: »Ja.«
Therapeutin: »Wieviel wiegen Sie denn?«
Nicole: »Ungefähr 58 Kilo.«
Therapeutin: »Wie groß sind Sie?«
Nicole: »168 cm.«
Therapeutin: »Was ist denn Ihr Traumgewicht?«
Nicole: »50 Kilo.«
Therapeutin: »Ah ja, das ist also Ihr Traumgewicht.
Was war denn Ihr niedrigstes Gewicht?«
Nicole: »45 Kilo, da habe ich zwei Wochen nichts gegessen, da ging es mir ziemlich schlecht.«
Therapeutin: »Wie ist das mit Ihrer Periode?«
Nicole: »Seit ich die Pille nehme, ist sie regelmäßig.«
Therapeutin: »Wer weiß denn davon, daß Sie so unregelmäßig essen?«
(Das Bezugssystem wird nun erweitert, neutrale Formulierung bezüglich des Eßverhaltens)
Nicole: »Meiner Mutter und meiner Familie, meinem Vater, meiner Schwester und meinem Freund habe ich es schon erzählt. – Der kann sich das nicht so vorstellen.«
Therapeutin: »Hat er es schon mal erlebt?«
Nicole: »Nein. Ich esse meist alleine so viel, die anderen sollen das nicht mitbekommen. Ich kauf mir manchmal was. Es kommt nicht darauf an, was es ist. Trockenes Brot ist genausogut. Das ist ekelhaft. Hauptsächlich esse ich Süßigkeiten oder Brot mit total viel Nußnougatcreme oder fette Wurst. Mir ist dann am nächsten Tag total übel. – In den fünf Tagen würde ich das nie essen.«
Therapeutin: »Wenn ich Ihre Mutter fragen würde, warum Ihre Tochter so unregelmäßig ißt, was würde Sie mir sagen?«
(Zirkuläre Frage nach Erklärung)
Nicole: »Ich weiß nicht . . .«
Therapeutin: »Reden Sie denn miteinander über die Themen?«
Nicole: »Ja, wir sprechen darüber.«
Therapeutin: »Wenn ich Ihren Freund fragen würde, wie könnte ich Ihrer Freundin am besten helfen, was würde er mir sagen?«
Nicole: »Der würde sagen: ›Ich weiß es nicht‹. Der kann sich das überhaupt nicht vorstellen.«
Therapeutin: »Der würde sagen: ›Ich bin hilflos‹?«
Nicole: »Ja.«

Therapeutin: »Sie haben das Problem nun schon seit fünf Jahren. Was haben Sie denn bisher unternommen, um das loszuwerden?«
(Bisherige Lösungen)
Nicole: »Gar nichts, das heißt Diäten.«
Therapeutin: »Diäten waren also Ihre bisherigen Methoden, um das in den Griff zu kriegen.«
Nicole: »Es klappt halt nicht.«
Therapeutin: »Sie waren doch schon auf 52 und auf 45 Kilo, das heißt da wollten Sie es und schafften es auch.«
Nicole: »Ja, aber eben nur kurz.«
Therapeutin: »Das nimmt sehr viel Zeit in Anspruch, die Beschäftigung mit dem Essen: erst Essen – dann Abnehmen. Angenommen, es würde sich heute Nacht ein Wunder ereignen und das Essen wäre kein Problem mehr, was wäre dann anders?«
(»Wunder-Frage«)
Nicole: »Ich könnte dann glücklicher sein, eher mal ein Buch lesen. Statt über Stunden an das Essen zu denken würde ich dann wieder ins Schwimmbad gehen, Kleider kaufen.«
Nicole scheint an dieser Stelle traurig zu werden. Sie kämpft mit den Tränen.
Therapeutin: »Sie wirken jetzt so traurig?«
Nicole: »Ich bin in letzter Zeit so depressiv...«
Therapeutin: »Woran merken Sie das?«
Nicole: »Wenn ich halt mit jemand anderem spreche, kommen mir die Tränen, ich weiß gar nicht warum.«
Therapeutin: »Es wirkt ja ein wenig so, als müßten Sie immer die perfekte Nicole sein. Was würde denn passieren, wenn die anderen bemerken würden, daß Sie nicht so perfekt sind?«
Nicole: »Ich weiß nicht.«
Pause
Therapeutin: »Sie haben vorhin erwähnt, was Sie tun könnten, wenn Sie die Beschwerden überwunden hätten. Sie haben gesagt, Sie können dann mehr lesen oder sich ein schönes Kleid kaufen. Was ist dann sonst noch anders?«
Nicole: »Überhaupt, ich hätte mehr Bewegungsfreiheit, ich laufe ja nur noch mit weiten Hosen und schlabbrigen Hemden herum, ich könnte hübsche Sachen anziehen. Ich sitze jetzt auch in der Schule mit weiten Sachen herum. Ich könnte dann auch ins Schwimmbad gehen. Seit einem Jahr gehe ich nicht mehr ins Schwimmbad.«
Gespräch dreht sich dann um die Schwester, die sehr schlank ist. Zwei Jahre zuvor war die Schwester sehr schlecht in der Schule, sie war damals wohl sehr dick und depressiv. Damals ging es Nicole gut.

Therapeutin: »Um wen macht die Mutter sich wohl heute mehr Sorgen, um Sie oder um Ihre Schwester?«
Nicole: »Es kommt darauf an . . . im Moment mehr um mich. Weil ich auch so depressiv bin . . .«
Therapeutin: »Wem steht die Mutter denn emotional näher?«
Nicole: »Mir.«
Therapeutin: »Wie merken Sie das?«
Nicole: »Ich bin meiner Mutter sehr ähnlich, wir sehen uns schon rein äußerlich total ähnlich; aber auch im Charakter. So wie meine Mutter sich meinem Vater gegenüber verhält, so bin ich jetzt auch meinem Freund gegenüber.«
Therapeutin: »Was machen Sie denn da gleich?«
Nicole: »Meine Mutter, die reagiert manchmal so komisch meinem Vater gegenüber. Ich mache das jetzt genauso meinem Freund.«
Therapeutin: »Schaffen Sie damit auch etwas Abstand?«
Nicole: »Ja, etwas.«
Therapeutin: »Ist das ein gutes Gefühl, sich unabhängig zu fühlen?«
(Umdeutung: statt »Abstand« nun »Unabhängigkeit«)
Nicole: »Ich will, daß die anderen das denken. Ich weiß, ich brauche die: meine Eltern, meinen Freund.«
Therapeutin: »Sie fühlen sich da sehr geborgen, in der Nähe zu den Eltern und dem Freund?«
(Positive Formulierung: statt »brauchen« jetzt »geborgen«)
Nicole: »Ja.«
Therapeutin: »Ah, ja. Da gibt es aber auch die andere Seite, die dagegen ankämpft und denen zeigen will: Ich bin unabhängig.
Hängt das auch mit dem Essen zusammen? Da schaffen Sie es, mit den Diäten unabhängig zu sein?«
Nicole: »Ja.«
Therapeutin: »Wem steht denn der Vater emotional näher? Ihnen oder der Schwester?«
Nicole: »Früher dachte ich, er steht meiner Schwester näher. Das war auch in Ordnung. Meine Schwester, die war auch nicht so gut in der Schule, die brauchte das vielleicht. Aber heute ist das anders. Da steht er mir näher.
Ich habe jetzt auch gemeinsame Interessen mit ihm. Er fährt Motorrad, und ich mache jetzt auch den Motorradführerschein. Und da reden wir öfters drüber. Meine Schwester, die fährt nicht Motorrad.«
Therapeutin: »Wie ist das heute, sind Sie gleich stark – früher hatten Sie ja das Gefühl stärker zu sein?«
Nicole: »Als ich schlanker war, da hatte ich das Gefühl, meine Schwester, die braucht mehr. Heute ist das nicht mehr so. Die ist jetzt viel selbstsicherer geworden.«

Therapeutin: »Brauchen Sie jetzt mehr als Ihre Schwester?«
Nicole: »Ja.« *(Weint)*
Nicole redet dann über die Mutter. Diese führe ein sehr eintöniges Leben, da der Vater meist bei der Arbeit sei und abends noch Sport treibe. Auch sie selbst und die Schwester seien viel außerhalb des Hauses. Die Mutter habe weder Freundinnen noch ein Hobby.
Der Vater würde die Mutter kaum noch fragen, ob die Mutter ihn bei seinen Unternehmungen begleiten würde.
Danach legt die Therapeutin eine Pause ein, in der sie eine Intervention entwirft. Sie vereinbart dann einen neuen Termin mit der Patientin und teilt ihr anschließend ihre Gedanken über die erste Therapiestunde mit.
Intervention
Therapeutin: »Ich habe mir nochmals Gedanken gemacht über unser Gespräch. Mir ist aufgefallen, daß Sie viele starke Seiten haben. Beispielsweise haben Sie gute Noten, obwohl Ihnen die Schule stinkt, wie Sie sagen. Dann geben Sie der Mutter viel Kraft. Sie verhindern, daß es der Mutter langweilig wird in deren Leben und daß sie vielleicht das Gefühl bekommt, sie sei überflüssig. Da können Sie der Mutter viel geben.
Auch dem Vater geben Sie etwas. Sie vermitteln ihm: Ich bin interessiert an deinem Leben, ich teile deine Interessen, ich fahre jetzt auch Motorrad.
Bezüglich Ihres Gewichtes muß ich sagen, daß viele Mädchen in Ihrem Alter denken, sie seien zu dick. Mit Ihrem Ziel – 50 Kilo – haben Sie sich ein sehr realistisches Ziel gesetzt. Man kann sich vielleicht streiten, ob nicht 52 Kilo genausogut sind . . .
Wichtiger aber scheint mir, daß Sie sich kein zu *niedriges* Gewichtsziel gesetzt haben. Viele Mädchen setzten sich nämlich ein zu geringes Gewicht, wo es dann Probleme beispielsweise mit der Periode gibt. Das machen Sie, und das finde ich gut!
Die andere Seite ist, Sie wiegen auch keine 70 Kilo. Sie haben sich auch da in der Kontrolle. Die Eßanfälle führen bei Ihnen nicht zu übermäßigen Gewichtszunahmen. Das haben Sie gut im Griff und beobachten sich sehr genau.
Jetzt wollen Sie daran etwas ändern, da Sie das Gefühl haben, zuviel über das Essen nachzudenken. Sie haben mir ja geschildert, was Sie gerne statt dessen machen möchten: Sie wollen mehr Lesen, sich etwas Schönes zum Anziehen kaufen, mehr ins Schwimmbad gehen, sich nicht verstecken, sich ungezwungener fühlen, mehr zu sich selbst stehen usw. Das hat ja auch viel mit Unabhängigkeit zu tun.
Ich habe mich gefragt, warum Sie nicht in die Tat umsetzen können, was Sie sich wünschen.

An diesem Punkt bin ich mir unsicher, woran das liegen könnte. Das habe ich noch nicht ganz verstanden...
Ich weiß zum Beispiel nicht, was das für Ihren Vater und Ihre Mutter bedeuten würde, wenn Sie Ihre eigenen aktiven Seiten noch mehr entdecken würden und sich mehr von zu Hause absetzen würden. Ihre Schwester hat sich schon teilweise abgelöst, und nun auch Sie...? Ist es wirklich schon an der Zeit? Können das Ihre Eltern jetzt schon verkraften? Müssen Sie die Eltern nicht noch etwas schonen und abwarten? Das bedeutet ja viel für die Eltern, wenn die Töchter aus dem Haus gehen.
Wahrscheinlich spüren Sie da etwas Richtiges, und Sie helfen Ihren Eltern damit, wenn Ihre unabhängigen Seiten noch nicht so zum Zuge kommen.
Ich möchte Sie deshalb bitten, bis zu unserem nächsten Termin erst einmal nichts zu ändern. Lassen Sie alles – auch Ihre Essensgewohnheiten – so wie es ist. Ich habe nur eine Bitte: Achten Sie bis zu unserem nächsten Termin auf die Momente, wo Sie sich wohl fühlen, auf Gelegenheiten, wo Sie sorglos sind. Notieren Sie sich das und berichten Sie mir das nächste Mal darüber.«

In der folgenden Stunde wirkt Nicole sehr viel fröhlicher. Tatsächlich konnte Sie sich aber an kaum eine Ausnahmesituation erinnern, in der es ihr gut gegangen ist. Lediglich einmal, als sie mit dem Freund zusammengewesen sei, habe sie sich wohlgefühlt. In dieser Stunde wird aber ein anderes Thema sehr zentral: ihre schulische Situation. Der Vater arbeitet in einem handwerklichen Beruf, die Mutter habe keine Berufsausbildung, und auch alle Verwandte seien in handwerklichen oder kaufmännischen Berufen tätig. Sie selbst sei nun die erste Aufsteigerin, die erfolgreich das Abitur anstrebe. Sie empfinde sich deshalb in einem inneren Konflikt. Ihre Befürchtung sei, von den anderen als hochnäsig, arrogant und eingebildet angesehen zu werden. Die Eßstörung dagegen wirke wie ein Puffer, der sie vor dem Neid der Familie schütze. Schulisch erfolgreich sein und zugleich gut aussehen, das sei zu viel!
In der Zusammenfassung der zweiten Stunde lobt die Therapeutin Nicole, da sie eine sehr kluge Entscheidung getroffen habe. Sie habe zur Zeit der schulischen Seite den Vorrang eingeräumt. Angesichts des nahenden Abiturs sei das auch eine richtige Einstellung. Die Therapeutin läßt offen, ob sie die Befürchtungen der Patientin bezüglich der Eifersucht der Familie teile. Sie erklärt aber, daß Nicole sich wohl *im Augenblick* nicht vorstellen könne, schulisch erfolgreich und zugleich attraktiv zu sein. Aus Rücksicht darauf solle sie sich vorerst mit ihrem jetzigen Äußeren abfinden.
In der folgenden Sitzung, einige Wochen später, hat Nicole deutlich abgenommen. Sie habe eine Diät gemacht, die erstaunlicherweise

erfolgreich verlaufen sci. Außerdem wolle sie, so erklärt sie unternehmungslustig, nun nicht mit den Eltern, sondern mit dem Freund in Urlaub fahren.
Die Therapeutin gratuliert ihr zu dem Gewichtsverlust, äußert allerdings starke Bedenken. Sie befürchte, es werde ihr bald wieder schlechter gehen, da sie sich selbst mit der schnellen Ablösung überfordere. Gleichzeitig befürchte sie, daß sie aus schlechtem Gewissen heraus den Urlaub mit dem Freund nicht richtig genießen könne.
Nicole widerspricht in einer spontanen Reaktion der Meinung der Therapeutin.
Aus dem Urlaub zurück, erzählt sie, daß sie, im Gegensatz zur Meinung der Therapeutin, sehr wohl die Zeit mit ihrem Freund ohne schlechtes Gewissen habe genießen können. Da habe sich die Therapeutin geirrt...

Anmerkungen

Einführung

[1] Die Trennung zwischen den Betrachtungsebenen kann in der Realität natürlich nicht immer so klar gezogen werden, da beide in einem Abhängigkeitsverhältnis stehen. Die gegenwärtige Lage eines Menschen basiert auf seiner Lebensgeschichte, und umgekehrt ist die Einschätzung der Vergangenheit von der aktuellen Lage abhängig.

Von der Systemtheorie zur systemischen Therapie

[1] Ich beziehe mich bei meinen Ausführungen vor allem auf den ausgezeichneten Artikel von Guntern, G. (1980), der die Zusammenhänge sehr klar darstellt.
[2] Zur systemischen Betrachtungsweise der Entwicklungsgeschichte siehe: Maturana, H./Varela, F. (1987)
[3] Guntern, G. (1980), S. 5
[4] Zitiert nach: Ansbacher, H. L. und Ansbacher, R. R. (1972), S. 316
[5] Ansbacher, H. L. und Ansbacher, R. R. (1972), S. 322
[6] Frankl benützt hier den Ausdruck »paradoxe Intention«. Später wird von der »paradoxen Intervention« die Rede sein. Der Unterschied in der Bezeichnung ergibt sich, da Frankl auf die Absicht des Therapeuten (seine Intention) abhebt, die paradox gemeint ist. Im Unterschied dazu ist die »paradoxe Intervention« eine von vielen Interventionen, eben eine paradoxe.
[7] Frankl, V. (1959), S. 162f.
[8] Frankl, V. (1959), S. 170f.
[9] Bateson, G. (1959, 1969)
[10] Stierlin, H. (1959)
[11] Watzlawick, P. u. a. (1969, 1974), Watzlawick, P. (1977)
[12] Watzlawick, P. und Coyne, J. (1979), S. 148f.
[13] Stierlin, H. (1974, 1975, 1978), Stierlin u. a. (1977)
[14] Guntern, G. (1980), S. 27f.

Das Mailänder Modell

[1] Bei der Darstellung des Mailänder Modells folge ich den beiden ausgezeichneten Artikeln von Karl Tomm (1984), da die »Mailänder« ihr eigenes Modell nicht vergleichbar übersichtlich dargestellt haben. Ebenfalls hervorragend ist die Darstellung des Artikels von M. Selvini Palazzoli, L. Boscolo, G. Cecchin, G. Prata (1981).

[2] Selvini Palazzoli, M. u. a. (1977)
[3] Bateson, G. (1981)
[4] Simon, F./Simon, H. (1984), S. 198
[5] Selvini Palazzoli, M. u. a. (1984)
[6] Eigentlich bezeichnet Epistemologie eine Wissenschaft, die »untersucht, auf welche Art und Weise und auf welcher Grundlage Organismen erkennen, denken und verhaltensbestimmende Entscheidungen treffen.« Stierlin, H./Simon, F. (1984), S. 83
[7] Watzlawick, P./Beavin, J./Jackson, D. (1969), S. 59
[8] Penn, P. (1983), S. 205
[9] Boszormenyi-Nagy, J./Spark, G. (1981)
[10] Watzlawick u. a. (1974, S. 99f.) bezeichnen dies als »Lösungen zweiter Ordnung«. Nicht das konkrete Verhalten wird geändert (Lösung erster Ordnung), sondern die Spielregeln, die dem Verhalten zugrunde liegen.
[11] Die Bezeichnungen »positive und negative Konnotation« sind in der systemischen Therapie zu einem terminus technicus geworden. Sie beziehen sich auf die jeweilige Wertungszuschreibung in der »inneren Landkarte« eines Betroffenen. Es soll mit der Bezeichnung darauf hingewiesen werden, daß sich eine Wertung nicht von selbst ergibt, sondern daß es immer ein aktiver Prozeß ist, welchen Teil der Wirklichkeit der Betrachter auswählt. (Siehe auch Seite 115)
[12] Leicht modifiziert nach Selvini Palazzoli, M. u. a. (1979), S. 142

Das Modell aus Milwaukee

[1] Das Team besteht heute aus Steve de Shazer, Insoo Kim Berg, Eve Lipchik, Elam Nunnally, Ron Kral, Alex Molnar, Marilyn Bonjean, Wallace Gingerich, Marlilyn La Court, John Walters und Michelle Wiener-Davis.
[2] Persönliche Mitteilung von Steve de Shazer an den Autor
[3] de Shazer, S. (1979)
[4] Elam Nunnally, Steve de Shazer, Eve Lipchik und Insoo Berg: A Study of Change: Therapeutic Theory in Process.
Die Lektüre dieses kleinen Artikels ist sehr aufschlußreich, da er dem Leser erlaubt, in den Prozeß der Theoriebildung zu sehen. Im fortgeschrittenen Stadium einer Theorie erscheint sie oft genial konzipiert und läßt nicht erkennen, wie bescheiden die ersten Schritte waren.
[5] de Shazer, S. (1985), Kapitel 2, S. 18–46 und de Shazer, S. u. a. (1986), S. 182–205
[6] de Shazer, S. u. a. (1986), S. 184
[7] de Shazer, S. u. a. (1986), S. 186
[8] Da sich dieser Text nur schwer korrekt übersetzen läßt, füge ich ihn der Deutlichkeit halber im Original bei: »Between now and next time we meet, I would like you to observe, so that you can describe to me next time, what happens in your life that you want to continue to have happen.«

Systemische Einzeltherapie

[1] Viele Veränderungen benötigen Zeit. Unterschiedliche Vorgehensweisen werden dem gerecht. In der systemischen Therapie wird deswegen oft der Weg der »langen Kurztherapie« gewählt: Eine Behandlung erstreckt sich auf einen längeren Zeitraum mit vergleichsweise wenigen Stunden.

[2] In einer *Familientherapie* ist zirkuläres Fragen selbstverständlich auch bei Familien mit ich-schwachen Mitgliedern indiziert.
Ich benütze den Begriff »ich-schwach« hier in einem beschreibenden Sinn, da er in der psychotherapeutischen Umgangssprache weit verbreitet ist. »Ich-schwach« hat allerdings, wenn man es genauer betrachtet, als theoretischen Hintergrund ein Defizit-Modell. Es verleitet zu der Annahme, hier »fehle« dem Patienten etwas. Die Aufmerksamkeit für die Bedeutung von Verhalten (»Was hat das Verhalten für Konsequenzen? Wieso zeigt sich der Patient in dieser Situation so und nicht anders?«) wird so weggeleitet.

[3] Siehe auch Wynne, L. C. (1980), S. 46

[4] Stierlin, H. u. a. (1977), S. 13
Diese Gefahr ist in der systemischen Einzeltherapie allerdings weit weniger gegeben als in den meisten anderen Therapieformen. Durch kontinuierliche Einbeziehung des nicht anwesenden Partners vermeidet der Therapeut eine Koalition mit dem anwesenden Patienten. Gleichzeitig reflektiert er die Bedeutung der Therapie für die jeweilige Paarbeziehung.

[5] Weber, G./Simon, F. (1987), S. 195

[6] »Beziehungsfalle« ist die deutsche Übersetzung des Begriffes von H. Stierlin. Siehe: Stierlin, H. (1959), in: Stierlin, H. (1975), S. 50–64

[7] Siehe auch: Weber, G./Simon, F. (1987), S. 196:
»Angenommen, ich würde bis zum Ende der Sitzung Ihr Jammern geduldig und verständnisvoll anhören, was werden Sie dann in der Zeit bis zur nächsten Sitzung ändern und von der nächsten Sitzung erwarten?«

[8] Siehe: Lipchik, E./de Shazer, S. (1985)

[9] Zu den Meistern im Umgang mit solch provokativem Humor zählt Frank Farelly. Siehe Farelly (1974)

[10] de Shazer, S.: Mitteilung an den Autor

[11] Therapeut in diesem Fall war Steve de Shazer (sinngemäße Wiedergabe).

[12] Bateson, G. (1985)

[13] Watzlawick, P. (1969), S. 53.

[14] Lösung: Der Mann deutet auf eine Tür und fragt einc der Wachen (wobei es gleichgültig ist, auf welche Tür er zeigt und welche Wache er fragt): »Wenn ich Ihren Kameraden fragen würde, ob diese Tür offen ist, was würde er sagen?« Lautet die Antwort »nein«, so ist diese Tür offen, wenn »ja«, so ist sie zugesperrt.

Die Interventionen

[1] Siehe auch: Fisher, L./Anderson, A./Jones, J. (1982)

[2] Vergleiche etwa: »Die sanfte Kunst des Umdeutens« in Watzlawick, P./Weakland, J./Fisch, R. (1979)

[3] Simon, F./Stierlin, H. (1984), S. 370.

[4] Solch ein Lob ist natürlich auch angebracht: Für einen verschlossenen Patienten ist die Überwindung, über seine Beschwerden zu sprechen, entsprechend groß. Analoges gilt für ängstliche Patienten.

[5] Siehe: Weeks, G./L'Abate, L. (1985), S. 85ff.

[6] Nach Weeks, G./L'Abate, L. (1985), S. 87.

[7] Das wurde mir in einem Gespräch mit Fritz Simon am deutlichsten, den ich mehrfach bei Therapien beobachtete.

[8] Siehe Kleist, H. v.: Über das Marionettentheater. Aufsätze und Anekdoten. Suhrkamp, Frankfurt 1980.

[9] Weeks, G. u. a. (1985), S. 91.

[10] Watzlawick, P./Weakland, J./Fisch, R. (1979), S. 150ff.

[11] Blankenburg, W.: Vortrag gehalten in der Abt. f. Medizin/Psychologie, Universität Heidelberg v. 16. 1. 87. Die Wiedergabe ist nicht wörtlich.

[12] Watzlawick, P. u. a. (1974), S. 156ff.

[13] de Shazer, S. u. a. (1984), S. 298, de Shazer, S. (1985), S. 137

[14] de Shazer, S.: persönliche Mitteilung an den Autor.

[15] Siehe auch Weeks, R./L'Abate, L. (1985), S. 99f.

[16] de Shazer, S. (1985), S. 122f.

[17] Selvini Palazzoli, M. u. a. (1979).

[18] de Shazer, S. (1985), S. 120f.

[19] de Shazer, S. (1985), S. 113f.

[20] Nach Watzlawick u. a. (1979), S. 168ff.

[21] Siehe auch Watzlawick, P. u. a. (1979), S. 174ff.

[22] Von Watzlawick stammt für diese Fälle ein anderer Vorschlag: Falls ein Patient eine Aufgabe nicht durchführt, gesteht der Therapeut ein, daß die Aufgabe offenbar zu schwierig gewesen sei. Um den Patienten jedoch für weitere Aufgaben zu gewinnen, verschreibt der Therapeut nun eine Aufgabe, die fast beleidigend einfach ist.

[23] Das Therapiekonzept des BFTC sieht Rückfallverschreibungen nicht vor. Dort hat man früher mit dieser Intervention gearbeitet, benützt sie jedoch nicht mehr, da sie zu pathologie-orientiert erscheint.

Anwendung: Das systemische Verständnis des Übergewichtes oder von der Lust der Last

[1] Der Therapeut war Gunter Schmidt, den ich bei der Arbeit beobachten konnte.

Nachwort

[1] Ich habe in diesem Buch auf die Darstellung des Konstruktivismus verzichtet. Ich darf aber auf die gut lesbare Darstellung von Paul Watzlawick (1974) verweisen.

Therapieprotokolle

[1] Die Therapie fand am BFTC in Milwaukee statt. Therapeut war der Autor. Die Übersetzung ist gekürzt. Sie hielt sich jedoch möglichst dicht an die gesprochene Sprache. Das Protokoll ist daher grammatikalisch und stilistisch unvollkommen.

[2] Die Therapie wurde von meiner Frau Gabriele Haertel-Weiss durchgeführt.

Literatur

Ansbacher, H. L./Ansbacher, R. R.(1972): Alfred Adlers Individualpsychologie. Reinhardt, München/Basel 1975²

Bateson, G. (1959): Minimalforderungen für eine Theorie der Schizophrenie. In: Bateson (1981), S. 321–352

Bateson, G. (1969): Double bind. In: Bateson (1981), S. 353–361

Bateson, G. (1981): Ökologie des Geistes. Suhrkamp, Frankfurt 1981

Berg, L./Walter, J. (1984): Ein Lehrlingsmodell der Therapeuten-Ausbildung. Zeitschrift für systemische Therapie 6/84, S. 85–92

Boscormenyi-Nagy, I./Spark, G. (1981): Unsichtbare Bindungen. Die Dynamik familiärer Systeme. Klett, Stuttgart 1981

Cade, B. (1986): Interview mit Steve de Shazer. Familiendynamik 4/86, S. 342–350

de Shazer, S. (1979): On Transforming Symptoms: An Approach to an Erickson Procedure. The American Journal of Clinical Hypnosis, Vol. 22, Nr. 1, Juli 79

de Shazer, S. (1982): Patterns of Brief Family Therapy. An Ecosystemic Approach. Guilford Press, New York/London 1982

de Shazer, S. (1983): Über nützliche Metaphern. Zeitschrift für systemische Therapie, 1/83, S. 21–30

de Shazer, S. (1985): Keys to Solution in Brief Therapy. Norton, New York 1985

de Shazer, S. (1986): Ein Requiem der Macht. Zeitschrift für systemische Therapie 4/86, S. 208–21

de Shazer, S./Molnar, A. (1983): Rekursivität: Die Praxis-Theorie Beziehung. Zeitschrift für systemische Therapie 3/83, S. 2–10

de Shazer, S. u. a. (1984): Four Useful Interventions in Brief Therapy. Journal of Marital and Family Therapy, Juli 1984, S. 297–304

de Shazer, S. und das BFTC-Team (1986): Kurztherapie – Zielgerichtete Entwicklung von Lösungen. Familiendynamik 3/86, S. 182–205

Farelly, F./Brandsma, J. (1977): Provocative Therapy. Shields Publishing, Fort Collins 1974; Deutsche Übersetzung: Provokative Therapie, hrsg. v. E. Petzold/G. Schneider-Gramann, Springer, Heidelberg 1986

Fisher, L./Anderson, A./Jones, J. (1982): Formen paradoxer Intervention und Indikationen/Gegenindikationen für ihren Einsatz in der klinischen Praxis. Familiendynamik 2/82, S. 96–112

Frankl, V. (1959): Grundriß der Existenzanalyse und Logotherapie. In: Frankl, V.: Logotherapie und Existenzanalyse, Piper, München 1987
Guntern, G. (1980): Die kopernikanische Revolution in der Psychotherapie: der Wandel vom psychoanalytischen zum systemischen Paradigma. Familientherapie 1/80, S. 2–41
Lipchik, E./de Shazer, S. (1985): The Purposeful Interview. Journal of Strategic and Systemic Therapies, Vol. 5, No. 1 und 2, S. 88–99
Maturana, H./Varela, F. (1987): Der Baum der Erkenntnis, Scherz, Bern/München 1987[2]
Penn, P. (1983): Zirkuläres Fragen. Familiendynamik 3/83, S. 205
Plassmann, R. (1986): Zur Technik der systemischen Einzeltherapie. Familiendynamik 2/86, S. 92–108
Selvini Palazzoli, M. u. a. (1978): Paradoxon und Gegenparadoxon. Klett, Stuttgart 1978[2]
Selvini Palazzoli, M./Boscolo, L./Cecchin, G./Prata, G. (1979): Gerade und ungerade Tage. Familientherapie 2/79, S. 138–147
Selvini Palazzoli, M./Boscolo, L./Cecchin, G./Prata, G. (1981): Hypothetisieren, Zirkularität, Neutralität. Familiendynamik 6/81, S. 123–139
Selvini Palazzoli, M. u. a. (1984): Hinter den Kulissen der Organisation. Klett, Stuttgart 1984
Simon, F./Stierlin, H. (1984): Die Sprache der Familientherapie. Klett, Stuttgart 1984
Stierlin, H. (1959): Die Anpassung der Realität der »stärkeren Persönlichkeit«. Einige Aspekte der symbiotischen Beziehung der Schizophrenen. In: Stierlin, H. (1975): Von der Psychoanalyse zur Familientherapie. Klett, Stuttgart 1980, S. 50–64
Stierlin, H. (1974): Eltern und Kinder. Suhrkamp, Frankfurt 1977
Stierlin, H. (1975): Von der Psychoanalyse zur Familientherapie. Klett, Stuttgart 1980
Stierlin, H. (1978): Delegation und Familie. Suhrkamp, Frankfurt 1978
Stierlin, H./Rücker-Embden, I./Wetzel, N./Wirsching, M. (1977): Das erste Familiengespräch. Klett, Stuttgart 1980[2]
Tomm, K. (1984): One Perspective on the Milan Systemic Approach: Part I: Overview of the Development, Theory and Practice. Journal of Marital and Family Therapy Vol. 10, No. 2, 1984, S. 113–125; Part II: Description of Session Format, Interviewing Style and Interventions. Journal of Marital and Family Therapy Vol. 10, No. 3, 1984, S. 253–276
Watzlawick, P. (1974): Wie wirklich ist die Wirklichkeit? Huber, Bern/Stuttgart/Wien 1974
Watzlawick, P. (1977): Die Möglichkeit des Andersseins. Huber, Bern/Stuttgart/Wien 1986[3]

Watzlawick, P. (1986): Vom Schlechten des Guten. Piper, München 1986

Watzlawick, P./Beavin, J./Jackson, D. (1969): Menschliche Kommunikation. Huber, Bern/Stuttgart/Wien 1974[4]

Watzlawick, P./Weakland, J./Fisch, R. (1974): Lösungen, Zur Theorie und Praxis menschlichen Handelns. Huber, Bern/Stuttgart/Wien 1979[2]

Watzlawick, P./Coyne, J. (1979): Problemzentrierte Kurztherapie einer Depression. Familiendynamik 2/79, S. 148–157

Weakland, J. (1983): Family Therapy without the Family. Family Process 1983, S. 1–9

Weber, G./Simon, F. (1986): Systemische Einzeltherapie. Zeitschrift für systemische Therapie 3/87, S. 192–206

Weeks, G./L'Abate, L. (1985): Paradoxe Psychotherapie. Enke, Stuttgart 1985

Weiss, Th. (1987 a): Familientherapie ohne Familie? Ein systemischer Ansatz einer psychosomatischen Station.
In: F. Lamprecht (Hrsg.): Spezialisierung und Integration in Psychosomatik und Psychotherapie. Springer, Heidelberg 1987

Weiss, Th. (1987 b): Technik der systemischen Einzeltherapie, Vortrag gehalten auf der 25. Tagung des DKPM in Gießen 1987. In: Schüffel, W. (Hrsg.): Sich gesund fühlen im Jahr 2000. Springer, Heidelberg 1987

Wynne, L. (1980): Paradoxe Interventionen: eine Technik zur therapeutischen Veränderung von individuellen und familiären Systemen. Familiendynamik 1/80, S. 42–56

Joachim Gneist

Wenn Haß und Liebe sich umarmen

Das Borderline-Syndrom. 242 Seiten. SP 2333

Menschen, die am Borderline-Syndrom leiden, sind zerrissen von widersprüchlichen, sich gegenseitig ausschließenden Gefühlen und Strebungen. Sie leben ständig in Hochspannung, können sich nicht hinreichend nach außen abgrenzen. Borderline-Menschen verzehren sich nach Nähe und Wärme, aber dem Nächsten, der liebevoll auf sie zukommt, schleudern sie Wut und Haß entgegen. Sie sind unfähig, einen roten Faden durch ihren Alltag zu legen, einen Lebensplan zu entwerfen, Identität zu entwickeln.

»Das Buch hebt sich in Aufbau und Sprache erfreulich ab von den üblichen Psycho-Ratgebern. Es macht bewußt, wie unscharf die Grenze doch ist zwischen gesund und krank.«
Psychologie heute

Silvano Arieti

Schizophrenie

Ursachen, Verlauf, Therapie, Hilfen für Betroffene. Aus dem Amerikanischen von Brigitte Stein. Mit einem Vorwort von Asmus Finzen. 252 Seiten. SP 713

Die Wahrscheinlichkeit, an Schizophrenie zu erkranken, ist genauso wie bei Diabetes – sie liegt bei einem Prozent. Im Gegensatz zu anderen Krankheiten haftet ihr jedoch immer noch der Ruch des Unheilbaren an. Dabei ist eine erfolgreiche Behandlung der Schizophrenie möglich. Silvano Arieti gibt allgemeinverständlich und umfassend Auskunft über den Forschungsstand zur Schizophrenie: Was kann geheilt werden und was nicht? Wie sehen die Anzeichen einer beginnenden Schizophrenie aus? Wie verlaufen die einzelnen Stadien der Krankheit, welche Ursachen hat sie, und welches sind die wichtigsten Behandlungsmethoden?